研思行

基于问题解决的小学数学教研实践与探索

杜春联 ◎ 著

YAN SI XING

JIYU WENTI JIEJUE DE

XIAOXUE SHUXUE

JIAOYAN SHIJIAN YU TANSUO

文化发展出版社
Cultural Development Press

图书在版编目（CIP）数据

研思行：基于问题解决的小学数学教研实践与探索 / 杜春联著. — 北京：文化发展出版社，2023.7
ISBN 978-7-5142-4057-3

Ⅰ. ①研… Ⅱ. ①杜… Ⅲ. ①小学数学课－教学研究 Ⅳ. ① G623.502

中国国家版本馆 CIP 数据核字 (2023) 第 156505 号

研思行——基于问题解决的小学数学教研实践与探索

杜春联　著

出版 人：宋　娜
责任编辑：魏　欣　管思颖　　　责任校对：岳智勇
责任印制：邓辉明　　　　　　　封面设计：侯　铮
出版发行：文化发展出版社（北京市翠微路2号 邮编：100036）
发行电话：010-88275993　010-88275710
网　　址：www.wenhuafazhan.com
经　　销：全国新华书店
印　　刷：北京捷迅佳彩印刷有限公司

开　　本：710mm×1000mm 1/16
字　　数：346 千字
印　　张：22
版　　次：2023 年 8 月第 1 版
印　　次：2023 年 8 月第 1 次印刷

定　　价：69.00 元
ＩＳＢＮ：978-7-5142-4057-3

◆ 如有印装质量问题，请与我社印制部联系　电话：010-88275720

序

一棵树 一束光

韩婴说:"智如泉源,行可以为表仪者,人师也。"而经师易求,人师难得,谨以此文,致敬恩师——杜春联老师。

初为人师的引路人

初识杜老师是在二十多年前。初为人师的我得到学校领导的照顾,每次县里有数学教研活动都会让我去听课学习。于是在教研活动中我有幸认识了小学数学教研员杜春联老师——利落的短发、得体的衣着,处处透着干练。每次教研活动中,我最期待的是杜老师的评课。因为,在身为"菜鸟"的我眼里,每节课都精彩纷呈,然而翻阅着记得满满当当的听课记录,我却很难梳理出这些课到底好在哪里。就像面对一盘美味佳肴,不知如何下口一样,于是格外期待杜老师的课例点评,希望跟随杜老师的深入分析,实现从"看热闹"向"看门道"的跨越。有这个想法的人不止我一个,因为每到杜老师评课时,整个会场总是静悄悄的,杜老师结合课例侃侃而谈,我和大家一起集中精力奋笔疾书,唯恐漏下任何一句。杜老师的评课内容丰厚,不仅点明每节课好在哪里,还提醒我们同类教学中容易出现的问题,并能从专业的角度挖掘背后的原因,引导大家找到解决问题的办法,高屋建瓴、详细具体。依旧记得每学期结束,我最重要的事情就是整理自己的听课记录,宝贝般一沓沓收好,放在桌洞里,闲暇时便拿来随手翻阅,反复品读慢慢吸收,困惑时便取来查找观点,迁移运用寻

1

找方法。在此后的多年，杜老师说的很多观点都成了我教学的"指导纲领"，帮助我在教学之路上走得更加顺畅、更加稳健。

那时的我非常好奇，县里的教研活动内容丰富，涉及不同的领域，每次都有不同的专题，每次评课和活动总结时，杜老师都能从容地在众人面前脱稿开讲，且思路清晰、观点明确、表达流畅，从不用过渡性的"嗯""啊"给自己留出缓冲的时间，仿佛头脑里有无穷无尽的知识，一串串的句子脱口而出如蚕吐丝般自然顺畅。好奇心驱使我四处打听，从不同的渠道得到了不同版本的答案：杜老师可是从中师读到研究生的，学问高着呢；杜老师很聪明，悟性高得很；杜老师读的书多，听的课多，又爱钻研，所以见多识广……在我眼里，杜老师就是妥妥的大师，偶像级的存在。我一直带着小草仰望大树的敬畏之心，感叹她渊博的学识，以及举手投足间透露出的随和与温润。正是因为被杜老师的魅力吸引，"小草"才有努力向着"大树"的方向不断生长的动力。

成长路上的助推者

2007年，在杜老师的推荐下，我有了一次参加市优质课比赛的机会，在倍感幸运的同时，也感受到了从未有过的压力。比赛采用同课异构的形式，第一天六位老师同讲一个课题"7的乘法口诀"。对于低年级的学生来说，口诀学习略显枯燥。怎样让教学变得生动有趣？第一次试讲我设计了游果园的情境，学生在欣赏果园美景时趣味盎然，但到了研究口诀时就感到索然无味，试讲以失败告终。怎样调动学生参与的积极性呢？我百思不得其解，试讲一度陷入僵局。后来镇教研室的领导请来了杜老师，杜老师一针见血地指出了我的问题：引入生活化素材的目的不是单纯地吸引学生的注意力，而是要真正调动学生学习的积极性才行。杜老师的话让我焦躁的心冷静了下来，明确了努力的方向，反复尝试后选定用七星瓢虫做素材。在杜老师的帮助下，我最终设计了层层递进的活动串带领学生编口诀、记口诀、用口诀。因为有了七星瓢虫的参与，使编制口诀的过程变得轻松且趣味十足。在整个磨课过程中，杜老师对教学始终如一的高标准、严要求，以及在是非问题上绝不含糊的直率，给我留下了深刻的印象。这次的磨课经历也让我明白，只有经历了一次次被推倒重建的艰辛，才能体会到设计逐渐臻于完善的欣喜，感受到了站在巨人肩膀上提升的幸福。这种反复推倒重建、推陈出新的过程就是最好的成长。

此后，我陆续参加了市里的技能比赛、教研活动、各类答辩，每次都是杜老师逐字逐句地帮我审稿把关，她以渊博的学识、严谨的思考、认真的态度、全心的付出成了我最踏实的依靠。其实，每次把稿子交到杜老师手里时，我的内心都是忐忑的。因为我知道，以我的水平和经验第一稿得到的反馈通常都是这样的：思路偏了，应该抓住核心设计；理念落后了，应该让学生自己感悟，不要代替学生思考；语言太啰唆，再简练些；想得太复杂，一节课只有35分钟，删环节抓重点。杜老师的点评永远是"点明问题＋跟进指导"式，我的感受一直是"羞愧＋欣喜"。羞愧于明知杜老师工作很忙，还不让她省心，关键是第一稿不成功就意味着后续会给她添更多的麻烦；欣喜于杜老师又帮我发现了问题并指明了我解决问题的方向，自己又多了一次成长的机会。但我也明白，一稿一稿地修改完善，耗费了杜老师大量的时间和精力，其劳苦只有我能体会到。

细细思量，这么多年来，我和杜老师相处的时间几乎都是在各类研讨中度过的：磨课时的求教、讲课后的请教、比赛前的咨询、答辩前的审稿……不管多忙，不管我的问题多么浅薄幼稚，她都会一一耐心解答。有时是促膝长谈，时间来不及就电话点拨，微信留言指导，往往聊着聊着不知不觉已是深夜。总之，在我需要帮助的时候，杜老师总会在第一时间伸出援手，用最有效的方式，帮助困顿中的我找到正确的努力方向。这样随时随地地帮助坚持一次尚可，一月已数不易，而她一帮就是二十多年。

在杜老师经年累月的助推下，我慢慢前行，每个前行的脚印中无不渗透着杜老师的心血和汗水，这份恩情厚重到很难用语言表达，只能把多年的感激默默留在心里，并学着老师的样子尽己所能帮助身边的年轻人，我想，这就是对淡泊名利的老师最好的报答吧。

迷途中的摆渡人

因工作调动，我离开了熟悉的工作环境和熟识的伙伴，走进了全新的世界。

对于性格略显内向的我来说，适应新环境的过程并不顺利。我在艰难的适应期也曾遇到看不透的事，也有了走不出的阴影，心情持续低落、备受煎熬。坐立难安的我，几经挣扎忍不住给杜老师打了个电话，也许是听出了低落，她放下手头所有的事情陪我去公园散心。时隔多年依旧清晰地记得微凉的夜风下，我絮絮叨叨、语无伦次地倾诉着，杜老师则默默地陪在我身边，不时地点头鼓励我继续说下去。记不得绕着公园的小路转了几圈后，我终于把积攒的情绪宣泄一空。杜老师见我情绪缓和了些，陪我在排椅上坐定，她用一贯的温和语调耐心地帮我分析和疏导，她的话像一双温暖的大手，抚平了我心里的不安，带我从不同的视角重新审视问题，引领我慢慢走出迷茫，平复内心的波澜。此时的杜老师不仅是我敬重的老师，更像是一位值得信赖的长辈，没有苛责，而是鼓励我坚守本心，默默付出，踏踏实实走好每步。在人生的岔路口，正是那一晚的长谈，帮我重新找到了工作的意义和努力的方向。那个夜晚也以最浓重的色彩和最温暖的色调汇入我的记忆，流年未央，经年未忘。

每每回想走过的教学之路，我不止一次感叹：我何其幸运，能在初登讲台时就遇到了杜老师，并在杜老师的指引下走过教学生涯中的二十多个春秋。从杜老师身上我不仅学到了教学的本领，更学到了踏实做人、用心做事的处世态度，我也一直在努力想成为像杜老师一样的、具有宽广的视野和豁达胸怀的人。

转眼数年，如今的杜老师依旧是我初识时的模样：齐耳短发、得体的衣着，处处透着干练；时光流逝，如今的她依旧是我心中的大树，学识渊博、豁达谦和、视野开阔。岁月无言，如今的她已然成为我心中最暖的一束光，吸引我靠近，指引我向前。

王新红[1]

---

[1] 王新红：沂源县小学数学教师，淄博市名师，齐鲁名师建设工程人选，正高级教师。

前言

书稿的整理,既是对自己开展的主要教研工作的再回顾,也是再思考、再学习的过程。回想过往,自己以从不敢懈怠的工作态度,踏踏实实度过了教研工作平凡而充实的每天。

教研工作是需要不断创新的。

每学期的教材培训,学科教学研讨,雷打不动;教材解读,课标解读,课堂观摩,评课、议课、说课,专题讲座,主题研讨,立标学标……看似相同的教研,实则内容、形式不断丰富优化。每次活动,都是精心准备,认真组织,力求提高教研实效,让教师学有所获。虽然是辛苦忙碌,但同时也是我个人化茧成蝶不断成长的过程。

每学期的教学视导,联片教研,网络教研,课堂达标,成果展示,名师课堂……每次与一线教师面对面的研讨,都是心与心的交流,思想的碰撞。看似一年又一年的循环往复,但对教学教研现实问题的研究解决,永远都是新的……

工作是平台,相遇是缘分,感恩工作中所有的遇见!

领导、前辈、同行,小学数学教师团队的每位成员,每个遇见,都是我生命中宝贵的财富。

基于问题,任务驱动,相互激发,智慧共享,彼此成长。一个个不懈努力,倾心于教学教研的数学教师,成为团队中的佼佼者,成为全县小学数学教学优秀的引领者。全县小学数学教研活动也因他们的参与,深刻而精彩!

我一直走在与同伴互助的道路上,彼此激励,携手成长。火车跑得快,全靠车头带,我努力做好这个"车头",带好全县小学数学教师队伍。

我为他们的成长而骄傲。李清美、周君、王新红、陈玉华、李彩、刘艳艳、杨洪亮……全国优秀教师、全国先进教育工作者、齐鲁名师、省特级教师、淄博名师、学科带头人、教学能手……是一串值得我骄傲的名字，也是一串名副其实的称号。虽然不属于我，但我发自内心地为他们鼓掌，我为"我们"而自豪。

一花不是春，独木难成林；携手、协作、成长，明天更美好。

我的实践研究和成果，离不开同伴们的支持和帮助，在此一并致谢！

因能力所限，书中难免存在错漏与瑕疵，恳请读者给予批评指正。

杜春联

2023 年 3 月

目录

第一部分　课题研究

1.1　小学数学教学中学生自主学习与创新能力培养策略研究报告 ⋯⋯⋯⋯ 2

1.2　数学课介入教具的支持性研究报告 ⋯⋯⋯⋯⋯⋯⋯⋯⋯⋯⋯⋯⋯⋯ 24

第二部分　教研指导

主题式教研 ⋯⋯⋯⋯⋯⋯⋯⋯⋯⋯⋯⋯⋯⋯⋯⋯⋯⋯⋯⋯⋯⋯⋯⋯⋯⋯ 90

2.1　探"理"得"法"
　　——运算教学模式解读 ⋯⋯⋯⋯⋯⋯⋯⋯⋯⋯⋯⋯⋯⋯⋯⋯⋯⋯ 90

2.2　回归本质，追寻小学数学概念教学的原点
　　——概念教学模式解读 ⋯⋯⋯⋯⋯⋯⋯⋯⋯⋯⋯⋯⋯⋯⋯⋯⋯⋯ 113

2.3　发展思维　学以致用
　　——小学数学问题解决教学模式及实施建议 ⋯⋯⋯⋯⋯⋯⋯⋯⋯ 152

2.4　自主构建　系统提升
　　——小学数学复习课模式解读及实施建议 ⋯⋯⋯⋯⋯⋯⋯⋯⋯⋯ 180

体验式教研 ⋯⋯⋯⋯⋯⋯⋯⋯⋯⋯⋯⋯⋯⋯⋯⋯⋯⋯⋯⋯⋯⋯⋯⋯⋯⋯ 198

2.5　重返课堂体验学习教研课例及学习心得 ⋯⋯⋯⋯⋯⋯⋯⋯⋯⋯⋯ 198

科研式教研 ··· 229

    2.6 基于问题解决 实施精准教研

          ——小学数学低年级教学策略研究概述 ················· 229

    2.7 科学评估 找准教学的"零起点" ······························· 234

    2.8 小学一年级入学新生能力评估报告 ································ 244

    2.9 低年级教学实践课例 ·· 253

    2.10 低年级课外拓展实践案例 ·· 275

观评课指导 ··· 290

    2.11 活学活用 践行新理念 ·· 290

    2.12 由"入格"到"出格" ·· 293

    2.13 展现课题成果，助推学生素养发展 ····························· 295

    2.14 感受学习乐趣 让思考真正发生 ·································· 298

    2.15 满足学生需要，落实有效教学 ····································· 301

第三部分　资源建设

基于课程标准的小学数学课程资源

    ——青岛版《义务教育教科书（五·四学制）数学三年级上册》 ······· 304

第一部分　课题研究

1.1 小学数学教学中学生自主学习与创新能力培养策略研究报告

本着问题即课题的原则，着力解决一线教师在日常教学中面临的一系列具体问题。在新课改理念指导下，改革小学数学课堂教学，探求在教学中培养学生自主学习与创新能力的策略。主要从制定和落实有利于学生自主创新学习的新课堂学习"六会"常规、构建自主创新学习的课堂教学模式、拓宽学生自主创新学习的空间与途径等方面加强实践研究，为一线教师在日常教学过程中培养学生的自主学习与创新能力提供策略支持。实验研究的过程带给教师教学理念、教育心态的很大改变，教师教学能力、科研能力明显提高；学生自主探究能力明显提高，自主学习习惯明显改善，实验达到预期效果。

一、课题提出

（一）课题提出的背景及现状综述

1999年第三次全国教育工作会议作出了《中共中央国务院关于深化教育改革推进素质教育的决定》，明确提出教育改革要围绕素质教育，培养创新人才，以培养学生的创新精神和实践能力为重点；转变教育观念探索培养学生创新精神和创新能力发展的教育模式成为学校的当务之急。全国的教育改革从教育思想、教育观念、教育体制、教育结构、教育内容、教育模式和方法等都发生着变化。

随着我国新一轮基础教育课程改革的推进，《全日制义务教育数学课程标准（实验稿）》明确提出，在教学中要培养学生的自主学习能力与创新能力，然而在具体的教育教学中，尤其是在农村学校要培养学生的这两项能力确实存在困难，新课标教材的使用仍不可避免地面临着与现实之间的矛盾，这一矛盾在教学实践中已经日益凸显出来。如何在新课程理念的指导下，改革数学教学，利用实施策略把先进的教学理念融入日常教学，成为课程实施的当务之急。

此外，为进一步增强课题研究的针对性，提高研究的价值，我们在设计研究实施前，对学生的自主创新学习状态做了实验前测（调查问卷附后）。

以本校四、五年级学生的学习情况为调查统计样本，问卷调查结果显示，小学生自主创新学习的意识、方法、能力较弱，受教师传统教学方式方法的影响，被动学习的行为与习惯明显，思维惰性突出，主动与创新不足。为落实和达到新课程改革理念要求，小学生创新学习、主动探究获取知识的能力有待于通过发挥教师的主导作用进一步训练和加强。

我们确定的本实验课题，试图立足广大一线教师的日常教学工作，针对他们在教学过程中遇到的一系列具体的问题，依据教学的一般原理和方法，就小学数学教学设计的观念、原则和实施策略等问题做一些探讨和研究，力求把先进的教学理念转化为具体的实践行为。通过制定实施学生自主学习课堂常规和设计运用自主实践作业，培养学生良好的学习习惯，具有较高的自主创新学习意识和能力，为后继学习发展打下良好的基础；通过构建自主创新学习课堂教学模式、大量典型课例的设计和实践，转变广大基层教师教学理念、教学方式，提高课堂教学效率，促进教师的专业化成长。

（二）相近课题的研究现状及与本课题的区别与联系

关于"自主探究性学习"，各种期刊已有不少此类文章，各地各校也有不少这方面的研究，如山西省晋中市榆次区寿安里小学开展的《主体参与创新学习小学数学课堂教学模式研究》提出了把数学课堂教学设计为学生可主动参与的活动过程，学生不仅"学数学"，还能"做数学"，重点是研究了学生课前、课中、课后的主动参与的教学模式；江苏省教育科学"十五"规划课题《自主创新的小学数学课堂教学模式研究》重新认识小学数学课堂教学的性质和任务，转变师生的任务与角色，按照促进自主学习、开发创新潜力和满足学生多方面发展需求的目标重点研究了生成式的课堂教学模式；江苏省赣榆县赣马镇中心小学开展的《在小学数学课堂教学中培养学生探究能力的策略研究》课题研究，重点则放在探索小学中年级段学生自主探究学习数学的教学策略，达到唤醒小学生自主探究的意识，培养学生自主探究的能力、自主探究的习惯、自主探究的品质；江苏省张家港市塘桥中心小学通过课题《小学生自主探究性学习研究》研究，进一步明确小学生自主探究性学习的特点，揭示自主探究性学习与发展学生能力的关系，进一步健全促进学生自主、全面发展的激励机制，健全和完善自主探究性学习评价体系；山东省安丘市金冢子镇金冢子中学的《培养学生自主创新的学习能力》研究，通过用直观教学、"就地取材"、激励性的语言、培养学生的观察能力等方法，培养学生自主创新的能力；辽宁省本溪市第四高级中学《数学教学中如何引导学生自主学习》研究，从创设情境、教给学生学习方法、重视学生思维训练、因材施教等方面培养学生的自主学习能力。这些课题都与本课题有着相近的地方，从不同侧面研究了培养学生自主创新学习的方法、途径，达成了一些基本认识，都取得了一些初步的成果，对教学具有指导意义。再者，"主体分层探索创新"作为与"学生自主学习和创新能力"培养相关的课题，为淄博市"十五"规划重点课题，研究的重点是小学数学教学课堂教学创新体系的构造。目前，"主体分层探索创新"实验已从其发祥地济阳区扩展到商河、新泰、沂水等十几个县市。

尽管国内外在这一领域的研究取得了一些成果，但是存在理论研究多、具体实施策略研究少的现象；针对城镇学生的自主探究性学习研究较多，但针对农村学生的自主探究性学习研究较少。

我们确立本课题，试图通过本课题的研究及实验，逐步构建以全面提高学生素质，培养学生自主、探索、发现、创新能力的教学体系，使学生在创新意识、自主探索、合作意识和创造性思维等方面较同年级的学生有显著提高，最终达到使后进生进步、中等生优化、优等生发展，使各层次学生都能获得成功体验，使学生全面健康地发展的目的。

本课题与相近研究课题的联系表现在注重以学生为主体，重点培养学生的自主创新能力，以课堂教学为基点开展研究工作。区别在于我们重视充分发挥教师在日常教学中的主导作用，力求通过每节数学课，每个可以发展学生自主与创新学习能力的教学内容以及富有实效的课外数学活动，有计划、较为系统地培养学生的自主创新能力，进而全面提高学生素质。

（三）课题的研究目标、研究内容及研究创新点

1.研究目标

（1）尝试探索制定各年级学生自主学习常规。探索"合作—探究"教学

模式，突出学生的主体地位，注重学生全面发展，积极打造以"先学后教、多学少教、以学定教、自主探究、合作交流"为主要特征的优质生本高效课堂。

（2）探索在小学数学教学中培养学生自主学习的方法策略。

（3）促进小学数学教学质量的提高。

（4）提升教师素质，以活动搭建平台，引领教师学习研究，促进教师专业能力的发展，提高数学教师群体素质。

2. 研究内容

（1）研究制定学生自主学习与创新能力养成课堂学习常规（试行）。加强训练，使学生达到学段课堂自主创新学习"六会"具体要求，具备良好的学习习惯，具备新课程实施所要求的基本的数学学习能力。

（2）改革课堂教学结构，探索建立有利于学生自主创新学习的课堂教学模式。促使教师转变教学方式，用先进的理念指导教学，做到学用结合，学用同步，促进自身专业发展，提高学校数学教师群体水平，缩小城乡间教师专业能力的差距，提高新课程实施水平。积极改进学生学习方式，培养学生学数学的兴趣，增强学生学习的主动性和创新学习意识，使学生思维积极灵活，学习效率提高。

（3）探索有利于培养学生自主创新学习的空间与途径。改变以往教学中，把数学知识的学习完全"课堂化"，使学生完全处于封闭的、被动接受地位的现状，尽最大可能开放学习空间，优化学习环境，合理利用学习时间，将课堂教学与课外、校外数学实践活动有机融合，以促进数学教学质量的提高。

3. 研究创新点

本课题的创新点，是在先进教学理论支持下，突出应用研究，为一线教师特别是农村小学数学教师提供可操作、可实施、较为系统的具体实施策略。

（1）制定操作性强的学生自主学习常规。使学生习惯能力的培养，不再只是空洞的理论要求，而是提供看得见、摸得着的"脚手架"，使训练要求的落实不再只是"挂在墙上、说在嘴上"，而是扎扎实实"落在行动上"。

（2）优化课堂教学结构。研究制定符合学生学习规律和新课程理念的课堂教学模式，引领教师在课内，以生为本，以学定教，突出学生的自主学习地位和创新学习能力的培养，最大限度地发挥课堂教学是实施素质教育、发展学生能力的主渠道作用；在创新教学模式、转变教学方式的过程中，使教师培养学生的同时，也成就自己，实现"教学相长"。

（3）拓宽学生自主学习的途径。实施开放教学，建立大数学教学观，使课内与课外、校内与校外有机融合，相互促进，使学生的数学学习变得更加有意义和有价值。

二、课题核心概念的界定

自主学习是指在教师指导下，学生通过多种方式和途径进行能动的、有选择的学习活动。自主学习是新课标倡导的一种学习方式。它不仅要让学生主动地获取知识，还要让学生去发现和研究问题；不仅是让学生运用知识来解决问题，更要在寻求问题解决的过程中，激发创新潜能，形成初步探索和解决问题的能力。每个学生能围绕探索的问题，主动决定自己的探索方向，选择自己的方法，用自己的思维方式自由地开放地去探索数学知识的产生与发展的过程。

创新能力是指在学科领域或现实生活的情境中，学生能通过发现问题、实践操作、体验感悟、表达与交流等探究性活动，获得知识和技能的新方法和新发明的能力。创新能力培养，注重学生的主动探索、体验、创新，是与接受式学习本质不同的学习方式。

策略是指为实现教学目标或教学意图而采用的具体问题解决的方式方法。

本课题旨在通过研究促进小学各年级段学生自主学习数学的教学策略，达到唤醒小学生自主探究的意识，培养学生自主探究的能力、自主探究的习惯、自主探究的品质的目的。

三、课题的研究方法与研究过程

（一）课题的研究方法

1. 文献资料法。广泛收集与课题相关的理论资料，并组织课题组成员学习数学发展评价的先进理念，以前沿的理论指导实践。

2. 行动研究法。主要运用反思实践法。组织实验教师和研究人员进行教学实践，邀请省、市、县的专家定期指导及时调整行动的方案，及时反思改进，在反思实践中，建立理论，归纳规律。

3. 经验总结法。总结经验教训，建构小学生自主学习与创新学习的运作范式。

（二）课题的研究过程

本课题研究的主要目的是探索培养学生自主与创新学习能力的策略。必须深入学生，仔细观察，认真调研，大胆实践，方能取得成效。

1. 文献资料的收集与学习阶段（2006.6—2006.10）

本阶段的主要工作是确立并培训实验教师，查阅理论资料，针对课题实施进程收集相关学习资料，实验教师进行理论学习。

开题和前测阶段的主要工作是确立实验对象，对实验班和对照班作前期测评，制订实验方案，设计实验内容，等等。

① 确立学校实验班与对照班。

② 发放学生问卷调查，进行课题研究摸底。

③ 学习研讨，确定选题。

④ 分析现状，引发反思。

分析南鲁山镇中心小学数学教学现状，对于最初的选题进行反思。一是走进课堂，进行课堂观察与调研，对本校常态课堂教学实况做进一步的了解、分析与评价，进行课堂教学现状调研。二是查阅相关文献资料，对课题研究的价值和可行性做初步论证。

⑤ 成立课题组，讨论总体方案。

2. 研究与实验阶段（2006.10—2014.3）

（1）各年级段课堂自主学习常规的制定与实施

① 2007年2月，制定学生自主学习与创新能力养成课堂学习常规（试行），在实验班进行常规训练。

② 2007年3月至2008年8月，继续落实自主学习常规训练，培养学生自主学习的能力与习惯，能自主完成课外实践作业，培养学生写数学日记的习惯。

（2）课堂教学模式研究与实践

2007年9月至2014年3月探索、实践、优化课堂教学模式。组织模式运用课堂教学观摩研讨、开放交流、实验教师教学比赛等活动，撰写发表课题研究论文，整理课例研究成果，组织交流。

（3）学生自主实践作业的设计与整理。

3. 总结验收阶段（2014.3—2014.12）

（1）组织实验教师的课堂教学观摩活动。

（2）做好课题研究与实验的总结工作，整理和分析研究结果，撰写研究报告、教学论文。

（3）向上级申请课题的结题验收、评估，并总结推广科研成果。

四、课题研究的理论与实践成果

（一）构建了有利于学生自主创新学习的课堂教学模式

自主学习是指在教学过程中，学生在学习时表现出的自觉性、积极性、独立性特征的总和，是从事创造性学习活动的一种心理能动状态。它包括认识的活跃程度、情感的兴奋水平和意志努力的强度。我们在实验中，构建了突出学生自主创新学习的分类课堂教学模式，在教学中实践不断完善和优化，收到良好教学效果。

我们结合小学数学"数与代数、图形与几何、统计与概率、综合与实践"四大领域内容，结合具体课例，细化研究，分别构建了"图形与几何"和"计算与问题解决"两类课的教学模式，突出发挥不同知识领域教学内容本身的特点，强化学生自主与创新能力的培养。

（1）"图形与几何"类教学模式

联系生活，激活引入→动手实践，自主探究→展示交流，深化认识→解决问题，应用反思→回归生活，实践拓展。

如《三角形的认识》教学设计。

① 联系生活，激活引入

让学生从"找生活中的三角形入手"，谈一谈自己见到的三角形。学生发现了红领巾、梁、自行车、三角尺等生活中的三角形。接着教师话锋一转："生活中很多地方都用到三角形，你知道为什么要做成三角形的吗？"引出学生对三角形特性的思考。

【简单的谈话中，把学习内容和学生的生活联系起来，让学生体会到"数学就在身边"，激发他们学习的积极性。】

② 动手实践，自主探究

学生利用提供的学习材料包和课前小研究，动手操作，观察思考，获得直观感知和体验。

《三角形的认识》课前小研究

姓名：　　　班级：

1. 利用手中的材料包一，试着拼一个你喜欢的图形，并试着将它画下来。
2. 利用手中的材料包二，试着拼一个你喜欢的图形，并试着将它画下来。
3. 拉伸两个图形，你有什么发现？

【其中材料包一是可以围成三角形的材料，而材料包二是可以围成平行四边形、五边形或者多边形的材料。】

③ 展示交流，深化认识

Ⅰ. 组内交流。在学生课前小研究中自己拼、画三角形直观感知的基础上，相互补充，分享初步感知和体会。

Ⅱ. 班内交流。在组内交流的基础上，让使用不同材料包的小组分别展示，进行质疑、追问等交流活动，在此基础上，试着自己概括总结三角形的概念，并深刻感受三角形具有稳定性。

【这样的开放性、实践性、交流互动性学习，使学生在有价值的数学活动中体验、感知和思考，对概念的理解会更加深刻，学生思维的创新性、条理性、深刻性都会得到训练。】

④ 解决问题，应用反思

Ⅰ. 判断题：下面的说法对吗？

A. 由三条线段组成的图形叫作三角形。（　　）

B. 自行车车架应用了三角形的稳定性。（　　）

9

Ⅱ.操作分析题:你能把教师手中的四边形变得更牢固吗?

⑤ 回归生活,实践拓展

出示小兔子和小猴子围篱笆的画面:小兔的篱笆是正方形的,小猴子的篱笆是三角形的。谁的更牢固,为什么?你能帮它们建得更牢固些吗?

【这个练习的设计,由课前学习时的直观认识到改造四边形的直观应用和直接体会,再到图片中抽象出来的图形的改造,完成了由浅入深、由易到难、由直观到抽象的转变。把数学学习回归生活,既感受数学的价值,又使学生的知识学习得到了一个层层递进式的提升。】

(2)"计算与问题解决"类教学模式

创设情境,问题引入→自主探究,交流展示→总结提升,解决问题→反思评价,体验成功。

如《用倍解决问题》教学实录。

① 创设情境,问题引入

Ⅰ.复习倍的意义,并用意义解决一步计算问题。

看到这幅图片(课件出示图片),你有什么发现?想一想这两个数量之间有什么关系?你想到了哪些数学问题?

(黄月季)

(红月季)

生1:一共有多少朵?

师:这是求和的问题。

生2:红月季比黄月季多多少个?(少多少个)

师:这是比多少的问题。

生3:红月季是黄月季的2倍。

师:这是倍数关系的问题。

师:刚才这个同学说到红月季是黄月季的2倍,你能说说"倍"是什么意思吗?

生3：有2个3，就是3的2倍。

生4：3的2倍是6，用乘法计算。算式：2×3=6。

师：看来同学们前面学习的知识非常扎实。

Ⅱ.学生创作，用倍解决一步计算问题

A．学生作图，进一步体会两个数量间的倍数关系。

师：你能根据我的绘画要求作画吗？

出示绘画要求：第一行画4个自己喜欢的图案；第二行画的图案数是第一行的3倍。完成后和你的同桌交流一下。

师：你能试着提出一个数学问题吗？（教师指导："第二行画多少个？"就是一个数学问题。）

B．展示作品

师：第二行要画多少个图形？你是怎么知道的？

生：第二行有3个4，可以写成乘法算式4×3=12。

师：你们同意他的看法吗？谁还有不同想法？

师：看来求3的4倍是多少，可以转化为求3个4是多少，用乘法计算。

师：谁还有不同的画法？

C．课件出示

老师也画了一幅，你们想看看我是怎么画的吗？

师：看到我的作品你有什么想说的？

生：教师的很简单，一眼就看出是3个4。

师：数学就是要求简洁，同学们也可以尝试用这样的方法来表示两个数量之间的倍数关系。

②自主探究，交流展示

Ⅰ.用倍解决两步计算实际问题

师：教师发现你们的绘画水平非常高，动物乐园里有一群小动物也在进行绘画比赛，我们一起去看看，你能发现哪些数学问题。

Ⅱ.课件出示

跳跳虎：我画了8个桃子。

维尼熊：我画草莓，个数比跳跳虎画的4倍多7个。

小猪：我画香蕉，个数比跳跳虎的5倍少4个。

师：读一读这些信息，试着提出一个数学问题？

生：维尼熊画了多少个？

生：小猪画了多少个香蕉？

师：真棒，大家都能自己提出数学问题了，你们能自己解决吗？试试看，有问题的话，可以和同桌商量一下，也可以画一画。

Ⅲ.展示作品

师：维尼熊画了多少个草莓？你是怎么知道的？

生：8×4+7=39。

师：你能给大家讲讲为什么这么列式吗？

生：跳跳虎画了8个桃子，维尼熊画的个数是跳跳虎的4倍，也就是4个8，还多7个，所以再加上7个。

师：他说的你们明白吗？（指2～3名学生说）

师：看来这个问题我们要分几步来解决？（两步）

第一步先解决4的8倍是多少；第二步再解决比4的8倍多7是多少。列算式需要两步：先算乘法后算加法。即8×4+7。

师：同桌互相说一说解题过程。

Ⅳ.独立解决：小猪画了多少个香蕉？完成后和同桌交流你的想法

Ⅴ.总结规律

师：观察今天学习的知识，发现有什么共同点？

生：都与倍有关系。

师：这就是我们这节课要研究的新问题（板书课题：用倍解决问题）。

师：你还有什么发现？

生：比几倍多的，先用乘法，再用加法。

师：这个同学想说，比一个数的几倍多几就先用乘法计算再用加法计算，对不对？

生：比几倍少的，先用乘法，再用减法。

师：你的总结能力很棒。

师：解决这样的两步计算问题，我们可以用画线段图的方法帮助我们分析。

③ 总结提升，解决问题

师：刚才我们帮助小动物们解决了绘画比赛中的数学问题，你们看，这群小动物又在忙什么？

生：参加拍球比赛。

师：认真观察，读一读数学信息，你能发现哪些数学问题，比一比谁发现的问题最多。（课件演示）

维尼熊：我一分钟拍了9下。

小猪：我拍的个数是维尼熊的2倍。

跳跳虎：我拍的个数比维尼熊的2倍多8下。

袋鼠妈妈：我拍的个数比维尼熊的3倍少7下。

小袋鼠：维尼熊拍的个数是我拍的3倍。

你能提出一道数学问题吗？

④ 反思评价，体验成功

这节课，你有什么收获？有什么感受？

（二）制定实施了"六会"新学习常规，培养学生自主创新学习的习惯与能力

培养学生自主创新学习的意识、习惯和能力，是实现课堂教学最优化的重要前提。为此，依据不同学段学生特点，我们制定实施了新课堂学习常规，明确具体要求，在每节数学课上，由教师有意识地进行指导、训练，培养学生做到"六会"，即会听，会说，会读，会问，会做、写，会交流。学生课堂学习能力明显提高。具体如表1.1.1所示。

表1.1.1 自主学习与创新能力养成课堂学习常规(试行)

	听	说	读	问	做、写	交流
第一学段	注意力集中，会听老师讲	上课敢说，积极回答问题	会阅读数学课本，能读出主要的数学信息，用自己的语言进行复述	上课敢于提问，积极主动地提问题	会根据教师的要求和示范动手操作简单学具，认真书写练习、作业	敢于和别人交流
	尊重同学，会听同学说	会用自己的语言简单描述别人的回答，能够有条理地说出自己的想法	会用自己喜欢的符号对主要内容做出标记，能读出自己不明白的问题	能针对别人的回答进行提问、质疑	能听懂教师的要求，自己独立正确地动手操作简单学具，认真书写练习、作业	会进行小组合作
	积极参与，会倾听小组内同学的发言	会描述简单的具体数学学习的过程、思路和方法	能把读出的主要信息用比较简洁准确的数学语言进行描述	会提出简单合理的数学问题	能根据教师的要求，进行创新性的动手操作，认真规范，有一定速度地做练习、作业	能在小组内对不懂的地方或不同的观点提出疑问，发现错误能及时改正
第二学段	能认真听取别人的意见和建议，并产生自己的想法	能有条理逻辑清楚地描述数学学习的过程、思路和方法，有较强的抽象性和概括性	会阅读有关的数学资料	会提出有价值、有较强的问题意识的数学问题	会写数学日记	会进行组间交流，乐于接受同学们的意见
	会辩论、会修正补充别人的意见	敢于发表自己独特的见解	在独立阅读数学资料的基础上能进行自主学习	会提出不同的、有创意的数学问题并探索出解决问题的有效办法	会设计有创意的数学专题活动方案	在独立思考的基础上，积极参与对数学问题的讨论，能从交流之中获得收益

14

（三）开发拓宽了学生自主创新学习的空间与途径

在以往的教学中，教师把传授知识作为目的，把学生获取知识作为终点，使学生完全处于被动地位。在教学中存在着重结果、轻过程，重分数、轻能力的现象，这种机械化的教学方式、封闭的学习环境，严重影响着学生的学习行为。数学课程标准明确指出，有效的学习活动不能单纯依赖模仿与记忆，动手实践、自主探究、合作交流是学生学习数学的重要方式。在这种背景下，我们尝试着通过拓展学生学习空间，将课堂教学与课外、校外实践活动有机融合，去寻求与其相适应的教育教学模式，以促进教育教学工作。我们主要开展了以下数学活动。

数学阅读。有效的阅读能培养学生良好的数学思维，激发学生学习数学的兴趣，针对数学方面的阅读书籍比较少，大部分学生不会主动去进行数学阅读的现象，我们在研究中有意识、有计划地引导学生主动进行数学阅读，从阅读数学课本提供的各类素材开始，不断拓展相关阅读内容，利用班内图书角、数学小报等资源为学生提供阅读的材料。教师积极进行参与式阅读，和学生进行对话式交流，为学生树立榜样，激发学生的学习兴趣及信心，让学生深入了解数学的魅力。

自主整理。我们创新复习课教学，建立"明确目标—自主整理—交流深化—拓展运用"复习课模式，帮助学生对知识进行系统整理建构的同时，突出了学生对单元知识或阶段内同类知识的自主整理。根据教学计划，教师布置自主整理实践作业，让学生根据自己的理解与体会，创造性地设计各类整理结构图形、图表，对知识进行梳理，培养学生良好的梳理知识的习惯和自主构建知识的能力。

数学日记。数学问题是没有直接呈现明显的方法、想法或途径可遵循的情境，我们在教学中鼓励学生展现自己的思维过程，然而由于受课堂时间的限制，不可能让每位学生都有充足的时间来展现自己的思维过程。于是，我们引入数学日记，给学生提供展示自己独立见解的阵地，使学生不能及时暴露、展示的思维状况，通过日记这一物质载体得到及时呈现和释放，改变了数学学习单凭话语交流的单调状况，也使日记成为师生数学学习与心灵沟通的一座桥梁。

研究制作。学习是一种综合活动，某些知识受课堂的限制不能进行实际操作，校外研究制作旨在体现在"做中学，学中做"的教学理念，以此来激发学生的学习兴趣，巩固课内所学知识，突出数学学习的实践性、综合性。为此，根据具体教学内容我们设计如做活动角、切割正方体、用球画圆、测量操场、调查统计等活动，使学生在实践中获得丰富体验，在活动中得出一些结论或发现规律，进而提高对相关问题、知识的理解运用水平。

数学小报。数学小报或手抄报能够给学生提供展示自己的平台，让学生将所学知识运用到实践中，培养学生的综合能力。同时，通过设计"自我评价""我的心里话""教师我对您说……"等栏目，架起师生沟通的桥梁，使数学的教与学变得和谐、有趣！更符合小学生的年龄特点。

五、课题研究实施效果

（一）学生综合学习能力有提高

最大的受益者是学生！这是课题组成员的共识。自主探究式教学激发了人人求新的欲望，强化了人人参与的意识，提供了人人探究的时空，给予了人人成功的机会，培养了人人善学的习惯。总之，明显提高了学生对自主探究的认识，激发了兴趣，增强了创新意识，凸显了主体地位。学生初步养成了良好的学习习惯，成绩有了较大的提升，实践操作和交际能力突出，综合素质明显增强，基本转变了传统的学习方式，初步形成了自主、合作、探究的学习能力。

1. 学习兴趣更浓。"自主探究式教学"转变学习和教学方式，使学生学在其中、乐在其中！学习不再是被动完成教师任务的枯燥过程，而成了学生亲身体验、自主探究、充满乐趣的过程。

2. 探究意识明显增强。教学中学生不再是被动接受的容器，而是主动探究、平等对话、交流合作。"我认为""我觉得""我的看法是""我建议"等成为学生课堂使用频繁的口头语之一；一只只高举的手臂成了课堂中一道亮丽的风景线。师生间、学生间的热烈讨论、激烈辩论场景，成了课堂中最生动的画面。

3. 自主学习意识增强。通过对《小学生自主学习状况调查问卷》实验前后数据分析，学生自主学习意识在实验后明显增强。如表 1.1.2—表 1.1.5 所示。

问题一：数学课前，你做了哪些准备？

A. 不做准备。

B. 简单看书，了解要学的新知识。

C. 预习，带着疑问来学习。

表 1.1.2

选项及人数比例	调查人数/人	选项 A 人数/人	选项 A 比例/%	选项 B 人数/人	选项 B 比例/%	选项 C 人数/人	选项 C 比例/%
实验前测	182	0	0	103	56.6	79	43.4
实验后测	182	0	0	59	32.4	123	67.6

问题二：教师布置的课下作业，你会怎样做？

A. 先复习，再完成作业。

B. 只完成作业，不复习。

C. 先玩后写，有时完不成。

表 1.1.3

选项及人数比例	调查人数/人	选项 A 人数/人	选项 A 比例/%	选项 B 人数/人	选项 B 比例/%	选项 C 人数/人	选项 C 比例/%
实验前测	140	16	11.4	104	74.3	20	14.3
实验后测	182	126	69.2	36	19.8	20	11.0

问题三：课堂上，你的表现是怎样的？

A. 认真听别人回答问题，主动与同学交流。

B. 只回答教师的提问，不太注意听别人回答，教师不要求，不主动与同学交流。

C. 听别人回答，自己不回答。

表 1.1.4

选项及人数比例	调查人数/人	选项A 人数/人	选项A 比例/%	选项B 人数/人	选项B 比例/%	选项C 人数/人	选项C 比例/%
实验前测	140	57	40.7	78	55.7	5	3.6
实验后测	182	135	74.2	32	17.6	15	8.2

问题四：数学课后，你主动进行学习了吗？

A. 主动进行课下学习。

B. 只偶尔翻阅数学课本进行学习。

C. 完成教师布置的作业后从不进行自主学习。

表 1.1.5

选项及人数比例	调查人数/人	选项A 人数/人	选项A 比例/%	选项B 人数/人	选项B 比例/%	选项C 人数/人	选项C 比例/%
实验前测	182	5	2.7	70	38.5	107	58.8
实验后测	182	125	68.7	40	22	17	9.3

（二）教师教育教学能力显著提高

教师会教、善教，教学水平不断提高。实验学校是一所农村小学，研究中全体教师通过学习教学理论，教育思想和教育观念发生了变化，主动改进自己的课堂教学模式，教学水平不断提高，在全镇组织的教学质量评估中，学校的教学质量及各级各类活动均名列全镇各小学第一，一个科研型的教师群体在学校形成。

六、课题研究反思

经过几年的研究，课题组完成了预定研究目标，取得了一定的研究成果。对照深入推进课程改革的实际需求，反思课题研究的成果，课题组对今后的教学与研究达成了一些共识，也还存在一些困惑，主要表现在：

1. 如何更有效地组织课堂教学，培养学生能力，如何让探究学习成为学生的一种需要，是我们研究的方向。

2.对于大班额情况,需要继续探索研究合作学习的实效,突破具体策略指导这一瓶颈。

3.如何设计导学问题,引发学生自主性地思考,为课题研究服务?如何以"生成"促"成长",使课堂引领更加有效?如何设计课堂提问,引发学生创造性地思考?这些问题考验着教师的教学能力。

4.课堂开放后,如何处理好"放"与"收"的关系,做到目标达成"下要保底,上不封顶"?

总之,课题研究还在路上!一个课题的结束,不代表问题研究的结束,我们将进一步总结经验,不断探索,在实践实验的基础上,结合现代教育理论、观念,进一步探索提炼"培养学生良好学习习惯"的操作模式和探索研究"促进教师学科教学能力发展的策略",与同行相互学习借鉴,把研究成果推广出去。

附录1:小学生自主学习状况调查问卷

问题一:数学课前,你做了哪些准备?

A.不做准备。

B.简单看书,了解要学的新知识。

C.预习,带着疑问来学习。

问题二:教师布置的课下作业,你会怎样做?

A.先复习,再完成作业。

B.只完成作业,不复习。

C.先玩后写,有时完不成。

问题三:课堂上,你的表现是怎样的?

A.认真听别人回答问题,主动与同学交流。

B.只回答教师的提问,不太注意听别人回答,教师不要求,不主动与同学交流。

C.听别人回答,自己不回答。

问题四:数学课后,你主动进行学习了吗?

A.主动进行课下学习。

B.只偶尔翻阅数学课本进行学习。

C.完成教师布置的作业后从不进行自主学习。

附录2：自主创新课堂教师教学评价表

任课教师：_____ 学科：_____ 班级：_____ 授课内容：_____

评价项目	评价细则	权重	A	B	C	D	实际得分
教学目标与内容20%	1.指导学生参与目标制定，科学、全面、恰当	4					
	2.教材把握恰当，有一定信息容量	5					
	3.体现自主探究能力培养与课改理念	6					
	4.体现学科特点	5					
教学情感10%	1.善于创设良好教学情境，有效激发学生学习兴趣	6					
	2.尊重学生，师生对话，凸显人文精神的培植	4					
教学个性10%	1.教学独特，运用教材有独创性	4					
	2.尊重个性差异，积极倡导个性化学习	6					
自主学习25%	1.着力调动学生学习积极性	5					
	2.以灵活多样的手段和方式促进学生自主学习	5					
	3.学生有良好的自主学习习惯与方式	4					
	4.学生学得生动活泼，成效显著	5					
	5.面向全体，因材施教，关注个体差异	6					
探究学习25%	1.富有智慧地引导学生质疑、释疑	4					
	2.学生思维活跃，探究欲望强烈	5					
	3.学生有创新意识，观点鲜明	4					
	4.学生敢想、敢说、敢做	6					
	5.实践操作具体，学生活动形式多样	6					
实践学习10%	1.重视指导学生整合、处理所收集的资料，培养学生科学严谨的学习态度	4					
	2.富有创造性地组织巩固或拓展练习，让学生在实践中自主探究并有收获	6					

续表

评价项目	评价细则	权重	评价结果 A	B	C	D	实际得分
合计得分	总体评价						
评语							

附录3：自主创新课堂学生学习评价表

学生姓名：_____ 班级：_____ 学科：_____ 学习内容：_____

评价项目	评价细则	评价结果 ★★★★	★★★	★★	★
心理素质（自主探究意识、自主学习态度和动机）	1. 学生心情舒畅，能迅速进入最佳学习状态，注意力集中				
	2. 积极地有意识表现自我，形成不甘落后的竞争氛围				
	3. 经常发言的学生谦让较少发言的学生，建立起一定的道德公约，逐步培养学生良好的行为习惯，使课堂气氛活而不乱				
	4. 遇到困难请求师生帮助，形成互帮互助的氛围，能认识到每个人都是平等的，对错误不嘲笑不指责				
智力品质（观察力、思考力、记忆力、想象力、创造力）	1. 初步养成在观察中思考，在思考中观察的良好品质				
	2. 善于针对学习内容提出独到的问题				
	3. 能认真研读文章，并能及时抓住重点获取自己所需的信息				
	4. 能耐心倾听，并在与师生对话中得出独特见解，不人云亦云，也不固执己见				
	5. 具备有选择性地进行自主记忆知识的能力				
	6. 能进行合理想象，内容有独创性				

续表

评价项目	评价细则	评价结果 ★★★★	★★★	★★	★
方法技艺（参与能力、自主实践能力）	1. 积极参与课堂学习活动，能综合运用已有的方法和知识解决问题				
	2. 能根据学科特点独立地选择学习的方式与步骤，策略性地学习				
	3. 具有一定的自主实践能力，能在教师指导下进行实践操作				

【参考文献】

[1] 教育部. 小学数学新课程标准[M]. 北京：北京师范大学出版社, 2011.

[2] 王坦. 合作学习的理念与实施[M]. 北京：中国人事出版社, 2002.

[3] 余应龙. 数学探究性学习导读[M]. 上海：上海教育出版社, 2002.

[4] 赵希强. 探究性学习方式研究与实践[M]. 山东：山东大学出版社, 2009.

[5] 曹培英. 小学数学教学改革探析：在规矩方圆中求索[M]. 北京：人民教育出版社, 2003.

[6] 王坦. 合作学习原理与策略[M]. 北京：学苑出版社, 2001.

[7] 庞维国. 自主学习：学与教的原理和策略[M]. 上海：华东师范大学出版社, 2003.

[8] 魏运隆. 小学数学课堂教学中学生创新能力培养研究[D]. 兰州：西北师范大学, 2004.8.

[9] 杨冬雪. 小学课堂教学中学生良好学习品质培养策略研究：以成都市A小学数学教学为例[D]. 成都：成都师范大学, 2011.8.

[10] 董丽梅. 小学数学双自主教学中学生个体差异处理策略研究[D]. 济南：山东师范大学, 2011.8.

[11] 殷聪聪. 小学低年级数学教学中学生探究学习兴趣、习惯的培养策略研究[D]. 长春：东北师范大学, 2007.8.

[12] 袁雪清. 小学数学教学中学生自主学习能力培养的研究报告[J]. 甘肃教育, 2003(Z1).

[13] 张艳华. 小学数学教学中学生自主学习能力培养的途径 [J]. 吉林教育, 2012(19).

[14] 李星云. 小学数学教学中学生创新能力的培养 [J]. 云南教育 (小学教师), 2008(11).

[15] 张成群. 数学课自主探究学习教学模式浅析 [J]. 新课程 : 教师版 , 2006(1).

[16] 胡培刚. 小学数学教学策略研究：以培养学生创新能力为目标 [J]. 数学学习与研究 : 教研版 , 2010(6).

[17] 吴惠添. 学生自主学习和创新能力培养研究：以农村小学数学教学为例 [J]. 小学教学参考 , 2014(11).

[18] 夏金英. 小学数学教学中学生创新能力的培养 [J]. 读写算 (教师版): 素质教育论坛 , 2012(23).

[19] 王飞. 小学数学教学中学生创新能力的培养与探究 [J]. 新课程 (上旬), 2013(10).

[20] 王龙珍. 如何在小学数学课堂教学中有效开展探究性学习 [J]. 中小学教育, 2014(3).

1.2 数学课介入教具的支持性研究报告

随着现代化教育技术的快速发展，教学的辅助设备不断更新，多媒体等现代技术手段在教学中的应用，促进了课堂教学效益的提高。与此同时，一些传统的教具渐渐地淡出了教师视野，传统教具的使用价值、优势被忽视，基本不用或不擅长使用教具成了较为普遍的教学现象。调研发现，在数学课上使用教具还存在着一些较为普遍的问题，主要表现是：教师对教具介入课堂的价值认识不够，日常教学中主动应用意愿不强；教具应用有效策略不足，教具使用水平偏低；学校对教具的管理重视不够，间接影响了教具的使用效果；等等。基于现实问题解决，我们开展了"数学课介入教具的支持性研究"的课题研究。通过对现行教材中介入教具的教学内容进行系统梳理、归类研究，形成数学课教具介入归类研究汇总表，帮助教师建立学具运用整体教学观，提高了教具运用的计划性、指导性、实践性。研究探索教具介入课堂的实施策略，总结提炼出新授课、复习课介入教具策略以及教学评价策略，为教具介入课堂提供了可操作的"脚手架"。课题的研究与实践，进一步转变了教师的教学观念，提高了教师教具介入课堂的积极性、主动性，对教师教学综合素质提升，对发展学生学习能力，对提高课堂教学效益，具有明显的促进作用。

一、问题的提出

随着科学技术的迅猛发展，多种现代教学媒体的普遍运用，教学过程进入了一个新时代。多媒体技术手段在教学中的应用提高了学生学习兴趣，丰富了教学素材，提高了课堂信息容量，促进了课堂教学效益的提高。小学数学课堂教学也不例外，越来越多的教师开始使用多媒体、互联网等现代化的教学技术手段辅助教学，凸显了其使用价值。与此同时，一些传统的教具渐渐地淡出了教师视野，教具的使用不再作为教师必备的一种教学技能被关注。特别是近几年新入职的青年教师，更是只热衷于现代技术手段的运用，在日常课堂教学中，多媒体课件不管效果如何，成了每节课的必选手段，传统教具的使用被搁置、价值被遗忘、优势被忽视，使用传统教具似乎冠以"落后"代名词，基本不用或不擅长用教具成了较为普遍的教学现象。但是，教育学、心理学的研究成果及教学实践经验表明，受学生学习的阶段特点及学科教学本身特点等因素的影响，在课堂上，使用传统实物教具的功能与效果，对学生而言，毫不逊色于现代化的教学手段。传统教具具有更直观、可接触、可反复操作、可实践验证、便于反复观察等优点，几乎表现在数学学科教学的每个知识领域，运用教具更有利于学生经历学习过程，深刻体验理解知识，也使教学效益更高，且传统实物教具的准备，一般相对容易获得。就小学数学教学内容而言，所使用的教具，有些是学校功能室按要求必须配备的，有些是师生就地取材自己制作。现在网购发达，网上各种教具和教具制作材料也是琳琅满目，学校、教师因需购买也很方便经济，为教具使用及自制教具带来无限可能和创新机会。所以，传统教具与以多媒体技术教学手段为代表的电子教具并不是互相排斥、非此即彼的关系，它们各有存在的价值和优势。把传统教具和电子教具介入课堂，最大限度发挥应有的作用，能为提高课堂教学效益，发展学生学科素养助力。

调研发现，教具介入课堂确实还存在着一些问题，需要我们认真思考、寻找对策。主要问题表现在以下几个方面。

一是对教具介入课堂的价值认识不够。一方面，把教具介入课堂辅助教学，教师需要投入更多的时间和精力做教学准备。因此，日常教学中，由于教师教学理念的局限性、自身行动上的惰性、教具准备有难度等，有相当数量的教师不会主动使用教具来辅助教学，使用教具在一定程度上成为部分教师上课"作秀""表演"的工具，还没有真正意识到教具介入对促进学生有效学习的价值。另一方面，教具介入课堂辅助教学，对教师有效组织课堂教学的要求会更高。相比单纯的讲解、演示等单一教学方式，44.02%的教师认为，指导学生利用教具进行观察、实验、操作等学习探究活动时，如果活动组织不好，容易出现课堂教学秩序混乱，学生注意力被分散，教学效果反而更差的现象，导致教具使用功能与理论上的期望值相差甚远。调查结果显示，有41.63%的教师认为教具介入课堂，虽然会使学习变得更加形象直观，但是和教师的付出不成正比。有86.6%的教师在数学课上是否选择使用教具，只是根据自己主观意愿来确定，随意性大。教具介入课堂的教学实践现状很不乐观。

二是教具使用水平不高。近几年，沂源县每年都招聘近百名新教师充实教师队伍，教师队伍逐步年轻化。同时，新招聘教师虽然学历提高，但师范类毕业生占比很低，教师学科教学技能存在明显短板，使用教具的有效策略缺乏，教具使用技能水平偏低，与新课改教学需求不相适应。近年来，在各级学科教研活动中，主要对教学理念、教材内容、教学模式等进行学习研究，对于教具使用技能的培训，则更多关注了现代化教育技术手段的学习运用。传统教具的使用技能培训和使用策略研究，由于认为不是"新"手段而被淡化，教具介入课堂也只是在教学研究中，被作为"副产品"偶尔被提及、被讨论，内容零散、不系统，导致教具使用的专业培训与指导活动少。调研中，56.94%的教师反映学校没有组织相关培训，教师在教具使用过程中，遇到的困难与困惑，无法寻求到专业解决的途径。教具使用策略不足，使用技能得不到提升，使教师对教具介入课堂"望而却步"，导致日常教学中教具利用率不高。调研中，96.17%的教师认为"假若学校或上级教学研究机构组织这方面的培训学习，很有必要参加"。

三是教具管理存在短板。学校现存的教具陈旧，农村学校特别是农村小规模学校经费紧张，教具更新不及时，种类单一，数量不能满足师生需要。96.65%的教师反映，当前所在学校的教具需要更新。另外，由于现代技术手段的迅速发展，学校重视多媒体设施的配备，忽视传统教具的需求。学校现有教具与现行教材内容不同步、不匹配，学校疏于管理，导致教师教具使用不便捷。

这些问题的存在，制约着教师使用教具辅助教学的主动性、积极性，制约着数学课教具介入的运用水平，影响了课堂教学效益的全面提高。为此，我们申报立项了"数学课介入教具的支持性研究"课题。以燕崖镇中心小学师生为主要研究对象，兼顾全县小学学生和全县小学数学教师，进行实践研究，试图探索出有效的教学实施策略，以有效的教学实践使教师充分认识到教具介入课堂的价值，能积极主动地把教具介入课堂，提高运用教具水平，促进学生学习成长和教学效益不断提高。

二、国内外研究现状综述

（一）国外研究现状

国外对于教具介入课堂的支持性研究并不多，关于教具学具的价值研究相对丰富，而这些研究主要是早期教育家通过科学的实验得出的结论。

美国著名教育家杜威，强调儿童生来就好动，他认为儿童的本性就是喜欢动手、发现和创造，教学就是应该让儿童多动手探究，自己进行实验，并在教学过程中接触更多的事实，所以教师在教学过程中要给学生多提供探究的材料和工具，让儿童自己去探索，这一研究说明了教具和学具对学生学习的重要性。

捷克教育家夸美纽斯很早就提出了"直观性教学原则"，他在《大教学论》中提出："在尽可能的范围内，一切事物都应尽可能地放在感官的面前。"他认为，在教学中，应该普遍使用直观教具。意大利教育家玛丽亚·蒙台梭利认为，教具是学生工作的材料，学生通过"工作"，从自我重复操作练习中，建构完善的人格。他用毕生的精力创立了独特的"蒙台梭利教育法"，他认为教师应给学生提供充分的教具，激发学习的内在潜能。

俄罗斯数学教育家沙雷金设计了一套著名的教材《直观几何》，这套教材作者设计了大量的学习活动，让学生用直观的方法大量接触生动的几何世界，其中包括折纸、摆火柴、走迷宫、镶嵌等操作活动，接触反射与对称、拓扑试验、欧拉的哥尼斯堡"七桥问题"等课题，有利于学生的接受和学习，为以后的几何学习打好"直观的基础"。

日本荒木勋在《学习珠算可以增强脑力》一书中对珠算的作用进行了论述，他认为儿童智力的发展与手指的活动密不可分，并且认为珠算使儿童通过手指的活动来促使智力的发展。

美国教育心理学家加涅在《教学设计原理》一书中，对教学工具的选择进行了论述，他认为教学媒体是支持教学设计的工具，也是为学生创造教学环境和学习情境的主要手段，所以教师在设计教学内容时，注意教学工具的使用，进而为学生创造良好的学习环境。

苏联教育家谢木塞娜在对几何直观教学工具进行了系统阐述，强调了直观教具对数学学习的作用，并将直观教具分为实物直观、模型直观和计算机模型直观。而传统教具包括实物直观和模型直观。

上述研究表明，国外一直都非常重视学生动手能力的培养，重视教具学具在课堂中发挥的重要作用，比如能提高学生的学习热情，培养学生的动手能力，激发学生的创造力和想象力等，并从教师教学和学生学习两个方面来研究和实践，形成了较为系统的理论。

（二）国内研究现状

课题组以"教具""学具""数学教具""传统教具"为关键词在中国知网上进行了搜索，关于数学教具与传统教具的文献资料相对比较少，仅1300余篇，通过学习这些文献资料，课题组发现不同的学者从不同的角度进行了研究，但针对小学课堂中教具学具使用有效性的研究还处于起步阶段，大部分学者的研究主要集中在学具的作用、学具的选择与使用、学具操作的有效方法三个方面。

刘济昌主编的《教具理论研究导论》（教育科学出版社，2011年）是一本专门阐述教具理论的著作。著作中对教具的历史、品种分类、定义进行了阐述，并提出了教具理论研究的目的和任务、重要性、理论基础、研究方法以及教具评价等问题。

刘仲翠在《小学数学自制教具的研发及应用分析》中阐述了自制教具的价值以及自制教具的具体实施策略：改造生活材料、改进原有教具、创造新教具。

杨梅在《小学数学教学中教具的制作》中提出自制教具不仅可以节约开支，还可以解决教学仪器不足的问题，进而帮助师生获得成长和发展。李荣兵在《例谈自制教具在小学数学教学中的应用》中提出自制教学工具培养学生的创新能力，自制教学工具引导学生去归纳方法，利用多媒体等现代手段制作教具。谷文风在《浅谈小学数学教具使用的重要性》中阐述了教具的使用有助于教师的教学、助力学生的学习。荣英雨在《小学数学传统教具使用现状研究》中提出教具辅助学生学习抽象的数学知识，帮助学生从具体形象思维向抽象逻辑思维进行过渡。魏忠华在《数学教学工具研究》中对常规数学教学工具、现代数学教学工具、数学教学中的软件、自制数学教具进行了研究，并提出当下数学教具的实用性和时代性。

肖庆欣和郝贵奎在《浅谈学具在小学数学教学中的作用》认为，小学生思维的具体形象性和数学学科本身的抽象性的特点，决定了数学学具在小学数学学习中不可替代的地位。文章明确指出：让学生运用学具、实物，经过模拟、画图、操作、讨论、交流等形式，来理解数学概念，分析数量关系，充分感受数学的意义。

综上可见，国内学者的研究也主要集中在教具学具的作用上，特别是对学生自身发展的影响上，学具可以帮助学生理解抽象的数学概念，可以有效培养学生的动手实践能力、创新能力，提升数学核心素养等。还有一部分研究者对学具的规范操作提出了建议，有的学者对学具的设计制作进行了深入研究，有的学者在教具学具的应用方面研究比较深入，并在课堂教学中形成了自己独特的教学方法。

（三）国内外学术史研究综述

综上所述，无论是国内还是国外对于教具的研究，其成果呈现的主要是教具的功能、价值，以及教师实践案例中的经验体会，都充分肯定了教具在教学中的作用和功能，主要从学生的学和教师的教两个方面来研究论证。相比而言，国外学者对学具的运用研究主要停留在一些理论方面的结论，而国内学者对学具的运用研究主要体现在学具的操作策略，以及教师的指导策略方面。但对当前教育教学新形势下，教具介入课堂的实际应用现状和效果关注度不够，对如何推进教具介入课堂实践的指导策略相对匮乏，还有需进一步研究探索的空间。本课题针对存在的问题及一线教师应用需求，从具体操作层面探索解决的办法，并将其进行应用，进而提出教具介入课堂的理论意义和实践意义。

三、本课题与已有课题的联系与区别

（一）本课题与已有课题的联系

本课题是在借鉴各地成功经验的基础上展开的。上述课题都是对小学数学课堂教学中教具使用的研究，重点体现了教具在数学课上的积极辅助作用。

我们和前面的研究异曲同工，都是本着激发学生学习兴趣、丰富数学课堂教学手段、提高课堂教学效率的目的，对教具的有效使用进行了详细的阐述。

（二）本课题与已有课题的区别

本课题的研究是立足学校实际，针对当前问题，以解决面临的现实问题为根本目标，对小学数学课堂教学中，教具介入支持的有效实施途径进行较系统的研究与实践，为推进强课提质、大面积提高教学质量，拓宽新途径。

四、本课题要解决的主要问题及突破

（一）解决的主要问题

1. 研究解决教师对教具介入课堂的价值认识不足、应用意愿不强的问题。开发实施以教具介入支持性研究为主题的校本研训课程，通过系列研修活动，加强相关理论学习与培训，营造学校良好教研氛围，更新教师教学观念，激发广大数学教师使用教具和参与自制教具研发的主动性，发挥教学主导作用。制定实施教具介入课堂的教学评价标准，以评价为引领，使教师把想用、用好教具，作为工作常态，形成习惯。探索使用教具介入课堂观课量表，促进教师自我反思、科学反思，在不断完善的有效教学实践中，充分感受教具介入课堂发挥的良好教学效益。在理论学习—实践验证—反思改进—再实践验证提高的良好循环路径中，不断深化认识，提升自我。

2. 研究解决教师教具使用技能不强、教学效益不高的问题。分学段、分领域梳理现行小学数学教材中需要教具介入支持的教学内容，对教学内容对应使用的教具进行归类研究，分年级建立教具归类研究明细表，使教师能根据目录方便快捷地查询到适用的教具。开展应用培训与指导，使教师能较为系统地了解数学课中常用的、主要的教具类别，掌握教具介入支持的主要实施策略，解决教师教具选择的盲目性和随意性，解决教具运用中的疑难困惑。进行教具介入课堂优秀典型教学案例的实践与积累，为教师实施教学提供具体方法指导和案例支持，解决教具使用策略不足，组织活动效果差等问题，提高教师运用教具组织教学的能力和日常教学中的教具利用率。

3. 研究解决学校教具管理存在短板的问题。转变领导观念，让学校领导全程参与课题研究过程，以学生发展为本，以服务教师改进教学为目标，行政推进，优化改进学校教具配备与使用管理制度并落到实处。鼓励教师积极开展自制教具与教具创新活动，丰富充实现有教具资源，实现各类教具深度融合使用。鼓励教师之间加强协作，合作共赢，实现教具制作与使用的经济循环利用。

（二）突破

本课题的突破点在于通过实施教具介入教学内容的归类研究，分年级建立教具归类研究明细表，探索教具介入课堂具体实施策略，为提高教师教具使用水平提供策略支持；组织教具介入课堂系统校本研训，以教学评价策略引领教师科学反思，积极改进教学，将教具介入课堂的价值发挥到最大化。

五、本课题研究的意义与创新价值

（一）研究意义

本课题的研究以建构主义学习理论、多元智力理论、信息加工学习理论等理论为依据，从教育学、心理学、社会学的角度出发，基于目前小学数学教学中教具使用存在的问题及现状，以教师、教材、评价、研训、管理等为研究支点，研究内容基于教师实际需求，落脚于解决教师操作实践层面的问题，既丰富了关于教具研究的理论成果，具有理论指导意义，又具有较强的实践指导价值。同时，在现代化教学技术手段突飞猛进的时代背景下，这项研究使教具特别是传统教具介入课堂的优势再次被研究、被关注，既经济又符合教育教学规律，在落实双减、强课提质、发展学生学科核心素养等方面，让其焕发出应有的光彩，具有很强的现实意义。

（二）创新价值

本课题的创新价值在于，基于现实问题解决，立足教师、教材、课堂，梳理教具介入课堂的教学内容，对教具介入的知识点、教具类别，进行归类整理，对教具介入课堂实施策略进行研究；重视教师使用教具能力提高，开展系统研修，指导教师对现有教具进行创新与改进，达到教具介入课堂大面积提高教学效益的目的。

六、本课题研究的目标与内容

（一）研究目标

1. 通过研究实施系统的校本研训内容，加强对教具介入课堂学术研究成果、教学改革先进经验的学习，更新教师教学观念，提高教师文化理论素养，提高教师对教具介入课堂的价值认同感。

2. 通过研究教具介入课堂的实施策略，为教师使用教具提供理论和实践支持，指导教师优化教学结构、优化教学方式、优化活动组织，整体提高教师教具使用能力，实现课堂教学效益的大面积提升。

3. 通过研究教具制作与使用的创新改进策略，唤醒教师的创新意识、激发教师的创新潜能，将教具介入课堂的价值功能发挥到最大化。

（二）研究内容

1. 核心概念界定

（1）教具。《现代汉语词典》对"教具"一词是这样定义的："教学时用来讲解说明某事物的模型、实物、标本、仪器、图表、幻灯等的总称，包括教学设备、教学仪器、实训设备、教育装备、实验设备、教学标本、教学模型等。"本课题所指教具概念内涵与此表达是一致的，本课题研究的教具是小学数学教具，包括传统教学工具和现代化教育技术手段，简称传统教具和电子教具。也包括学生学习过程使用的工具材料即"学具"。为表达方便，教具、学具，以下统称为"教具"。

（2）介入。介，在两者中间；入，进，由外到内。"介入"，动词，是指进入事件的进程中进行干预。本课题中，介入是指运用教具对学生的数学学习进行一定的影响或干预，即在教学中，通过教师主动地、科学地选用教具，指导并组织学生运用教具参与数学学习的感知、体验、探索、理解等探究交流活动，以达到促进学生学习活动有效性的目的。

（3）支持性研究。"支持"意为支撑，支持性研究是指为研究主题提供相关的信息支持、理论支持、实践支持，进而提升研究效果，将研究价值发挥到最大化。

2. 研究内容

（1）研究学习建构主义学习理论、多元智力理论、新课程改革等先进理论，开发教具介入课堂校本研训内容，更新教师观念，提高教师理论素养。

（2）研究梳理现行小学数学教材中需要教具介入的教学内容，对各年级各领域教具使用类别及实施突破点进行研究归类。

（3）研究探索教具介入课堂实施策略，加强传统教具与电子教具应用的深度融合，探索实施评价策略，提高教师使用教具的积极性。

（4）研究教具的创新与改进策略，开展自制教具制作，补充完善教具体系，有效辅助课堂教学，促进教师的专业发展。

七、本课题的研究思路与研究方法

（一）研究思路

按照发现问题、解决问题、总结提升的研究思路，以教具介入数学课堂的有效性研究为根本目标，以现行教材中教具介入课堂的教学内容分类梳理研究为抓手，以开发实施教具介入课堂校本研训课程为途径，以建立教具介入课堂教学评价机制、教具制作与使用管理机制为杠杆，转变教师教学观念，提高教师教学技能，促进学生思维提升，大面积提高教学质量。通过分段实施，逐步完善本课题研究。

（二）研究方法

1. 调查研究法。课题研究初期阶段，通过问卷调查、座谈等方式，全面了解我县小学数学教师在教具使用过程中现状及发展情况，收集了小学数学教师对教具使用过程中的建议，明确研究的目标和方向。筹备结题阶段，又以学生问卷形式，调查实验班级学生数学学习兴趣、使用学具辅助教学、数学学习质量等；通过座谈了解实验教师在实验过程中，学生变化、教学质量提升等情况，以印证课题研究及体系运用的实效性。

2. 文献研究法。运用知网等工具收集与课题相关的研究资料并组织学习，通过文献研究启迪课题组成员的思想，开阔研究思路。

3. 行动研究法。在课堂教学实践中，通过实践案例探索实施途径与方法。

4. 经验总结法。在研究过程中充分重视实践经验的价值，不断总结小学数学课教具介入课堂支持性研究的先进经验，及时加以推广，促进课题研究的深入。

八、本课题的研究规划与步骤

（一）第一阶段（2018年3—6月）

课题准备阶段，充分调查了解教师、学生目前课堂教学中运用教具、学具学习的工作现状，明确存在的问题，确立研究方向，申请课题立项。

为充分了解全县目前教具教学的现状，培养学生自主学习、自我反思等良好的习惯，发挥非智力因素对学习的正向激励作用，使学生在数学学习上获得更多更好的发展，找出制约教具介入课堂教学工作的问题瓶颈，有针对性地制订研究计划。笔者在全县部分小学数学教师中开展了以教具使用为主题的调查研究，主要了解沂源县小学数学教师对数学课介入教具的重要性、目的性的认识。本次调查选取全县所有城区小学、乡镇中心小学、完全小学以及各教学点小学数学教师209人作为调查对象，通过问卷调查、访谈法等形式，设计了20个问题进行了调查研究。通过调查，发现了课堂教学中教具介入存在的问题，完成了小学数学课堂教学中教具使用调研报告。

（二）第二阶段（2018年7月—2021年10月）

具体研究与实验阶段，做好开题工作，以教具介入数学课堂教学为切入点，以数学教具补充完善为基础，以全面提高小学数学教学效益、大面积提高教学质量为目的，开展课题研究活动。

1. 做好课题实验前测工作

（1）燕崖中心小学1～5年级各确立一个实验班，并对实验班和对照班作前期测评，发放学生问卷调查，进行课题研究摸底。

（2）走进课堂，进行课堂观察与调研，对本校常态课堂教学实况做进一步的了解、分析与评价，进行摸底调查，收集相关数据，为开展数学课教具介入研究寻找突破口。

2. 开展校本学习培训与研讨活动

聚焦教具介入课堂理论水平和教学技能提升，精心筛选培训内容，制订培训计划，组织教师开展从理论到实践技能较为系统的校本研修活动，转变教师观念、提高教师理论素养、激发数学教师使用教具创新教学的意愿和进行自制教具研发的主动性。

（1）组织实验教师集体学习有关数学教具、课题研究、课堂教学改革等方面的相关理论，如《蒙台梭利：感官训练 教具制作》《教育科学研究：方法与案例》《现代教学基本技能》《教具制作与使用》等，提高教师理论素养。

（2）推荐必读书目，要求实验教师利用课余时间自主学习课堂教学研究方面的书籍，如《优化课堂教学效率》《"多维·高效"课堂研究与实践》等，提高教师优化教学设计、高效组织教学活动的能力。

（3）组织所有实验教师进行课堂教学评价标准和观课量表的制定，组织使用专题培训，使每位教师尝试用科学的分析方法、评价工具，对自己及他人的教学活动进行评价，不断反思改进。

（4）建立实验教师课题研究管理手册，从教育科研管理制度的制定到每次课题组活动记录表，再到课题组成员参与的课堂教学观摩活动记录、学习体会、总结等，小处入手，大处着眼，对实验教师进行全方位培训与管理。

3.开展实验教师自制教具制作培训与比赛活动

2021年4月组织开展了学校自制教具比赛活动，比赛作品体现了直观性、科学性、实用性、创新性和欣赏性等评选要求，丰富充实了学校教具资源库；部分教师利用废旧物品来制作教具，经济适用而且绿色环保。

4.定期举行教具介入课堂教学比赛及展示交流活动

自2018年12月以来，每个学期学校都组织教师进行以教具介入课堂为主题的教学比赛研讨活动。

5.开展教具介入课堂专项教学指导活动

从2018年9月起，每学期邀请县教研室教研员、县教科室课题专家到学校进行课题研究指导和课堂教学指导。

6.举行课题阶段成果展示交流活动

2021年4月28日，小学数学课堂观摩研讨会暨《数学课介入教具的支持性研究》阶段成果展示活动在燕崖中心小学举行。活动通过课堂教学观摩、课题成果展示、研讨交流等方式展开，课题组成员、各学区教研员及全县小学数学骨干教师100余人参加活动。

（三）第三阶段（2021年11—12月）

总结验收阶段。汇总整理研究过程性资料，进行综合分析，撰写研究总结报告。

九、研究成果

（一）对现行教材中介入教具的教学内容进行了系统梳理和归类研究

以教学实践案例为基础，结合数学课程标准要求和教材特点，对小学数学各年级教材中，教具介入的知识点、介入的教具类别、应用实施突破点等进行归类系统研究，建立数学课教具介入归类研究汇总表，如表 1.2.1 和表 1.2.2 所示，帮助教师建立学具运用整体教学观，便于教师备课时，提前谋划，及时做好教具准备。运用此表，能有效改变教师教学中，教具选择使用盲目、随意、计划性差的现状，满足教师的日常教学需求。特别是对初入职的青年教师来说，具有很强的指导性、操作性、实践性，作为基础性应用的同时，又给教师个人创新使用教具留下发挥的空间。

表 1.2.1　数学课教具介入归类研究汇总表（一）

所属领域	年级	课题	教具类别	教具名称	教具介入突破点	备注
数与代数	一上	1~5的认识	实物教具	圆片、小棒、书写纸	通过圆片、小棒帮助学生经历"由物到数"和"由数到物"的过程，初步建立数的概念。借助书写纸突破了数字书写这一重点	1~20各数的教学和加法的意义中均可运用
数与代数	一上	9加几	实物教具	圆片、小棒、计数器	教具引入能够很好地解决计算教学枯燥抽象的问题，激发学习兴趣的同时能更好地帮助学生理解"满十进一"的难点	教学100以内的加减法都可以用这些学具帮助学生理解算法算理

续表

所属领域	年级	课题	教具类别	教具名称	教具介入突破点	备注
数与代数	二上	万以内数的认识	实物教具	计数器	借助计数器降低计数单位、数位的理解难度，帮助学生认识万以内的数及万以内数的组成	在万以内的加减法计算时也可以借助计数器帮助学生理解、掌握万以内数加减法的算理、算法
	二上	求比一个数多（少）几的数是多少	实物教具	不同颜色、长度的纸条	通过利用纸条比一比、摆一摆，理解数量关系，会分析数量之间的数量关系	求比一个数的几倍多（少）几的数是多少也同样适用
	二上	克和千克	实物教具	盘秤、弹簧秤、盐、石子、大米	通过掂一掂、估一估、称一称等实践活动，感受1克和1千克有多重	
	二上	两、三位数乘一位数	实物教具	小棒或小正方体木块	通过摆一摆，帮助学生理解两、三位数乘一位数的算理与算法	
	三上	两位数除以一位数的笔算除法	实物教具	小棒	利用小棒摆一摆、分一分研究讨论两位数除以一位数的笔算除法的算法算理，教师引导学生先分哪些再分哪些，再借助小棒的过程进行列竖式计算的教学，把抽象的算理和形象的分小棒活动相结合，让学生在玩小棒的过程中获得知识和学习方法	

37

续表

所属领域	年级	课题	教具类别	教具名称	教具介入突破点	备注
数与代数	三上	时、分、秒的认识	自制教具	钟表模型	自制的钟表模型，表面上画出了60个小格，并标上了相应的数据，直观地让学生看到整个钟表面有60个小格、12个大格，每个大格有5个小格，可以让学生直观形象地认识时刻，把抽象的知识变得直观化，降低了学习难度，便于理解和掌握。另外，在第二课时学习经过时间的计算时，利用钟表模型让学生亲自动手拨一拨，直观看到经过的时间，从而得出计算经过时间的方法，体验学习和方法取得的过程	
	三上	连乘问题	实物教具	圆片学具	在教学合作探究问题时，为了帮助学生理解数量关系，让学生先用不同颜色的圆片代表不同颜色的花摆一摆，然后说一说先求什么，再求什么，学生在形象的图形中理解数量关系就比较简单了，在此基础上引导学生列综合算式解决问题	
	三上	分数的初步认识	实物教具	长方形、圆形、正方形纸片、彩笔	利用不同形状的纸片学具，通过折一折、分一分、画一画的方法认识几分之一和几分之几。通过大量的直观操作活动，让学生积累活动经验，在大脑中建立分数的表象，从而进一步理解分数的意义	

续表

所属领域	年级	课题	教具类别	教具名称	教具介入突破点	备注
数与代数	四上	计算器的使用	实物教具	计算器	首先结合具体的计算器认识计算器的功能键和数字键，了解各键的作用，再通过具体的操作掌握计算器的使用方法	
数与代数	五上	分数乘法、分数除法、分数四则混合运算、按比例分配	虚拟教具	线段图	借助线段图帮助学生理解数量之间的关系，渗透"数形结合"的思想方法	
数与代数	五上	分数乘法、分数除法	虚拟教具	直观图	借助直观图画图分析，帮助学生理解算理，得出算法，渗透"数形结合"的思想	
图形与几何	一上	认识位置	实物教具	图画卡片、实物投影、多媒体、课件	借助学具帮助学生体会"上下、前后、左右"的位置关系，建立初步的空间观念	
图形与几何	一上	认识图形	实物教具	模型、各种形状实物	借助学具感知形状的不同，加强对各种图形的直观感知	后面平面图形、立体图形的学习中可以使用
图形与几何	二上	图形与拼组	实物教具	钉子板、皮筋	在钉子板上围出不同的图形，帮助认识图形的特征，还可以任意围多边形，渗透对多边形的认识	
图形与几何	二上	图形与拼组	实物教具	七巧板	借助七巧板初步感知正方形、三角形、平行四边形的特征，还可以用于有趣图形的拼组	

续表

所属领域	年级	课题	教具类别	教具名称	教具介入突破点	备注
图形与几何	三上	认识东北、西北、东南、西南	自制教具	方位演示仪	利用方位演示仪，形象地看到东、南、西、北、东北、西北、东南、西南这八个方向，通过教师的演示操作降低学生的学习难度，培养学生的空间观念和方向感	
	三上	平移与旋转	自制教具	平移演示器	在认识了物体的平移与旋转后，利用平移演示器进行演示，让学生看到一个图形的平移现象，实现从直观到抽象的提升	
	三上	面积和面积单位	实物教具	长方形、正方形纸片，1平方分米、1平方厘米小正方形纸片各一张	在理解了面积的意义之后，学习比较面积大小的时候，可以让学生利用这些学具摆一摆、算一算，让学生体验探究的过程，发现比较面积大小的方法，更重要的是经历了知识形成的过程，达到了在经历、体验中构建知识的目标	
	四上	三角形三边关系	实物教具	小棒	通过摆一摆验证三边的长度，得出任意两边之和大于第三边结论	
	四上	三角形的内角和	实物教具	三角形纸片	通过剪一剪，拼一拼，验证三个角能组成一个平角，得出三角形内角和是180°	

40

续表

所属领域	年级	课题	教具类别	教具名称	教具介入突破点	备注
图形与几何	五上	数对	虚拟教具	方格图、点子图	在方格图（点子图）上标位置，经历由具体实物图到方格图（点子图）的抽象过程，提高抽象思维能力，渗透坐标思想，发展空间观念	
	五上	根据方向和距离确定物体的位置	实物教具	量角器	利用量角器确定准确的方向	
	五上	长方体和正方体的特征	实物教具	长方体、正方体模型	通过对模型的看、摸、数、想，了解其面、棱、顶点的数量和特征	
	五上	长方体和正方体的表面积	实物教具	长方体、正方体纸盒	把纸盒沿棱剪开，得到并观察展开图，认识到长方体和正方体的六个面，理解表面积的含义	
	五上	体积和体积单位	虚拟教具	多媒体课件	课件展示1立方分米包含1000个棱长1厘米的小正方体的直观几何模型图，得到"1立方分米=1000立方厘米"，引导发现相邻两个体积单位之间的进率	
	五上	长方体和正方体的体积	实物教具	萝卜或土豆实物切成的长方体、正方体模型	学生通过动手切，把长方体切成棱长是1厘米的正方体，明确长方体中含有多少个1立方厘米，体积就是多少立方厘米	

41

续表

所属领域	年级	课题	教具类别	教具名称	教具介入突破点	备注
图形与几何	五上	测量不规则物体的体积	虚拟教具	微课	微课展示出西红柿放入水槽前、后水面的变化情况，引导学生观察发现西红柿的体积就是水面上升的那部分水的体积，让学生经历测量不规则物体体积的过程，渗透转化的数学思想	
综合与实践	二上	神奇的小棒	实物教具	小棒	用手中的小棒拼摆一些美丽的图形，通过拼摆图形的活动，加深对角及乘法的认识和理解。让学生充分感受图形美、数学美，从中获得积极的情感体验	
综合与实践	三上	变化的影子	实物教具	卷尺、标杆	利用实物学具，通过观察、操作、测量等一系列实践活动，分别测量一天中上午、中午、下午三个时段同一物体的影长，通过对记录测量数据的分析，发现影子变化的规律，得出实验结论。通过这样的实践活动让学生感受到数学与现实生活的密切联系，进一步培养学生学习数学的兴趣	
统计与概率	一上	分类与比较	实物教具	文具、生活用品等模型	借助学具体会分类的含义和比较的一般方法，培养观察、分析、推理能力	
统计与概率	五上	可能性	实物教具	盒子、小球	通过摸球实验，学生经历"实验、记录、猜测、验证"的过程，通过统计和比较，体验可能性有大有小	

表 1.2.2 数学课教具介入归类研究汇总表（二）

所属领域	年级	课题	教具类别	教具名称	教具介入突破点	备注
数与代数	一下	认识钟表	实物教具	钟表、钟表模型	借助钟表和钟表模型的操作，帮助学生初步认识钟表，并在反复操作和读取的过程中认识整时、半时和大约几时	
	一下	人民币的认识	融合教具	自制钱包、人民币学具、小小超市场景	利用提前准备的超市场景和人民币学具，创设实践情境，让学生亲身体验，在动手操作中加深对人民币的认识以及学会简单的计算	
	二下	求一个数是另一个数的几倍	实物教具	正方体、长方体、小棒或圆片	利用实物操作，能够最大限度地引起学生的共鸣，有利于激发学生的学习兴趣，提升学生的课堂参与度，从而降低"求一个数是另一个数的几倍"就是求"一个数里面有几个另一个数"应该列除法算式的理解难度，突破本节课的重难点	
	二下	除法的初步认识	实物教具	小棒、圆片	通过实际分一分，直观理解"平均分"的含义	教学有余数的除法时，也可利用小棒让学生摆一摆、分一分，理解余数要比除数小这一难点
	三下	万以上数的认识	实物教具	订书针、一袋绿豆、计数器	利用订书针、绿豆等实物教具感受数的大小，学会用大数表示事物的数量，学会估计物品数量的策略，利用计数器学习计数单位、理解万以上数的组成以及计数单位之间的进率	

43

续表

所属领域	年级	课题	教具类别	教具名称	教具介入突破点	备注
数与代数	三下	24时计时法	自制教具	24时计时法	"指针式"24时转盘教具由两个硬圆卡纸转盘组成，转盘上由数字和指针组成。大转盘上的数字与小转盘上的数字均表示时刻，区别为12时计时法和24时计时法。转盘上的数字1也可以代表"1时"，2代表"2时"，以此类推。24小时计时法与12小时计时法巧妙结合起来，减少学生学习24小时计时法的难度	
	三下	年月日	实物教具	当年年历	利用年历表进行大月、小月及每月天数的研究，让学生经历探索新知识的过程，激发求知欲望	
	三下	小数的意义和读写	实物教具	米尺	利用米尺让学生找出0.1米、0.55米，在相互交流探究的过程中，初步体会一位小数和两位小数的意义	
	五下	平面图形的放大和缩小	虚拟教具	方格纸	学生在方格纸上放大长方形，交流、归纳出方法：先确定原图形的长和宽（数方格），然后把图形的长和宽分别扩大，得到放大后的数据，最后画出图形。观察、比较，发现放大后的长方形与原来的长方形相比，形状没变，大小变了	

续表

所属领域	年级	课题	教具类别	教具名称	教具介入突破点	备注
数与代数	五下	数的意义	虚拟教具	数轴	借助数轴来直观地帮助学生理解数的意义，并厘清整数、小数、分数三者之间的关系	
图形与几何	二下	角的初步认识	实物教具	活动角	利用活动角可以帮助学生认识锐角、直角、钝角，理解角有大有小，初步感知角的大小与边张开的大小有关，而与边的长短无关	
图形与几何	二下	观察物体	实物教具	玩具熊、积木	通过观察实物，正确辨认从正面、后面和侧面观察到的简单几何体的平面图形	
图形与几何	三下	对称	实物教具	剪刀、彩纸、彩笔	让学生在观察的基础上进行操作，动手折一折，揭示轴对称图形的概念；再通过画一画、剪一剪的方法作出轴对称图形，进一步认识轴对称，掌握判断轴对称图形的方法	
图形与几何	三下	线和角	实物教具	红外线手电筒	把红外线手电筒的光线射到教室的墙壁上，让学生观察墙壁上的亮点与灯泡之间的光线可以看成什么，进行线段的教学。把红外线手电筒的光线射向天空，问学生还能找到另一个端点吗，进行射线的教学	

45

续表

所属领域	年级	课题	教具类别	教具名称	教具介入突破点	备注
图形与几何	四下	平行四边形面积	实物教具	平行四边形纸片	通过剪一剪、拼一拼，转化成长方形，理解平行四边形的底和长方形长的关系、平行四边形高和长方形高的关系，总结平行四边形面积公式	三角形、梯形面积公式的推导都是运用了转化的方法推导出来的
	五下	圆的周长	实物教具	圆形纸片、绳子、直尺	将细绳围着圆片转一周，然后将绳子拉直，测量绳子有多长，就是圆片的周长；在圆片边上点一个点，把圆片放在直尺上滚一周，读出刻度，就是圆周长。让学生亲自动手测量，感受"化曲为直"的数学思想	
	五下	圆的面积	实物教具	圆形纸片	将圆16等分，剪开后拼成一个近似的长方形，通过小组合作分、剪、拼，学生发现：分的份数越多，每份就会越小，拼成的图形就越接近于长方形，感受"化圆为方"的数学思想。引导学生分析、比较：这个近似长方形的长相当于圆周长的一半，即$C÷2$，宽就是圆的半径r，推导出圆的面积$=C÷2×r=2πr÷2×r=πr^2$	
	五下	认识圆柱、圆锥	实物教具	圆柱、圆锥模型	利用模型，让学生观察、测量、感知、体验和比较，使学生经历形象—表象—抽象的过程，深刻理解和把握圆柱、圆锥的特征	

46

续表

所属领域	年级	课题	教具类别	教具名称	教具介入突破点	备注
图形与几何	五下	圆柱的侧面积和表面积	实物教具	圆柱模型（圆柱形纸筒）	动手操作：沿着圆柱的高剪开，观察圆柱的侧面和底面展开图，明确侧面展开图是个长方形，引导学生发现长方形的长和宽分别是圆柱的底面周长和高，学生经历操作、猜想、验证的活动过程，明确圆柱的侧面积＝底面周长×高，圆柱表面积＝侧面积＋底面积×2	
	五下	圆柱的体积	实物教具	圆柱体积计算公式材料	将圆柱割、拼为近似长方体，辅以多媒体课件演示，让学生展开想象，认识到：分的份数越多，拼成的立体图形就越接近长方体，渗透转化和极限的数学思想方法，学生比较发现近似长方体的底面积和高分别对应圆柱的底面积和高，引导学生发现并推导出圆柱的体积＝底面积×高	
	五下	圆锥的体积	实物教具	等底等高的圆柱圆锥容器、沙子或水	学生利用等底等高的圆柱圆锥容器进行实验，亲自操作、充分感知，在此基础上得出：圆锥的体积等于和它等底等高的圆柱体积的三分之一，以便于学生更好地理解和掌握	

47

续表

所属领域	年级	课题	教具类别	教具名称	教具介入突破点	备注
综合与实践	三下	荡秋千	实物教具	铁架台、砝码、细绳	用实验工具分组分别研究钩码荡的次数与质量和绳长之间的关系，让学生体验到用实验操作解决实际问题的方法	
	五下	立体的截面	实物教具	火腿肠	通过动手操作发现沿着火腿肠不同的位置切下去，截面的形状居然不同，由此感受截面变换的神奇，培养学生的空间观念	
统计与概率	一下	统计	实物教具	统计表、纸条、圆片	借助情境和学具，帮助学生经历统计的过程，学会分析数据、整理数据	

（二）探索实施了教具介入课堂的有效策略

教具介入课堂要取得良好效果，就要做到介入适时、适量、适度，把"好钢用在刀刃上"。围绕教学实践，我们研究探索了小学数学新授课、复习课介入策略、教学评价及反思改进策略，指导教师使课堂结构更合理、教学方式更灵活、教学效果更理想。

1. 新授课教具介入策略

新授课是以新的数学知识技能与方法为主要内容的课，是最基本也是最重要的一种课型，包括概念教学、计算教学、图形与几何、问题解决等不同类型的新授课。问题引入、探究交流、练习应用是各类型新授课教学共有的基本环节。通过把教具科学地介入数学学习活动，能使学生参与学习更充分、体验理解更深入、新知学习更扎实。

（1）"问题引入"环节介入策略。问题引入环节是一堂课的开始，教师在创设情境提出问题时，要充分运用各种教具激发学生的兴趣，激活学生的思维。该环节使用教具要做到：一是教具的选用能起到迅速吸引学生眼球，集中注意力的作用，教具演示操作要干净利落，不拖泥带水，合理控制时间。二是要抓住教具介入的本质,切合教学重点和教具的功能发挥设计情境与问题。在教学内容和学生学习心理之间创设一种"不平衡",引发学生积极参与学习活动的欲望。三是要做到语言讲解与教具演示紧密结合,语言富有启发性、趣味性、亲和力,使学生不是被强制而是自然而然地进入良好学习状态。

例如,学习《认识负数》时,在导入环节,利用微课视频的方式,采用天气预报员播报天气预报的情境,让学生有如身临其境的感觉,获取丰富的感性材料,带着问题进入新课学习。

课题:《认识负数》

教具:微课视频

介入时机:导入环节

突破点:打造生动、直观、富含趣味性的课堂学习情境,摆脱传统单纯讲解理论知识带来的枯燥感,借助图文并茂、有声有色的微课视频,牢牢抓住学生的眼球,引起学生的深度思考,起到引人入胜、身临其境的作用。

介入实施步骤:

① 利用微课展示与负数相关的生活中常见情境:微课播报一段天气预报,引导学生观察天气预报是如何介绍某地最低气温的,如鲁西北、鲁中和半岛内陆地区最低气温 -8℃～-9℃,天气预报中是用"零下8摄氏度～零下9摄氏度"的方式来表达的。

② 在这一情境引导下,继续使用微课展示吐鲁番盆地是我国地势最低的地方,它的海拔为 -155.31 米。让学生在具体的情境中感受负数的读法、意义和运用。

③ 微课对多个微视频进行串联,将所学知识的重难点全面、直观地展现出来,帮助学生构建完整、清晰的知识体系,使学生的学习过程变得更加轻松、便捷。

(2)"探究交流"环节介入策略。探究交流环节是教具介入的最必要、最关键的环节,好的实施效果能凸显教具介入的价值。一是要有明确的问题引领,师生要共同梳理出通过学具操作解决的根本问题,使探究活动具有清晰的指向性和目的性。二是准备好适量、好用、科学的教具材料。针对学生的年龄特点,不同的教学内容和教学任务选择教具,从关注教具材质、颜色、形状、大小、种类、呈现形式等多维度考量教具的准备，教具的准备要便于学生观察、操作、交流、展示，便于学生发现问题本质，实现由直观到抽象，由感性到理性的思维发展。三是给学生留下足够的思考时间和空间。让他们带着自己原有的生活背景、活动经验和理解走进学习活动，在动手操作中发现规律、概括特征、掌握方法。教师要发挥主导作用，做好参与者、组织者和指导者，及时了解学生探究的信息，对教具运用过程、细节进行适时的指导，对交流结果及时梳理、总结与提升。如学习《圆锥的体积》一课，教师利用实物教具动手实验与多媒体动画模拟演示相融合的教学方式，加深了学生对数学关系的理解，取得很好的教学效果。

课题：《圆锥的体积》

教具：多媒体动画，不同型号的等底等高的圆锥、圆柱形容器若干

介入时机：合作探究环节

突破点：学生利用实物教具进行分组实验操作，能够最大限度地引起学生的共鸣，有利于激发学生的学习兴趣，提升学生的课堂参与度，从而降低圆锥体积推导的理解难度，再借助多媒体动画科学规范的展示能起到画龙点睛的作用。

介入实施步骤：

① 实验操作前，针对授课内容和设计思路，认真准备好适合本节课操作使用的教具、学具。

② 首次实验是等底等高的圆柱与圆锥体积关系探究，得出等底等高的圆锥与圆柱的体积存在3倍的关系。

③ 二次实验是学生通过交换教具，得到等底不等高、等高不等底以及不等底不等高的三种情形，学生继续开展实验探究验证圆柱与圆锥体积之间的三倍关系。

④ 最后利用多媒体课件展示等底等高的圆柱与圆锥体积的3倍关系动画，加深印象，厘清思路。

（3）"练习应用"环节介入策略。小学生注意力容易分散，要保持高度的注意力也不过十几分钟，当他们一旦获得了问题的表层结论或学完某个环节时，他们就会松懈疲沓下来，尤其是进入练习应用环节，此时介入教具可以克

服学生心理上的障碍，刺激学生的大脑，使其再次兴奋起来，激发继续学习的兴趣。要做到：一是精心设计作业清单。要根据数学课堂作业内容要求，设计科学合理、富有个性化的作业单，充分利用纸质作业和多媒体呈现等各种方式的交互融合运用，发挥作业的巩固、检测与评价功能。通过恰当的作业呈现手段，能让每个学生有静心独立思考的空间和时间，拓宽学生思维广度和深度，培养学生良好的学习习惯，最大限度地提高学习效果。二是根据学生年龄特点，选择适合的教具和练习组织形式。游戏性、互动性、直观性、实践性都是选择教具要考量的要素，教具的介入要能有利于组织全班学生共同参与，深入参与，做到既能增加趣味性，活跃课堂气氛，又省时高效。如学习《认识图形》一课，在一节课即将结束之时，教师在利用课件呈现练习的同时，利用希沃助手软件，设计了分组限时比赛的游戏性练习，学生在充满童趣的游戏画面中，在愉快而紧张的氛围中，完成对图形正确辨认的巩固练习。

2. 复习课教具介入策略

复习课和新授课一样，是数学教学中的基本课型，在教学中占有重要的地位。在学习新知识时，需要教具的支持，在复习课中，同样需要教具的介入，以达到查漏补缺、深化认识的目的。但是，因为课型不同，教学的目标、重点、难点是不一样的，所以复习课介入教具，使用的方式、时机、功能发挥的侧重点与新授课是有差异的。即使是同一种教具，在新授课和复习课上使用时，也应有不同的观察视角，提出不同维度的问题，引发学生更深刻的思考。根据复习课的功能特点，选择合适的教具适时介入，可大大提高复习效率。

（1）"创设情境，明确目标"介入策略。教师备课时要建立大单元教学观，整体把握单元教材，精准找到单元复习"核心"点、切入点。该环节一般使用实物模型、自主整理复习单、课件或视频呈现资料、现实问题等手段创设情境，引导学生开启思考模式，带着明确的复习目标，快速进入学习状态。如进行《圆柱与圆锥》单元整理复习时，在情境引入环节，直接出示一个圆柱与圆锥模型，提问：看到这两个立体图形，你能联想到生活中哪种具体的实物？你又能提出哪些需要解决的实际问题呢？富有挑战性和趣味性的问题，使学生一上课就能把兴奋点与关注点转移到单元复习的重难点上来，切入对单元知识的回顾整理上。这时实物教具圆柱、圆锥模型教具再次介入课堂，是切入复习课核心问题的手段,是架起数学知识与生活联系的桥梁,与新授课用来观察、操作、验证,掌握几何形体特征的功能是不同的,已不再是简单的教具重复使用。

(2)"回顾整理,知识再现"介入策略。本环节的主要任务是让学生自主回顾单元所学内容。介入的教具,通常使用自主学习单。低年级一般在课堂上使用,学生在教师指导下完成,高年级一般在复习课前下发学习单,由学生自主独立完成。关键点是教师要精心设计自主学习单的内容,要有明确的整理要求或方法指导。通过提供自主整理的范例、格式,或给出指导性建议,或提出引领性问题,引导学生按照自己喜欢或擅长的方式,对内容进行回顾梳理,尽可能全面回忆再现单元知识,使之条理清晰。同时,要求学生能阐述自己的整理成果和思维过程。如小学期末总复习《数的认识》一课,教师在学习单上设计如下引领问题:"王叔叔在冷库储存了$\frac{4}{5}$吨红富士苹果,黄金桃的存量是它的$\frac{3}{4}$。小明根据以上信息,由$\frac{3}{4}$想到了75%。你还能联想到哪些知识?这些知识之间又有什么联系?用喜欢的方式整理下来。"以开放性问题呈现,让学生通过知识的关联回忆,利用作业单读、写、画、算,完成对单元知识的梳理。学习单是学生对知识温故知新的"脚手架"。

(3)"总结提升,建构网络"介入策略。本环节在学生自主整理建构的基础上,教师引领全班交流,帮助学生把握知识的内在关联,促进知识的条理化、系统化、结构化。该环节介入的教具形式多样,使用方式综合化。实物、模型、PPT课件、微课、视频等教具都可以根据交流总结的进程,适时介入,同时使用或交替使用。介入的时机一般是知识本身是重点,需要通过教具再现,强化感知理解;或者知识或思想方法是难点、提升点,需要介入教具进一步深化认识或建构知识网络。教具的作用,忌"浮"忌"浅",一定不是新授课上教具介入过程的简单再现、重复演示。教师要根据复习目标和学生能力基础,对选用的教具重新构思、设计,或整合,或简化,或综合,或取舍,对学生应提出新的学习要求,促进思维向前发展。要引导学生在新授课直观、形象地学会新知识的基础上,进一步用数学语言概括、抽象数学知识,表达数学思想方法。通过有效的复习,达到完善认知结构的目的。

（4）"综合运用，提高能力"介入策略。本环节的教学在内容上与新授课的练习环节既有共性，也有明显的不同。但在教具使用上，有相通、相近之处，可利用"堂堂清作业单""答题卡"，设计呈现综合性、开放性、实践性的作业，让学生独立思考，发展解决问题的能力。利用答题卡让学生实现自我检测、自我评价。还可利用PPT课件、视频等提供内容丰富、信息容量大的学习资源，拓展数学与生活的联系。

3. 课堂教学评价反思策略

（1）制定实施教具介入课堂教学评价标准（见表1.2.3）。突出教具与课堂教学关键环节的深度融合，以教具为媒介，促进课堂的师生、生生之间多维互动交流更深刻，课堂生成更精彩的教学理念。以课堂教学评价标准的落实，规范、督促教师加强课堂教学改革，对"标"学习，改进教学手段，提高教学活动组织实施能力。以教具介入课堂，让学生动手、动脑、动口，积极参与学习，在培养学生的创新和实践能力上发挥独特优势。

表1.2.3 沂源县小学教具介入课堂教学评价标准

评价项目	评价内容	满分	得分	备注
教学理念	以生为本，落实学科段课标理念；落实"多维合作·高效生成"数学研究"四三五"模式要求；将教具介入与课堂教学深度融合，课堂多维互动、高效生成	10		
教学目标	科学、准确、具体，符合课标要求和学生实际，可操作性强	10		
	教学内容合理：教学重难点把握准确，能有效利用各类教具，落实教学目标；教具性能安全稳定，科学性与艺术性相结合，易于操作，便于推广；教学内容拓展适当，能联系实际、开阔视野、学以致用	10		
教学过程	教学流程得当：落实学科教学模式要求，思路清晰，模式运用灵活；活动构思新颖，富有个性化，科学利用教具促进教学目标达成；面向全体，因材施教，重视方法指导和良好习惯的养成	10		
	教学活动高效：创设良好学习氛围，师生多维互动，生生有效合作；教学策略合理恰当，能灵活有效运用自主合作探究学习方式组织教学，教师主导作用到位，学生主体地位突出；精心设计问题，导向性强，能促进学生思维的发展；善于抓住动态生成资源并有效利用；教具使用指导符合学生年段特点	20		

续表

评价项目	评价内容	满分	得分	备注
教学过程	教学评价及时：灵活运用多种评价方式，评价具体、针对性强、指导性强，有助于学生积极思维的形成，反馈与矫正及时	5		
教师素养	教学基本功扎实：教学机智灵活，学科素养较高；教师关爱学生，满足不同层次学生学习需求；教具使用规范、操作熟练；语言表达准确、易懂	10		
教学效果	学生情绪饱满、态度积极、思维活跃、参与程度高；教学效果良好，三维目标达成度高，学生在思维与认知上有所提升	15		
教学特色	教具介入课堂，学生动手、动脑，积极参与学习，在培养学生的创新和实践能力方面有独到之处	10		
评课意见		100		

（2）实施教具介入课堂有效性观察分析（见表1.2.4）。制定数学课教具介入有效性观察记录表，科学分析教学过程。一是通过观察记录学生对教师使用的各种教具的反应，更明确地看出教具对学生的学习是否有帮助、是否有效。观察记录与分析有利于教师从学生的反应及目标达成两个方面，更好运用教具支持课堂教学，在教具的选择上达到最优化。二是观察教师语言的有效性，主要是针对教具使用的提问、指导、总结三个方面进行观察，让教师知道自己在教具介入的过程中，使用了哪些语言以及各类语言有效与否，根据情况进行调整，使目标明确，重难点突出。观课结束后，所有听课教师对记录数据进行分析，形成观课分析报告进行交流。观察记录表的使用，就像一面镜子，使执教者和听课者之间互相观照反思，既"照"到了别人的优点与不足，也"映"出了自身的优势与劣势，使教学反思、评课议课、教学改进等教学行为更能触动教师的内心，让教师"走心""入心"，针对性、实效性更强。

表 1.2.4　沂源县小学数学课教具介入有效性观察记录表

学校		班级		人数		科目	
执教人		课题				课型	
观察人		单位				时间	
观察点			教具介入有效性的观察记录				
教学环节	教具名称		教师语言		学生反应	与目标关联度	

从上表可以看出：＿＿＿＿＿＿＿＿＿＿＿＿＿＿＿＿＿＿＿＿＿＿＿＿＿＿

我的建议：＿＿＿＿＿＿＿＿＿＿＿＿＿＿＿＿＿＿＿＿＿＿＿＿＿＿＿＿＿

（三）对现行教材的配套教具进行了梳理、补充与创新改进

1. 开展自制教具制作，提高教具实用性

认真梳理了学校配备的常用的小学数学教具，结合现行教材，在学校已有配备教具的基础上，根据需求，鼓励教师通过自制教具（见表1.2.5）进行补充完善，举行自制教具设计比赛、展示交流等活动，在教学中积极运用。

表 1.2.5　沂源县小学自制教具汇总表

教具名称	年级	适用课题	设计意图及使用方法
数学分解尺	一年级	数字分成	设计意图：一年级学生刚刚接触10以内的数及加减法，容易出错，需要掌握牢固 使用方法：这个教具是由三部分组成，第一部分是一个长条纸板，从10到1，第二部分是一个标有从1到10的长条板，两个长条板对齐，用两个竖条固定住，让第一条长条板可以活动，这样我们就可以分别看到和是10的有哪些，和是9的有哪些，以此类推，同时也可以知道10可以分成几和几……一直到2可以分成几和几。教学中使用简单易操作，学生非常感兴趣，乐于动脑、动手，既巩固了所学习的知识，又锻炼了孩子的动手能力，效果非常明显

续表

教具名称	年级	适用课题	设计意图及使用方法
巧学数字分成	一年级	数字分成	设计意图：在小学一年级数学教学中，数字分成是个重要的知识点，现阶段的数字分成教学仍旧采用书本强制教学，导致学生学习兴趣不高，对数字的敏感度下降，影响对数字分成的理解，学校也缺乏用于数字分成速答的教具，因此，本教具具有针对性设计。本教具借用直观的数字分成演示，让学生对数字产生浓厚兴趣 使用方法：将本教具挂置在教室黑板上，拖拉数字条使数字显示于小汽车窗口，选择瓶盖上的数字拧到车轮上，进行数字的分成练习。教学中使用简单易操作，学生非常感兴趣，乐于动脑与动手，让数字分成不再枯燥无味，既增强了学生对数字的感知，又锻炼了学生的动手能力，效果非常明显
人民币转盘教具	一年级	人民币的计算	设计意图：该教具旨在提升学生16以内加减法的能力和人民币角与元的转换、计算能力 使用方法："指针式"人民币转盘教具由两个硬圆卡纸转盘组成，每个转盘上都有数字和人民币组成。箭头所指大转盘上的数字与小转盘上的数字相加就是相对应的大转盘上的数字。转动小转盘可以改变加法运算的"加数"。转盘上的数字1也可以代表"1角"，2代表"2角"，以此类推。16以内的加减法可以与人民币的认识巧妙结合起来，降低学生学习人民币计算的难度
算术训练游戏盒	一年级	10以内加减法	设计意图：本教具用于巩固小学一年级数学知识——10以内的加减法，本教具的制作材料为硬纸盒、彩色卡纸、双面胶等，取材简单环保，而且易于操作 使用方法：在纸盒中任意找出一个10以内的加减法算式。让学生说出计算过程并在纸盒中迅速找到相应的答案。师生之间互动训练，可以让学生之间合作参与，让学生在游戏中快乐、主动地参与学习，避免了单一算式的乏味，提升了学生的主动参与和协作交流学习的能力

第一部分 课题研究

续表

教具名称	年级	适用课题	设计意图及使用方法
钟表模型	一年级	认识钟表	设计意图：小学一年级的学生，在挂钟、钟表、闹钟、手机上接触过有关时间的知识，但认钟表是比较困难的，钟表是一个复杂的度量工具，表盘比较复杂，因此在教学中为了让学生初步直观观察钟表制作而成 使用方法：直观观察，很形象地呈现钟面的组成部分。根据整时、半时、快几时等时间的学习，手动调整指针，大大调动了学生学习的积极性
口诀棋盘	二年级	表内乘法	设计意图：小学阶段，在数学方面都是从加减乘除开始，乘法口诀的背诵是重中之重，为整个学习阶段的计算能力的培养奠定基础。而小学生都有贪玩的天性，在学背口诀时会觉得抽象、枯燥。制作本教具，可让学生玩中学、学中玩，更好地对乘法口诀加以巩固 使用方法：这是配合乘法口诀使用的教具，在一个写有数字的方形木板上，穿插了一个固定轴一个滑动轴。固定轴的左侧和下侧写有 1～10 十个数字。移动滑动轴时，固定轴和滑动轴相交处的两个数字组成一道乘法口诀，乘法口诀的结果在滑动轴右上方被覆盖住。利用本教具可以巩固学生乘法口诀记忆程度
七巧板	二年级	图形与拼组	设计意图：七巧板结构简单、操作简便、明白易懂，学生学习了图形与拼组内容后，可以用七巧板随意地拼出自己设计的图样，让学生通过拼图认识长方形、三角形、平行四边形、正方形，积极调动学生学习几何图形的兴趣 使用方法：用七巧板拼出各种图形，调动学生学习积极性，便于知识的巩固拓展
大活动角	二年级	角的初步认识	设计意图：角是二年级学生接触的一个较抽象的图形概念，角的大小比较是在学生初步认识了角，知道了角各部分的名称的基础上进行的。用活动角来演示角的大小变化及种类，锐角、钝角与直角的关系，在具体实物中使学生感受角的大小并掌握比较角大小的方法 使用方法：大活动角适用于二年级角的初步认识，用于区分锐角、直角和钝角。圆形框架上标有锐角、直角、钝角的角度定义，活动边在锐角范围内滑动就是锐角，同理，活动边在钝角范围内滑动的就是钝角，比较直观

续表

教具名称	年级	适用课题	设计意图及使用方法
24时转盘	三年级	24小时计时法	设计意图：在教学过程中，我们发现学生对两种计时法的转化存在一定难度，容易出错 使用方法："指针式"24时转盘教具由两个硬圆卡纸转盘组成，转盘上由数字和指针组成。大转盘上的数字与小转盘上的数字均表示时刻，区别为12时计时法和24时计时法。转盘上的数字1也可以代表"1时"，2代表"2时"，以此类推。24小时计时法与12小时计时法巧妙结合起来，减少学生学习24小时计时法的难度
自制量角器	三年级	线和角	设计意图：学生初次认识量角器，为了提高学生对这堂课教学内容的理解与运用能力而制作此教具 使用方法：使用时把量角器的圆心点对准角的顶点，把角的一边与零刻度线重合，如果重合的是蓝色零刻度线，就旋转蓝色指针，使蓝色指针与角的另一条边重合再看对应的蓝色刻度数，就是该角的度数，帮助学生理解这一难点
长方形拉伸器	四年级	平行四边形的面积	设计意图：在我们的生活中，经常遇到将一个长方形拉伸成一个平行四边形，在这一过程中周长和面积各有什么变化的问题，同学们在解决这个问题的时候单凭想象很难理解，长方形拉伸器正好能让学生借助教具，理解这一难点 使用方法：拉伸器适用于学习平行四边形的面积，是用长短不同的四张纸条做成一个长方形框架，再在这个长方形的基础上再做一个长方形框架，方便学生伸拉操做比较。让学生在动手操作中，直观感知周长和面积各有什么变化，能直观地看到在拉伸的过程中，图形的周长不变，但面积却因为高的变化而变化，便于学生理解
分数问题演示器	四年级	分数的意义、比较大小、加减法	设计意图：分数问题对小学生来说是比较抽象的知识，为了形象直观地呈现出分数的意义、大小比较、加减法，制作了这个分数问题演示器 使用方法：把一张圆形卡纸分为2等分、3等分、4等分、5等分……固定在一张圆形卡纸上面，这样在这个演示器中就依次有了单位1，$\frac{1}{2}$，$\frac{1}{3}$，$\frac{1}{4}$……也可以随意转动其中两个分数比较大小，或者加减计算

续表

教具名称	年级	适用课题	设计意图及使用方法
口算练习器	一至五年级	口算练习	设计意图：在小学阶段，20以内的加减法对学生来说是计算的基础，学生口算学不好，计算能力差，影响非常大，经常会出现列式正确、答案错误的情况。我们制作了转盘式的口算练习器，将口算练习融入日常课间小游戏，学生既可以做出题者，也可以是做题者，使原本枯燥的口算练习变得有趣，小组通过竞争选出口算能手，有利于提高学生主动参与、合作学习能力。学生不断地挑战自己，除了口算能力的提高，还影响到其他学习习惯，增强了自信，能够更加积极主动地参与学习 使用方法：一人将教具拿在手中，旋转任一圆形纸壳，将内外两个数字与运算符号对应，便出现题目，学生快速作答即可。低年级主要针对加减法口算题进行专项练习，转动一次可以生成10道口算练习题，再转一遍又生成新的10道题。高年级则可以加减乘除同步训练，除法训练可以将分数与之相联系，用分数表示商，加强学生对"分数与除法"关系的熟练程度，如：17÷3=？还可以用来找因数：18÷1=18，18÷2=9……18的因数有1、2、3、6、9、18
方位仪	五年级	位置与方向	设计意图：五年级"位置与方向"要求学生能根据方向和距离确定物体的位置，并能描述简单的路线图，学生在日常生活中已经积累了一些确定位置的感性经验，能够确定东、南、西、北、东北、西北、东南、西南这八个方向，但是在高年级的教学中，我们发现学生除了要判断方向，还要确定角度，而角度的判断是学生学习的难点，希望通过教师的直观演示操作降低学生的学习难度 使用方法：根据方位与角度波动指针完成操作，感受问题解决的过程
平移演示器	三年级、六年级	线和角、平行和相交	设计意图：三年级学生在尺规作图时欠规范，尤其是过一点分别作已知直线的平行线和垂线时，不知怎样安放直角三角板，并且平移直角三角板时出现偏差现象，为了让学生更加直观地感受作图时如何平移直角三角板，我设计了平移演示器 使用方法：将直角三角板直角边和已知直线重合，将可移动直角三角板沿滑道平移

2. 与学校特色项目3D打印技术有效融合，创新教具改进方式

依托学校特色课程"3D打印技术"，根据教学需要打印出需要的教具，拓宽了自制教具的途径。3D打印实物教具有一定的优势：一是色彩鲜艳、材质结实，便于保存，便于操作，可循环反复使用，可解决纸质教具拼摆、演示操作不方便的问题，像"玩具"，符合儿童年龄特点，有吸引力。二是解决了部分实物教具不便于手工制作或无法手工制作的局限。如打印生活中的实物模拟模具，打印组合形体模型等，这类新颖教具的加入，可更好地丰富学生的操作活动经验，帮助教师突破教学中的难点，帮助学生理解抽象的数学概念、公式、法则，解决较复杂的数学实际问题。

十、实验成效

（一）数学课介入教具的价值得到广泛认同

课题进入结题阶段时，我们从燕崖中心小学一至五年级学生中随机抽取89名学生和所有参与本课题实验的数学教师进行调查，通过数据分析，得出以下结论。

学生方面，100%的学生认为使用教具的课堂能够激发自己对数学学习的兴趣。在参与数学活动时，使用教具能很好地吸引注意力；有利于更快地完成对概念、算理、公式的理解和解决学习中的疑难；有利于加深学习体验和动手操作、空间想象等能力的培养。如表1.2.6、表1.2.7和表1.2.8所示，约84%的学生喜欢教师利用展示教具进行教学，约71%的学生喜欢教师制作的PPT课件，约69%的学生喜欢课堂上适当加入一些视频动画，约98%的学生喜欢教师在课堂上使用数学教具，约99%的学生认为通过教师的讲解能借助教具理解本节课的教学任务。

表1.2.6　数学课介入教具的学生调查数据（一）

选项	小计	比例/%
A.口头讲解	21	23.6
B.PPT课件	63	70.79

续表

选项	小计	比例 /%
C. 展示教具	75	84.27
D. 视频动画	61	68.54
E. 手写板书	23	25.84
F. 其他	1	1.12
本题有效填写人次	89	

表 1.2.7　数学课介入教具的学生调查数据（二）

选项	小计	比例 /%
A. 很喜欢，可以直观地学习知识	87	97.75
B. 喜欢，觉得很有意思	2	2.25
C. 一般，有是最好，没有也没什么影响	0	0
D. 不喜欢，认为没使用的必要	0	0
本题有效填写人次	89	

表 1.2.8　数学课介入教具的学生调查数据（三）

选项	小计	比例 /%
A. 能	88	98.88
B. 一般	1	1.12
C. 不能	0	0
本题有效填写人次	89	

教师方面，如表 1.2.9 所示，100% 的教师觉得利用教具进行教学具有明显优势，能够很好地活跃课堂气氛，调动学生学习的积极性，学生参与学习的兴趣更浓；能够增强学生的动手操作能力、观察表达能力，使师生之间的交流更加充分；教师主动使用教具的意识明显增强，结合所学知识需要，能主动改进制作简单、实用的教具，优化教学手段。教具在常态课中的的利用率明显提高。

表 1.2.9　数学课介入教具的教师调查数据

选项	比例
A. 活跃课堂气氛	100
B. 调动学生学习的积极性	100
C. 增强学生的动手能力	100
D. 更直观地理解相关知识	100
E. 没有什么不同	0
F. 反而更加枯燥	0
G. 耗时耗力	0
H. 加强师生之间的交流	100

学校方面，学校管理者普遍认识到加强教具的配备、使用管理的重要性，管理观念进一步转变；传统教具介入课堂的性价比被重新审视，认为可成为"双减"下，小学教师提高课堂教学效益的有力法宝。

（二）课题研究促进了师生能力发展

在研究中，课题组成员及燕崖中心小学全体数学教师，科研能力不断增强，逐步由实践型向经验型，进而向科研型转变，一个科研型的教师队伍正在形成。自开展课题实验以来，课题研究论文《小学数学教学中有效介入教具的方法》《自制教具在小学数学教学中的应用》在《新课堂》发表，实验教师有7篇教学论文在省级期刊发表。教师教具使用技能有明显进步，课堂介入的实施策略灵活有效，实验教师课堂教学水平提升，2人在市级教研活动中执教公开课，9人执教县级公开课或在讲课比赛获一等奖。2021年4月课题阶段成果在全县展示交流。师生综合素质不断提升，1人被评为全国先进教育工作者、全国模范教师，1人被评为齐鲁名师，2人被评为淄博市教学能手，1人被评为淄博市优秀教师，1人被评为淄博市骨干教师，5人被评为县级学科带头人、骨干教师。在山东省"数说中国——庆祝中国共产党成立100周年"活动中，燕崖中心小学学生刘思齐提交的作品《数说中国百年奥运》获省二等奖。

综上所述，本课题基于问题解决开展的扎实的实验研究过程，使课题研究取得预期成果。该项研究促进了教师的学习、实践和反思，促进了教师专业成长和教学能力不断进阶，培养了学生浓厚的数学学习兴趣，促进了学生的学习进步和成长。该成果在理论上具有较强的系统性和完整性，是对该领域已有研究成果的进一步丰富，具有较大的实用价值和实践推广意义。

十一、问题与思考

经过较为系统的研究，课题组完成了预定的研究任务，取得了一定的研究成果，课题成果具有可操作性、可复制性，可在县域内推广。但课题也还有需要进一步研究的问题。

一是对教具介入课堂的有效性策略，还有待于在深入研究更多成功或失败正反两个方面典型案例基础上，进一步总结提炼，以便更好地指导教师的教学。二是关于教具介入课堂的研训课程建设及研训活动组织，在全县层面如何有效开展，需要进一步探索更成熟的模式。

在今后的教学教研实践中，我们将继续研究探索教具介入课堂有效性更深层次问题，进一步提炼数学课介入教具支持的有效操作模式，以供同行参考借鉴，把研究成果推广出去。

附录1：数学课介入教具的支持性研究
——实验前测（教师问卷）

您好！非常感谢您能在百忙之中填写这份问卷，数学教具（教师教学和学生学习时所用的辅助工具）在数学教学中不可或缺，此次问卷的主要目的是调研了解教具在小学数学课堂教学中的应用情况，为进一步研究改进教学，提高教学质量提供依据，请您根据自己的认识及教学情况，如实作答。谢谢！

1. 您的性别是（　　）。[单选题]
○ A. 男
○ B. 女

2. 您的教龄为（　　）。[单选题]
○ A. 5年以下
○ B. 6～10年
○ C. 11～20年

○ D. 20 年以上

3. 您所在学校的区域及类别是（　　　）。[单选题]

○ A. 城区小学

○ B. 乡镇中心小学

○ C. 乡镇完全小学

○ D. 乡镇教学点（教学分部）

4. 您本学期所教授的年级为（　　　）。[单选题]

○ A. 一年级

○ B. 二年级

○ C. 三年级

○ D. 四年级

○ E. 五年级

5. 您认为在小学数学课堂教学中，是否有必要使用教具？（　　　）[单选题]

○ A. 很有必要

○ B. 有必要

○ C. 没有必要

6. 您所在的学校是否专门为教师配备了教具？（　　　）[单选题]

○ A. 有

○ B. 没有（请跳至第 8 题）

○ C. 不清楚（请跳至第 8 题）

7. 学校为教师配备的数学教具数量及种类够用吗？（　　　）[单选题]

○ A. 够用，教师学生人手一份

○ B. 基本够用，满足教师上课演示或学生分组合作探究使用

○ C. 不太够用，需要相互借用

○ D. 不够用

8. 您在数学课上使用教具进行教学的频率？（　　　）[单选题]

○ A. 自己觉得有必要就使用

○ B. 教具容易准备就用

○ C. 只在上各类公开课或讲课比赛时使用

9. 您更喜欢使用哪种教具？（　　）[单选题]

○ A. 传统（实物、模型、图片等）教具

○ B. 多媒体教具

○ C. 传统教具和多媒体教具相结合

○ D. 都不使用

10. 您大多数会根据什么来选择教具？（　　）[单选题]

○ A. 课程内容需要

○ B. 学生兴趣需要

○ C. 学校仅有的教具

○ D. 以上都是

11. 您熟悉各种教具的使用方法吗？（　　）。[单选题]

○ A. 非常熟悉

○ B. 一般熟悉

○ C. 不熟悉

12. 当学校教具不能满足您的需求时，您会（　　）。[单选题]

○ A. 自己制作或使用多媒体替代

○ B. 向学校申请添加

○ C. 放弃使用

13. 您自己制作过数学教具吗？（　　）[单选题]

○ A. 制作过

○ B. 没有制作过

14. 您认为当前所在学校的教具需要更新吗？（　　）[单选题]

○ A. 非常需要

○ B. 需要

○ C. 不需要

○ D. 无所谓

15. 您认为使用教具对数学课堂效果有影响吗？（　　）[多选题]

□ A. 有利于激发学生学习兴趣

□ B. 便于学生理解知识

☐ C. 可以营造轻松有活力的课堂氛围

☐ D. 可以拓展学生的思维能力

☐ E. 难以操作，影响教学进程

☐ F. 浪费时间

16. 您使用教具上课，学生表现如何？（　　）[单选题]

○ A. 课堂有活力，学生积极参与学习过程，思维活跃，注意力集中

○ B. 课堂纪律差，学生借机玩耍，注意力分散

17. 您认为有些教师不使用教具的原因是（　　）。[多选题]

☐ A. 指导学生使用花费时间多

☐ B. 使用教具会扰乱课堂秩序，组织教学活动困难

☐ C. 教具准备麻烦，多付出时间和精力

☐ D. 学校没有合适的教具

☐ E. 缺少专业指导，不能达到预期效果

☐ F. 其他

18. 学校有无组织教师在教具知识方面的校内、校外学习培训？（　　）[单选题]

○ A. 有

○ B. 没有

○ C. 不清楚

19. 假若学校或上级教育研究机构组织这方面的培训学习，您认为有没有必要参加？（　　）[单选题]

○ A. 很有必要，对教学有很大帮助

○ B. 无所谓，有好的做法可以学习

○ C. 没有必要，教具的使用自己摸索即可

20. 您对数学教具在课堂上的使用有什么建议？[填空题]

_____

附录2：数学课介入教具的支持性研究
——实验后测（教师问卷）

您好！非常感谢您能在百忙之中填写这份问卷，数学教具（教师教学和学生学习时所用的辅助工具）在数学教学中不可或缺，此次问卷的主要目的是调研了解教具在小学数学课堂教学中的使用效果情况，请您根据自己的实际教学情况，如实作答。谢谢！

1. 您觉得利用教具进行教学与传统课堂相比较有什么变化？（　　）[多选题]

　　□ A. 活跃课堂气氛

　　□ B. 调动学生学习的积极性

　　□ C. 增强学生的动手能力

　　□ D. 更直观地理解相关知识

　　□ E. 没有什么不同

　　□ F. 反而更加枯燥

　　□ G. 耗时耗力

　　□ H. 加强师生之间的交流

2. 您在使用教具和不使用教具上课时，学生的表现如何？（　　）[单选题]

　　○ A. 使用教具时，学生学习更积极、效果更好，可以快速掌握知识

　　○ B. 不使用教具时，注意力更集中，学习效果更好

　　○ C. 用或不用课堂气氛一样，效果相同

3. 教师在使用教具上课时，同学们的学习兴趣提高了。（　　）[单选题]

　　○ A. 非常同意

　　○ B. 比较同意

　　○ C. 说不清楚

　　○ D. 不同意

4. 教师在使用教具上课时，同学们的动手操作能力得到提升。（　　）[单选题]

　　○ A. 非常同意

　　○ B. 比较同意

○ C. 说不清楚

○ D. 不同意

5. 教师在使用教具上课时,同学们的语言表达能力得到了提升。(　　)
[单选题]

○ A. 非常同意

○ B. 比较同意

○ C. 说不清楚

○ D. 不同意

6. 运用教具进行小组探究学习,学生的参与意识和合作能力得到提升。
(　　)[单选题]

○ A. 非常同意

○ B 比较同意

○ C. 说不清楚

○ D. 不同意

7. 您能结合所学知识,根据学生的需要制作简单、实用的教具吗?
(　　)[单选题]

○ A. 做过多次

○ B. 很少做

○ C. 从来没有做过

8. 请对数学课使用教具情况提出几点改进建议。[填空题]

_____

附录3:数学课介入教具的支持性研究
　　——实验后测(学生问卷)

亲爱的同学们:你们好!本问卷是针对数学课教具的使用效果进行调查。本问卷使用不记名的形式,请同学们按顺序完成问卷,希望你们能根据自身实际情况做出选择。感谢你的配合!

1. 数学课上,你喜欢教师利用哪些手段进行教学?(　　)[多选题]

□ A. 口头讲解

□ B. PPT 课件

□ C. 展示教具

□ D. 视频动画

□ E. 手写板书

□ F. 其他

2. 你喜欢教师在课堂上使用数学教具吗？（　　）[单选题]

○ A. 很喜欢，可以直观地学习知识

○ B. 喜欢，觉得很有意思

○ C. 一般，有最好，没有也没什么影响

○ D. 不喜欢，认为没使用的必要

3. 你认为使用教具的课堂是否能激发你对数学学习的兴趣？（　　）[单选题]

○ A. 能

○ B. 一般

○ C. 不能

4. 在数学教学活动中，教具的使用是否能引起你的注意？（　　）[单选题]

○ A. 能

○ B. 一般

○ C. 不能

5. 在课堂上，教具的使用是否能增加与教师的互动及课堂参与次数？（　　）[单选题]

○ A. 能

○ B. 一般

○ C. 不能

6. 教师在数学课堂上运用教具对你理解知识的帮助有多大？（　　）[单选题]

○ A. 非常大，能让你快速理解和运用知识解决对新知识的疑惑

○ B. 比较大，一定程度上可以加深对知识的理解

○ C. 不大，对所学知识本就理解，使用教具只是加深理解

○ D. 没有什么帮助，自己可以理解知识，没必要使用教具浪费时间

7. 你认为，教具的使用对概念、算理的理解、空间思维能力的培养是否有帮助？（   ）[单选题]

○ A. 非常有帮助

○ B. 有帮助

○ C. 没有帮助

8. 通过教师的讲解后你是否能借助教具理解本节课的教学任务？（   ）[单选题]

○ A. 能

○ B. 一般

○ C. 不能

9. 请对数学课中使用教具情况提出几点改进建议。[填空题]

_____

_____

附录4：数学课介入教具的支持性研究

——问卷调查调研报告

一、调查情况

素质教育的推行，新课改的实施，要求课堂教学中更加注重对学生综合能力，特别是实践能力的培养。数学教具（教师教学和学生学习时所用的辅助工具）作为一种直观性的辅助教学的工具，在数学教学中不可或缺，它发挥着举足轻重的作用。为了了解沂源县师生数学课堂中教具学具的使用情况，提高数学课堂的教学质量，培养学生自主学习、自我反思等良好的非智力因素，最终使学生在数学学习上获得更多更好的发展，笔者所在课题组设计了本次问卷调查表。本次问卷调查共设置了20个问题，为了确保调查的真实性，采用了不记名形式，统计结果如下。

小学数学课堂教学中教具使用调查问卷

第 1 题　您的性别　　[单选题]

选项	小计 / 人次	比例 /%
A. 男	58	27.75
B. 女	151	72.25
本题有效填写	209	

- A. 男：27.75%
- B. 女：72.25%

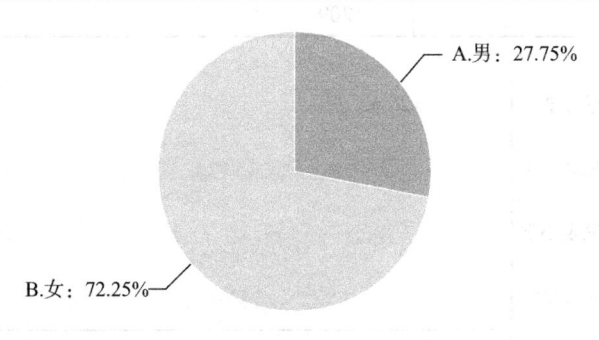

第 2 题　您的教龄　　[单选题]

选项	小计 / 人次	比例 /%
A. 5 年以下	53	25.36
B. 6 ~ 10 年	20	9.57
C. 11 ~ 20 年	45	21.53
D. 20 年以上	91	43.54
本题有效填写	209	

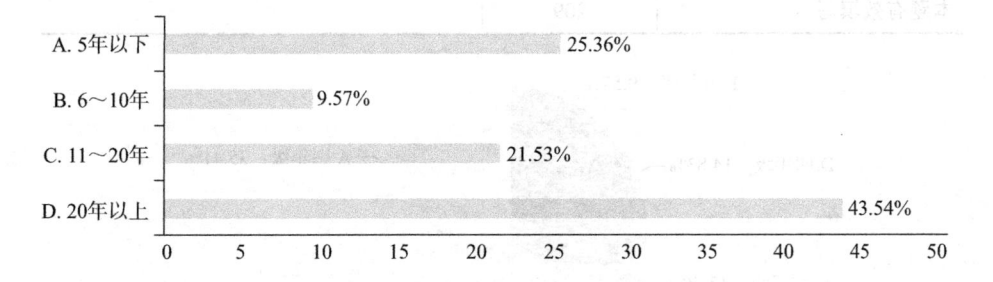

- A. 5年以下　25.36%
- B. 6~10年　9.57%
- C. 11~20年　21.53%
- D. 20年以上　43.54%

第 3 题　您所在学校的区域及类别　　[单选题]

选项	小计 / 人次	比例 /%
A. 乡镇教学点（教学分部）	11	5.26
B. 城区小学	63	30.14
C. 乡镇完全小学	63	30.14
D. 乡镇中心小学	72	34.45
本题有效填写	209	

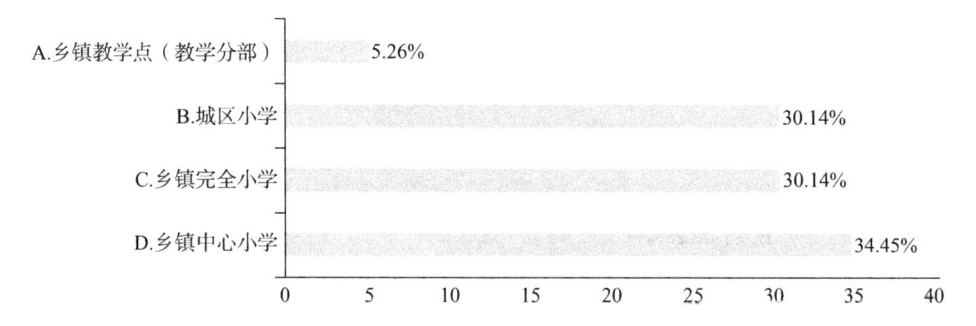

第 4 题　您本学期所教授的年级为　　[单选题]

选项	小计 / 人次	比例 /%
A. 一年级	74	35.41
B. 二年级	56	26.79
C. 三年级	28	13.40
D. 四年级	31	14.83
E. 五年级	20	9.57
本题有效填写	209	

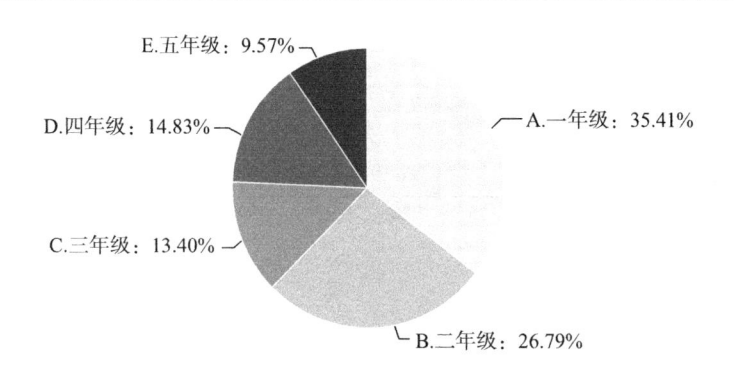

第5题 您认为在小学数学课堂教学中，是否有必要使用教具？ [单选题]

选项	小计/人次	比例/%
A. 很有必要	185	88.52
B. 有必要	23	11
C. 没有必要	1	0.48
本题有效填写	209	

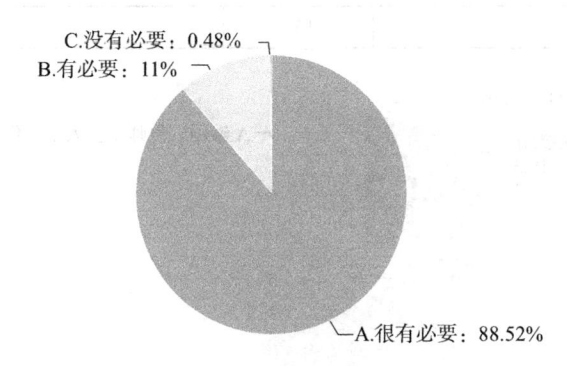

第6题 您所在的学校是否专门为教师配备了教具？ [单选题]

选项	小计/人次	比例/%
A. 有	171	81.82
B. 没有	27	12.92
C. 不清楚	11	5.26
本题有效填写	209	

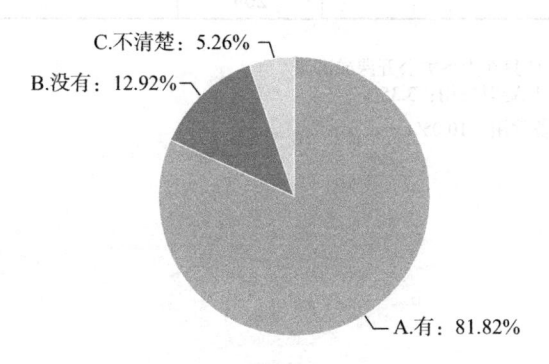

第 7 题 学校为教师配备的数学教具数量及种类够用吗？　　　[单选题]

选项	小计 / 人次	比例 /%
A. 够用，教师学生人手一份	33	19.3
B. 基本够用，满足教师上课演示或学生分组合作探究使用	97	56.73
C. 不太够用，需要相互借用	33	19.3
D. 不够用	8	4.68
本题有效填写	171	

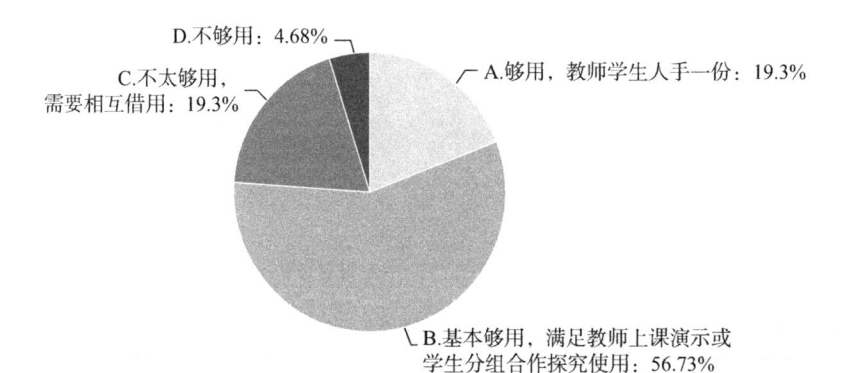

第 8 题 您在数学课上使用教具进行教学的频率　　　[单选题]

选项	小计 / 人次	比例 /%
A. 自己觉得有必要就使用	181	86.6
B. 教具容易准备就用	21	10.05
C. 只在上各类公开课或讲课比赛时使用	7	3.35
本题有效填写	209	

第 9 题 您更喜欢使用哪种教具？ ［单选题］

选项	小计 / 人次	比例 /%
A. 传统教具（实物、模型、图片等）	23	11
B. 多媒体教具	26	12.44
C. 传统教具和多媒体教具相结合	160	76.56
D. 都不使用	0	0
本题有效填写	209	

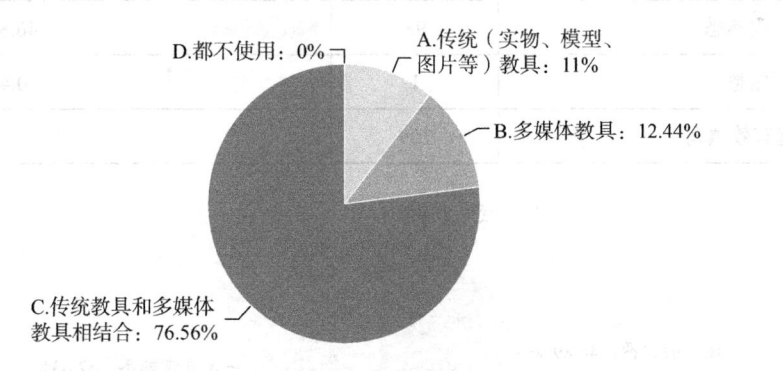

D. 都不使用：0%
A. 传统（实物、模型、图片等）教具：11%
B. 多媒体教具：12.44%
C. 传统教具和多媒体教具相结合：76.56%

第 10 题 您大多数会根据什么来选择教具？ ［单选题］

选项	小计 / 人次	比例 /%
A. 课程内容需要	107	51.2
B. 学生兴趣需要	4	1.91
C. 学校仅有的教具	3	1.44
D. 以上都是	95	45.45
本题有效填写	209	

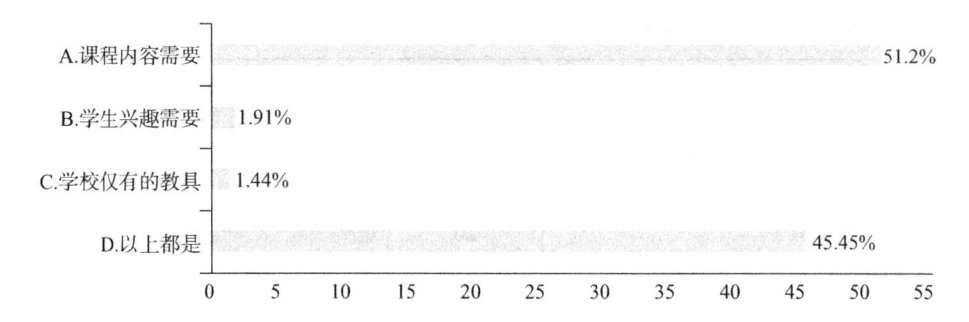

A.课程内容需要　51.2%
B.学生兴趣需要　1.91%
C.学校仅有的教具　1.44%
D.以上都是　45.45%

第 11 题 您熟悉各种教具的使用方法吗？　[单选题]

选项	小计/人次	比例/%
A. 非常熟悉	110	52.63
B. 一般熟悉	98	46.89
C. 不熟悉	1	0.48
本题有效填写	209	

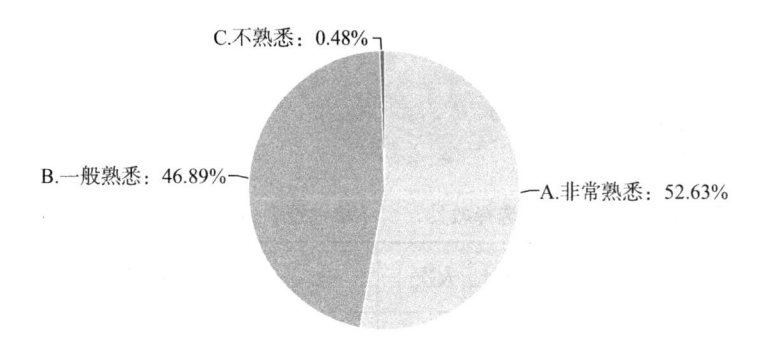

C.不熟悉：0.48%
B.一般熟悉：46.89%
A.非常熟悉：52.63%

第 12 题 当学校教具不能满足您的需求时，您会怎样做？　[单选题]

选项	小计/人次	比例/%
A. 自己制作或使用多媒体替代	187	89.47
B. 向学校申请添加	9	4.31
C. 放弃使用	13	6.22
本题有效填写	209	

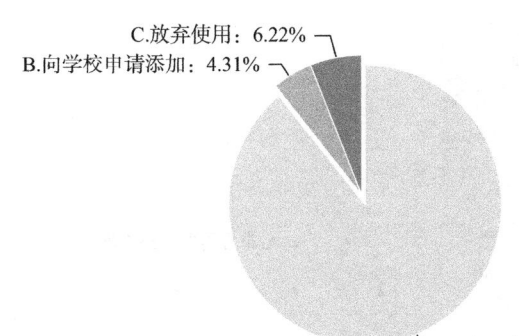

C.放弃使用：6.22%
B.向学校申请添加：4.31%
A.自己制作或使用多媒体替代：89.47%

第13题　您自己制作过数学教具吗？　　[单选题]

选项	小计 / 人次	比例 /%
A. 制作过	193	92.34
B. 没有制作过	16	7.66
本题有效填写	209	

B.没有制作过：7.66%
A.制作过：92.34%

第14题　您认为当前所在学校的教具需要更新吗？　　[单选题]

选项	小计 / 人次	比例 /%
A. 非常需要	122	58.37
B. 需要	80	38.28
C. 不需要	7	3.35
D. 无所谓	0	0
本题有效填写	209	

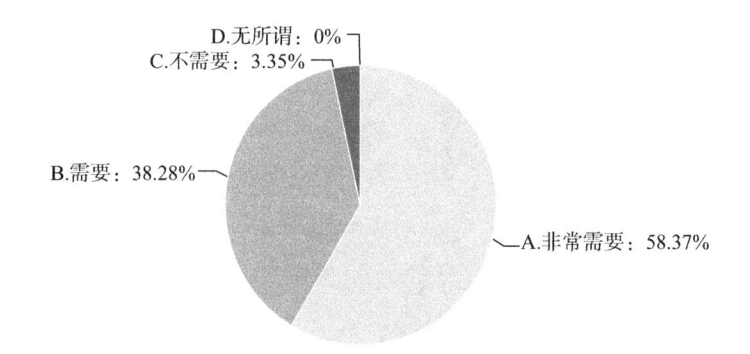

D.无所谓：0%
C.不需要：3.35%
B.需要：38.28%
A.非常需要：58.37%

第15题 您认为使用教具对数学课堂效果的影响？ [多选题]

选项	小计/人次	比例/%
A. 有利于激发学生学习兴趣	205	98.09
B. 便于学生理解知识	194	92.82
C. 可以营造轻松有活力的课堂氛围	175	83.73
D. 可以拓展学生的思维能力	172	82.3
E. 难以操作，影响教学进程	17	8.13
F. 浪费时间	5	2.39
本题有效填写	209	

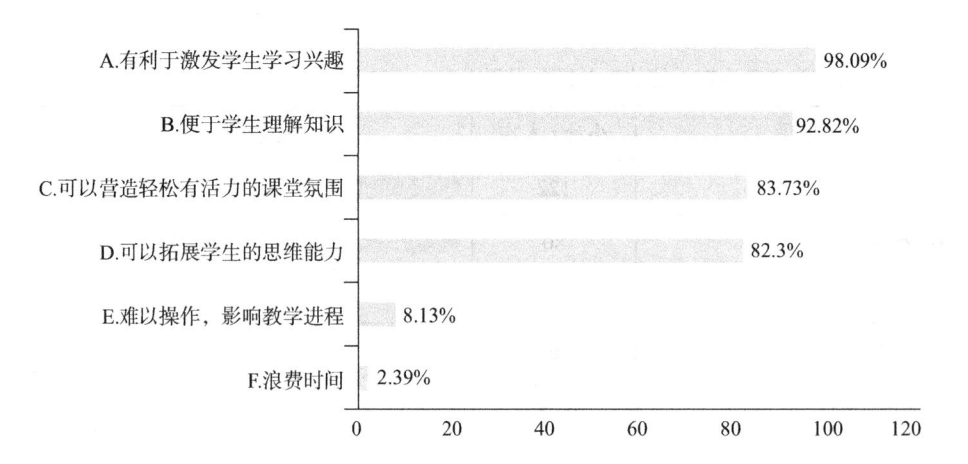

A.有利于激发学生学习兴趣 98.09%
B.便于学生理解知识 92.82%
C.可以营造轻松有活力的课堂氛围 83.73%
D.可以拓展学生的思维能力 82.3%
E.难以操作，影响教学进程 8.13%
F.浪费时间 2.39%

第 16 题　您使用教具上课，学生表现如何？　　[单选题]

选项	小计 / 人次	比例 /%
A. 课堂有活力，学生积极参与学习过程，思维活跃，注意力集中	202	96.65
B. 课堂纪律差，学生借机玩耍，注意力分散	7	3.35
本题有效填写	209	

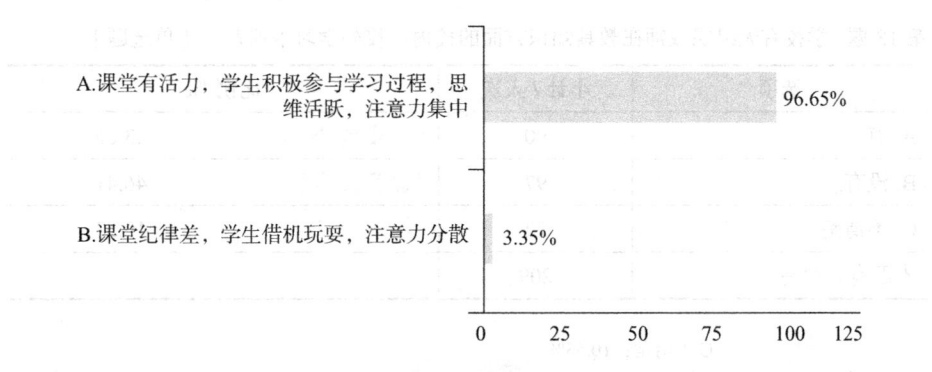

- A.课堂有活力，学生积极参与学习过程，思维活跃，注意力集中　96.65%
- B.课堂纪律差，学生借机玩耍，注意力分散　3.35%

第 17 题　您认为有些教师不使用教具的原因是什么？　　[多选题]

选项	小计 / 人次	比例 /%
A. 指导学生使用花费时间多	87	41.63
B. 使用教具会扰乱课堂秩序，组织教学活动困难	92	44.02
C. 教具准备麻烦，多付出时间和精力	114	54.55
D. 学校没有合适的教具	107	51.2
E. 缺少专业指导，不能达到预期效果	87	41.63
F. 其他	24	11.48
本题有效填写	209	

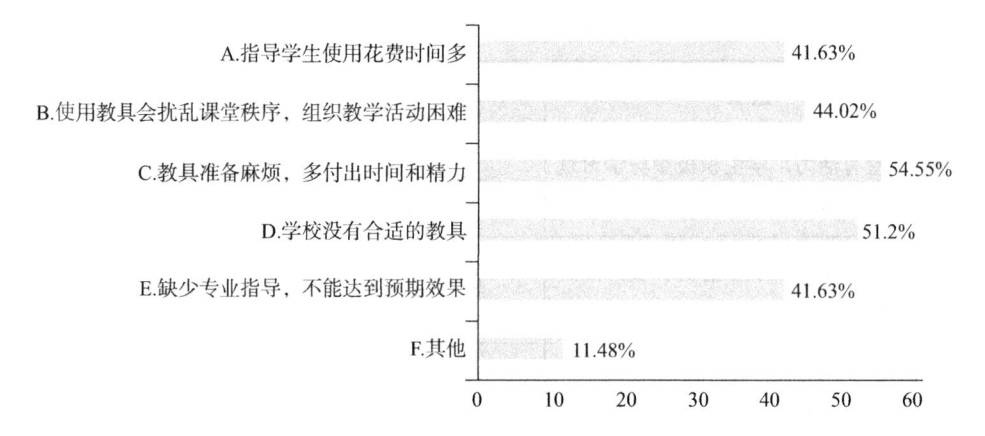

A.指导学生使用花费时间多　41.63%
B.使用教具会扰乱课堂秩序，组织教学活动困难　44.02%
C.教具准备麻烦，多付出时间和精力　54.55%
D.学校没有合适的教具　51.2%
E.缺少专业指导，不能达到预期效果　41.63%
F.其他　11.48%

第18题 学校有无组织教师在教具知识方面的校内、校外学习培训？　[单选题]

选项	小计/人次	比例/%
A. 有	90	43.06
B. 没有	97	46.41
C. 不清楚	22	10.53
本题有效填写	209	

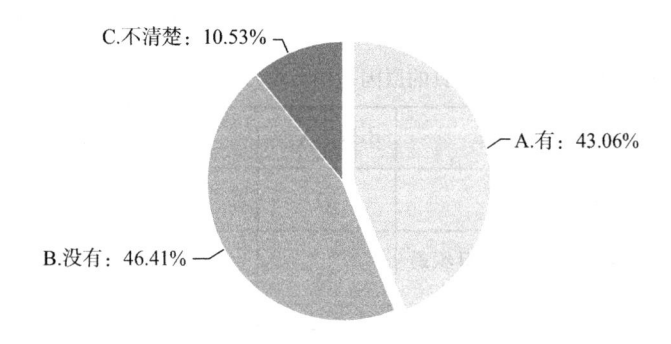

C.不清楚：10.53%
A.有：43.06%
B.没有：46.41%

第19题 假若学校或上级教育研究机构组织这方面的培训学习，您认为有没有必要参加？[单选题]

选项	小计/人次	比例/%
A. 很有必要，对教学有很大帮助	201	96.17
B. 无所谓，有好的做法可以学习	4	1.91
C. 没有必要，教具的使用自己摸索即可	4	1.91
本题有效填写	209	

C.没有必要，教具的使用
自己摸索即可：1.91%
B.无所谓，有好的做法
可以学习：1.91%

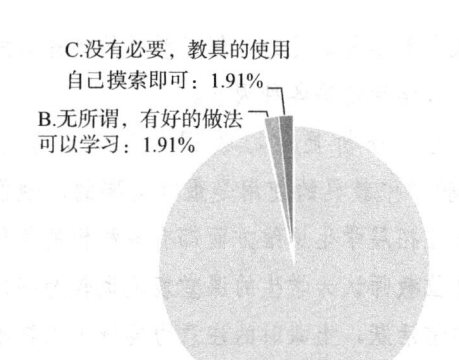

A.很有必要，对教学有很大帮助：96.17%

第20题　您对数学教具在课堂上的使用有什么建议？　　[填空题]
　　填空题数据请通过下载详细数据获取

二、调查分析

（1）第1、2、3、4题的数据分析显示，参与本次问卷的教师有209人（男教师58人、女教师151人），覆盖了全县所有城区小学、乡镇中心小学、完全小学以及各个教学点（教学分部）。参与问卷的教师教龄在5年以下的有53人，占总人数的25.36%；6～10年教龄的有20人，占总人数的9.57%；11～20年教龄的有45人，占总人数的21.53%；20年以上教龄的有91人，占总人数的43.53%。从问卷教师教龄结构上分析，10年以下的教师占了34.93%，他们年轻、有朝气，乐于学习，对新鲜事物接受得也比较快。而10年以上的教师占了65.07%，他们都是学校的数学教学骨干力量，有着较为丰富的教学经验，对小学教材的知识点以及在教学能力的处理上都有着不错的积累和沉淀。

（2）第8、9、10题的数据分析显示，86.6%的教师认为数学课上使用教具的频率根据自己所授知识需求而定，他们会综合考虑课程需求、学生兴趣等多方面因素；也有13.4%的教师认为教具的使用应当考虑教具是否便于准备，以及在各类公开课或者讲课比赛中特定教学活动中的需求而定。在教具使用的类别上，教师也给出了自己的选择，76.56%的教师会选择传统教具和多媒体教具相结合；12.44%的教师会选择多媒体教具；另有11%的教师会选择使用传统教具（实物、模型、图片等）；都不使用的教师为0。分析现状，我们可以发现，教师对于教具辅助课堂教学是认可的，但是教具的选择方式与种类上会综合考量课程内容、学生、教学活动等各种因素。

（3）第5、15、16、17题的数据分析显示，收回的209份问卷中有88.52%的教师认为小学数学课堂教学中教具的使用是很有必要的，他们认为教具的使用对学生理解知识点以及在拓展学生思维方面都有着积极的作用。而在介入数学教具的课堂上，有202位教师认为学生的课堂表现也较为突出，学生参与的积极性很高，思维变得非常活跃，上课时的注意力要好于以往不使用教具的数学课堂。当然，也有7位教师认为使用教具的数学课堂，学生课堂纪律变差，学生借机玩耍的机会变多，注意力分散。在教具使用方面，教师也给出了自己的顾虑，他们中有41.63%的人认为教具的使用虽然对指导学生学习变得更加直观有效，但是在指导学生使用方面花费的时间较多，在组织教学活动的时候也出现了课堂教学秩序被扰乱的情况。分析现状，教师对教学中应用教具直观的有效性还是持肯定态度的，绝大多数教师认为在教学过程中应用教具直观的呈现教学知识的方式，对学生掌握知识有很大的促进作用。参与问卷的部分教师在教学时，注重教具介入课堂教学的时机、方式，这对改进教学，提高教学有效性起到了很大的作用，学生对这种利用直观方法进行数学学习也很喜欢。但是，也有部分教师仍存在忽视教具作用的现象，教学手段比较单一，只关注教授知识，不注重方式方法，对教学中如何应用教具的策略和经验显得比较匮乏，导致教具使用后课堂效率大打折扣，没有达到预期目标。

（4）第6、7、14题的数据分析显示，81.82%的教师对学校教具的配备情况是知晓的，但是就目前学校器材室中的数学教具数量而言确实存在着一定的问题。从受访者的数据看，能够保证学生人手一份开展教学的只占了19.3%；器材室中的数学教具基本够用，能够满足教师上课演示或者学生分组探究开展教学活动的占了56.73%；另有23.98%的教师明确表示学校的教具使用已经"不够用，需要相互借用"。有96.65%的受访者认为学校及时更新教具是"需要、非常需要的"。分析现状，一是各所学校现存的教具陈旧、短缺、单一。二是农村学校教学经费短缺，无力购买教学需要的各种教具。三是由于多媒体的配备，忽略了传统教具的购买需求。

（5）第12、13、17题的数据分析显示，针对各个学校目前教具存在的状况，课题组对受访者的教具需求进行了进一步的调查，92.34%的教师有过制作数学教具的经历，89.47%的教师在学校教具不能满足需求时，尝试自己制作教具或者使用多媒体替代。但是也有6.22%的教师在上述条件下放弃使用教具，这些教师也给出了自己的原因：一是教具准备过程烦琐，课前会多付出很多的时间和精力；二是使用教具组织教学活动困难，指导学生使用花费时间较多，学生的探究活动不好把控，严重扰乱课堂教学秩序；三是缺少专业的教具使用方面的指导，在教具的使用方式与方法上存在着许多的困惑。分析现状，学校教具的数量与质量方面确实存在着一定的不足，虽然教师自制教具可以较好地缓解这一局面，但是教具制作对于一部分教师的动手能力又是一个极大的考验。所以，很多教师在教学过程中会因为教具的短缺、准备、使用方式与方法等因素而放弃，进而转变为省时省力的多媒体课件或者口述知识代替。

（6）第11、18、19题的数据分析显示，教师以对现有各种教具的熟悉程度给出了这样的数据："非常熟悉"的占52.63%，"一般熟悉"的占46.89%，"不熟悉"的占0.48%。从数据上看，我们的教师在教具的使用上还是存在着一定的差异。分析原因，他们中有43.06%的教师参与过校内、校外教具知识方面的学习培训，46.41%的教师从未接触过类似的知识培训，所以，从数据上对比来看也基本吻合。作为广大的一线教师，他们渴望学校或者上级教育研究机构能够组织这方面的培训学习，尤其是在教具的使用方式与方法，教具在课堂教学使用策略上给予必要的指导。

三、对策建议

1. 转变观念，积极利用教具学具

在课程改革的背景下，我们要成为一个真正的组织者、引导者和合作者，就要把新理念带到课堂，要不断探究，努力学习。激发学生的学习潜能，鼓励教师大胆创新与实践，积极开发利用各种教具，为学生提供丰富多彩的学习素材，提高教学效率。在日常教学中出现的问题要靠自己去研究解决，并总结经验，把好的方法要融入日常教学活动。

2. 注意课堂内外与生活实践的有机结合

充分利用学校功能室配备的教具学具，或现实生活中的实物作为教具，加强实践操作，感知体验知识的形成过程。

3. 根据不同情况，选用不同的教具学具

在教学中，教师要根据不同的操作主题，选取不同的教具学具。教师演示的教具应大一些，便于全体学生都能看清；颜色也要鲜艳一些，以吸引学生的注意力。学生用的学具可以简单一些，便于操作。教学中要尽量采用活动教具，因为活动教具容易引起学生的注意，容易被学生更好地感知。同时，活动教具能够提高学生学习的兴趣，突出教学重点，便于把握教学内容的实质。

综上所述，本次问卷调查组织得比较成功。通过调查，课题组了解到沂源县数学教师的教学现状、学生对数学的学习情况、师生使用教具辅助教学的情况以及数学课堂中介入教具操作的作用等，这些信息为我们本次课题的后续研究奠定了良好的基础。

附录5：数学课介入教具的支持性研究
——课堂教学评价量表

沂源县小学课堂介入教具使用评价量表

教师姓名：_____　　　　　单位：_____

评价项目	评价内容	满分	得分
教学理念	以生为本，落实学科段课标理念；落实"多维合作·高效生成"数学研究"四三五"模式要求；将教具介入与课堂教学深度融合，课堂多维互动、高效生成	10	
教学目标	科学、准确、具体，符合课标要求和学生实际，可操作性强	10	
教学过程	教学内容合理：教学重难点把握准确，能有效利用各类教具，落实教学目标；教具性能安全稳定，科学性与艺术性相结合，易于操作，便于推广；教学内容拓展适当，能联系实际、开阔视野、学以致用	10	
	教学流程得当：落实学科教学模式要求，思路清晰，模式运用灵活；活动构思新颖，富有个性化，科学利用教具促进教学目标达成；面向全体，因材施教，重视方法指导和良好习惯的养成	10	

续表

评价项目	评价内容	满分	得分
教学过程	教学活动高效：创设良好学习氛围，师生多维互动，生生有效合作；教学策略合理恰当；精心设计问题，导向性强，能促进学生思维的发展；善于抓住动态生成资源并有效利用；教具使用指导符合学生年段特点	20	
	教学评价及时：灵活运用多种评价方式，评价具体、针对性强、指导性强，有助于学生积极思维的形成，反馈与矫正及时	5	
教师素养	教学基本功扎实：教学机智灵活，学科素养较高；教师关爱学生，满足不同层次学生学习需求；教具使用规范、操作熟练、指导得法	10	
教学效果	学生情绪饱满、态度积极、思维活跃、参与程度高；教学效果良好，三维目标达成度高，学生在思维与认知上有所提升	15	
教学特色	教具介入课堂，学生动手、动脑，积极参与学习，在培养学生的创新和实践能力方面有独到之处	10	
评课意见		100	

附录6：数学课介入教具的支持性研究
——课堂观察记录表

学校		班级		人数		科目	
执教人		课题			课型		
观察人		单位			时间		
观察点	教具介入有效性的观察记录							

续表

教学环节	教具使用情况	学生反映	与目标关联度

从上表可以看出：
_____
_____

我的建议：
_____
_____

设计意图：通过观察记录学生对教师所展示的教具的反应，能明确地看出教具对学生的学习是否有帮助、是否有效。观察记录与分析将有利于教师从学生的反应达成目标，更好运用教具支持课堂教学，在教具的选择上达到最优化。

参考文献

[1] 荣英雨. 小学数学传统教具使用现状研究 [D]. 济南：山东师范大学，2015.

[2] 高艳. 现代教学基本技能 [M]. 青岛：青岛海洋大学出版社，2000.1.

[3] 曾玉华，赵东青. 小学数学教具学具使用现状的调查与探究：以湖南省长沙市部分小学为例 [J]. 湖南第一师范学院报，2015, 15(5): 8-10.

[4] 谢平."多维·高效"课堂研究与实践[M].济南：山东人民出版社,2019.10.

[5] 国玉超,代丽萍.例谈小学数学教具的选择与有效运用[J].中国教育技术装备,2015(13):33-34.

[6] 赵华.小学数学教具在教学中的创新应用[J].中国教育技术装备,2015(17):122-123.

[7] 张双德.巧用教具提高小学数学教学效果[J].教学管理与教育研究,2019(8):81-82.

[8] 郑毓信.数学思维与小学数学[M].南京：江苏教育出版社,2008.

[9] 魏忠华.数学教学工具研究[D].呼和浩特：内蒙古师范大学,2008.

[10] 龚晔丽.小学低年级数学课堂教学中使用学具的现状研究[D].上海：上海师范大学,2019.

[11] 苏思舟.知识可视化工具在小学数学教学中的应用研究[D].西安：陕西师范大学,2019.

[12] 高振玲.数学教具、学具的制作及应用[J].中国教育技术装备,2015(11).

[13] 张红星.自制教具在小学数学课堂教学中的应用[J].科教文汇（下旬刊）,2012(8).

[14] 赵东青.浅析教具、学具在小学数学课堂教学中的应用[J].才智,2015(34).

[15] 朝格图.有效运用自制教具助力小学数学教学[J].内蒙古教育,2017(20).

[16] 左朝富.小学数学课堂上传统教具的创新使用[J].考试周刊,2018(33).

[17] 程剑.自制教具在小学数学实验教学中的应用[J].基础教育参考,2017(14).

[18] 王玉印,徐晓霞.例谈多媒体课件教学与传统数学教具的整合运用[J]中国教育技术装备,2017(15).

[19] 李广玺,徐鹏乘.传统教具在小学数学教学中的创新应用[J].中国教育技术装备,2017(19).

[20] 王艳,刘金秀.小学数学教学中多媒体信息技术与传统教具的创新整合[J].中国教育技术装备,2016(11).

[21] 吴娜.教具学具是师生对话与互动的桥梁[J].学周刊,2011(7).

[22] 孙延霞.小学数学课堂有效使用教具与学具探究[J].中国教育技术装备,2015(19):136-137.

[23] 郭芳芳,江伟娜.巧设数学教具打造精准课堂：以小学数学为个案研究[J].读

写算, 2019(9): 168.

[24] 国家教育委员会师范教育司组. 教具制作与使用 [M]. 长春：东北师范大学出版社, 1996.1.

[25] 丁浩清. 学具操作的调控要素 [J]. 云南教育 (小学教师), 2014(10).

[26] 裴娣娜. 教育研究方法导论 [M]. 合肥：安徽教育出版社, 2000.

[27] 曹才翰, 章建跃. 数学教育心理学 [M]. 北京：北京师范大学出版社, 1999.

第二部分　教研指导

主题式教研

2.1 探"理"得"法"

——运算教学模式解读

数的运算是小学数学教学内容的重要组成部分，运算能力是小学生终身发展的必备能力。这部分教学内容，贯穿于小学数学所有学段，无论是数学概念的形成，数学性质、规律、结论的获得，还是数学问题的解决，都依赖于运算活动的参与。抓好运算教学，经历探究算理，总结算法的过程，学生的思维能力、心理品质和学习习惯都将得到良好的发展。新课标指出计算教学的总目标是：学生知道各种运算的意义、基本法则及各种运算之间的关系；能根据具体情境进行判断，并选择恰当的方法进行灵活计算；能根据具体情境灵活运用估算方法，对计算结果的范围进行准确判断；能有序地排列算式并发现其中的规律，建立基本的数感；使学生在计算学习过程中树立积极的情感、态度和价值观。在计算方面达到"熟练""正确""会"三个层次。

我们在小学数学数的运算教学方面进行了有效的尝试与探索，初步形成了"问题引入—自主探究—交流展示—总结提升—应用拓展"的五个环节教学模式。根据年段和具体内容特点，灵活运用教学模式，优化具体教学策略。

一、问题引入

好的研究问题可以激发学生的探究愿望，较好地完成本节课的教学目标，让学生在解决问题的过程中理解基本知识、掌握基本技能、领悟数学思想、积累数学活动经验。

就运算而言，加法是减法和乘法的基础，乘法是除法的基础。就知识体系而言，人们是学了整数以后，再学小数和分数。因此在进行计算教学时，要注意激发兴趣，唤醒学生已有的知识经验，以知识经验为教学起点，开展计算教学。在教学中，可以抓住各个运算之间的联系，提出转化性问题，帮助学生找到探究的问题。教学时,要依据学生年段特点和学习规律,提出有价值的数学问题,让学生大脑动起来,思维活起来;素材的选择,要有利于突出学习内容的本质;组织学生提出问题,要区别于解决问题教学,提出聚焦于重点解决的问题,不可占用过多教学时间。

二、自主探究

新课标指出:"有效的数学学习活动不能单纯地依赖模仿与记忆,动手实践、自主探索与合作交流是学生学习数学的重要方式。"让学生利用动手实践、自主探索与合作交流的学习方式进行学习,在学习过程中让学生主动地经历观察、实验、猜测、验证、推理、交流等数学活动,是在课改实验过程中重点探究的问题。

本环节,教师要针对计算教学的重点和难点,设计学习探究单,作为学生学习探究的支架,引导学生主动地学习探究,进行有效学习,能利用已有知识经验和思想方法,运用迁移规律,对算理算法有自己的感悟和理解。教师备课,要精心设计好研究单。研究单设计要点,一是抓住计算教学的本质设计情境与问题;二是研究的设计要注重算理的理解与算法学习。

三、交流展示

本环节的交流展示,可分两个层次的活动进行。

第一个层次:先在同桌或在四人学习小组内交流自主探究成果。同学之间可以先互相介绍自己的计算方法,说说算理,订正答案,对有疑问或有不同算法的问题,进行交流,养成倾听的好习惯,能主动吸收和借鉴同学好做法和好想法,补充完善或修正自己的研究结果。教师要通过巡视指导或集体指导,及时掌握调控学生交流进程和交流深度,提高组内交流实效。

第二个层次:组织班内交流展示,深刻理解算理。以教师为主导,组织学生以小组为单位,与全班同学互动展示小组学习成果。教师要适时指导学生学会交流的方式,可讲解、可操作、可演示,可一人代表组内成员,或组内成员分工,还可组内成员协作;要教会学生与班内同学互动,将组内探究的成果充分展示出来；要教学生学会倾听与对话，学会倾听别人的意见和建议，在对话中，完善、丰富自己的想法，在自主学习的基础上，对算理的理解更加深刻，获得多样化的计算方法。在欣赏学生多样算法的同时，教师应积极引导学生优化算法，让学生逐步学会"多中择优，优中择简"的数学思想方法。在多维互动交流中，发展学生的思维能力。

四、总结提升

本环节是对整节课所学知识的归纳梳理，是一个归纳升华的过程。在师生共同分析比较的过程中，优化个人或小组的学习成果，去伪存真，去粗取精，达到深刻理解算理，获得明确计算方法，在学生的头脑中形成良好的认知结构的目的。

五、应用拓展

本环节的主要任务是通过运用所学计算方法，解决实际问题，形成计算技能。要设计基础性练习，巩固计算方法，使学生会算；要设计针对性变式练习，如辨析改错练习、对比练习等，强化算理理解和算法掌握；练习要达到一定数量，通过训练逐步提高计算正确率并达到一定的计算速度。还要设计解决生活化的问题，体现计算学习的价值。设计与学习内容有逻辑联系的拓展性或实践性问题，激发学生继续学习探究的兴趣和欲望。

【课例1】

"小数除以整数"

【教学内容】青岛版《义务教育教科书（五·四学制）数学四年级上册》第106~107页。

【教学目标】

1.理解小数除以整数的算理，掌握计算方法，并能正确计算。

2.在探究小数除法计算方法的过程中，建立小数除法与整数除法的联系，渗透转化、类推、迁移的数学思想与方法，进一步体会数学知识之间、数学与生活之间的内在联系。

3. 养成独立思考、敢于追问、善于交流的学习习惯和严谨求实的科学态度。

【教学重点】 正确掌握小数除以整数的计算方法。

【教学难点】 理解小数除以整数的算理。

【教学准备】 多媒体课件、练习纸。

【教学过程】

课前谈话

师：同学们，今天老师给大家带来了一个小视频，咱们一起来看一看。（播放三峡大坝视频）看完这个视频，你有什么感受？你对三峡大坝还有怎样的了解呢？三峡大坝可以蓄水、发电、防洪泄洪，给我们的生活带来便利。

一、创设情境，导入新课

（一）创设情境

师：这节课我们就来研究关于三峡大坝的数学问题。谁来读一读？ 2003年6月1日，三峡大坝正式蓄水。蓄水3天水位上升了9.84米，水位平均每天上升多少米？

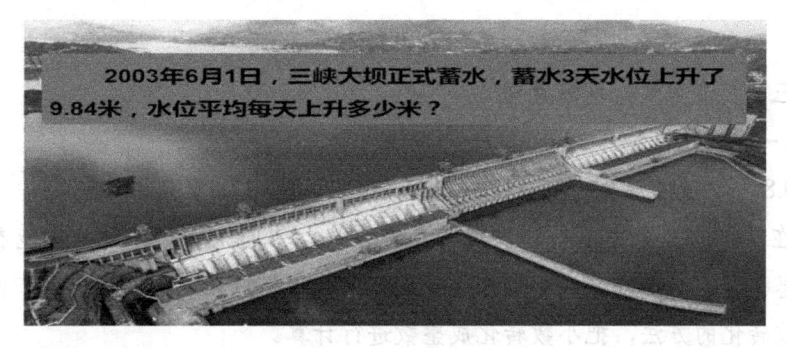

（二）导入课题

师：谁会列式？（板书：9.84÷3=）为什么用除法？

预设：

生：因为是平均分。

师：把谁平均分？

（把9.84米平均分，平均分成3份，求每份是多少。）

师：观察这道算式与我们之前学过的有什么不同，被除数是小数，这节课我们就来研究小数除以整数。（板书课题）

二、尝试探究，解决问题

你能用我们学过的知识尝试解决这个问题吗？请同学们先独立思考，尝试计算，把你的方法写在探究单上。完成后在小组内交流你是怎么想的，怎么算的？（教师巡视，挑选具有代表性作品。）

"小数除以整数"课堂探究单

班级：　　　　姓名：

一、合作探究

2003年6月1日，三峡大坝正式蓄水，蓄水3天水位上升了9.84米，水位平均每天上升多少米？

$$9.84 \div 3 =$$

一、试一试

$$6 \overline{)43.2} \qquad 5 \overline{)42.5}$$

三、交流方法，理解算理

（一）转化单位

9.84米 =984厘米　　984÷3=328（厘米）　　328厘米 =3.28米

在刚才的交流中，教师发现了几种方法，咱们先看第一种，你能看明白他是怎么做的吗？谁来说一说？（生说方法）这样做可以吗？（可以）他是利用单位转化的方法，把小数转化成整数进行计算。

（二）利用商的变化规律

预设1：9.84×100=984　　984÷3=328　　328÷100=3.28

我们再看下一种方法，咱们先静静地看一看，你能看懂吗？谁来解释一下？

预设：被除数先扩大到原来的100倍，商再缩小到原来的百分之一。

交流：为什么要把9.84扩大到原来的100倍呢？（把小数转化成整数）结果为什么又缩小到原来的百分之一呢？依据是什么？（根据商的变化规律，被除数扩大了100倍，商也扩大了100倍，要想得到原来的商，就要缩小到原来的百分之一。）同学们很有想法。

预设 2：竖式计算（根据商的变化规律）

我们接着看下面这种方法，这是用什么方法做的？（竖式）这是谁做的？能上来给大家讲讲你是怎么算的吗？

预设：看成整数。直接算 984÷3=328，然后再把小数点点上。

交流：小数点为什么点在这？看成整数后商会有怎样的变化呢？

比较：对比以上几种方法，有什么相同点？（都是把 9.84 转化成了整数）（板书：转化）是呀，同学们把小数除法转化为已经学过的整数除法，并利用旧知识解决了新问题，很了不起！

（三）竖式计算，理解算理，建立小数除法与整数除法的联系。

1. 明确竖式计算顺序

谁还是用竖式计算的？谁能把你竖式的计算过程写在黑板上？（指生板书）边说边算。

预设：9.84÷3 先用 9 除以 3 商 3，8 除以 3 商 2 余 2，24 除以 3 商 8，所以商是 3.28。

交流：大家觉得她说得怎么样？她把除的顺序说得很明白了，她是按照怎样的顺序除的呢？谁还有不同的表达？（明确：从最高位开始，一位一位往下除。）

板书（高位）

2. 理解算理

除的顺序我们都明白了，谁能把除的每步的道理讲得更明白一点？

引导：9 在什么位上？（个位上）表示 9 个（一）除以 3 等于 3（一），把 3 商在个位上。谁再来完整地说一说？9 个一除以 3 等于 3 个一，3 商在个位上。

你能照着这样的说法继续往下说吗？

8 个十分之一除以 3 等于 2，2 商在十分位上。余下的 2 个十分之一与 4 个百分之一合起来就是 24 个百分之一，24 个百分之一除以 3 等于 8 个百分之一，8 商在百分位上。（还有想补充的吗？）

交流：商中的 2 为什么写在十分位上？

预设：8 表示的是 8 个（十分之一），8 个十分之一除以 3，每份有 2 个十分之一，所以商 2 写在十分位上。同意吗？谁再来说一说？

8个十分之一除以3，每份有2个十分之一，所以2商在十分位上。

交流：商的小数点应该点在哪里？

预设：在3的后面，因为3写在个位上，2写在十分位上，所以小数点要点在个位和十分位中间。

对，要想表示3在个位、2在十分位上，我们就要在3的右下角点上小数点。

同学们，现在你知道3.28是怎样一步一步计算出来了的吧？请你和你的同伴说一说。

3.总结算法，沟通与整数除法的联系

同学们，9.84÷3你会算了吗？那咱们再来试两道？

试一试：计算：43.26÷6　52.5÷5

交流结果，交流算法，纠错。补充：如果最高位不够除，用被除数的前两位去除，不够商1时商0占位。

同学们，这个过程怎么这么熟悉呢？它与我们前面学过的哪种计算相似？（整数除法）（差不多/一样的。）都是（从最高位除起，除到哪一位，商就写在哪一位上。如果有剩余和下一位合起来继续除，不够商1时商0占位）在计算小数除以整数时，我们可以按照整数除法的计算方法进行计算就可以了。（板书）

观察商的小数点和被除数的小数点，你有什么发现？（商的小数点和被除数的小数点对齐。）

四、巩固练习，深化理解

1.商的小数点在哪里？

2.解决问题

课前，咱们了解了三峡大坝的一些信息，三峡大坝除了能蓄水外，还能发电、泄洪。请同学们读一读下面这段文字，解决下面的两个问题。

三峡大坝在水量高峰期，周发电量可达37.8亿度。2020年7月2日，三峡大坝开启三孔泄洪闸进行泄洪，3个泄洪孔下泄流量为4.35万立方米每秒。

（1）水量高峰期平均每天可发电多少亿度？

37.8÷7=5.4（亿度）

（2）平均每个泄洪孔每秒下泄流量是多少万立方米？

4.35÷3=1.45（万立方米）

三峡大坝每年发电量为1000多亿度，如果换算成电费收入，每年有数百亿元。三峡大坝会根据需要调节大坝的下泄流量，从而更好地应对洪水。今天教师带来的三峡大坝的数学问题咱们都解决了，对三峡大坝感兴趣的同学下课可以收集资料继续了解。

五、梳理知识，回顾总结

师：通过这节课的学习，你有什么收获？

师：回顾今天所学的内容，我们经历了怎样的一个过程呢？（课件同步出示）我们从生活问题中发现了新的数学问题（小数除以整数），利用转化，变成了整数除法，研究出了小数除以整数的计算方法，今天我们学习的是小数除以整数，如果除数也变成小数该如何计算呢？学了这节课相信同学们肯定会用今天所学的知识解决这个问题。

【教学反思】

在小学数学课上，有一些课像种子，我们把这种课叫作"种子课"。还有一种课叫"生长课"，它是生长的。《小数除以整数》这一节课在我看来，它既是一节"种子课"，又是一节"生长课"，那它的种子在哪里？又要发展到哪里呢？《小数除以整数》这一课的根就在整数除法那里，学生已经有了整数除法的基础，那里早就已经埋下了种子。我们需要做的就是让它顺利地生长。等它顺利生长之后便会结出果实，为后面的除数是小数的除法再次埋下种子。所以，这个课题是起着承前启后的作用。

考虑到长度单位的改写，学生生活中并不常用，认为元角分应用可能更普遍一些，生活中接触得更多一些。在教学时就将情境替换成了求数学纠错本的单价，在试讲过程中发现居然只有极少的学生用单位改写的方式来进行计算。后来想到，生活中学生对人民币接触得都很少，对人民币单位的转化意识更是淡薄。

接着就放弃了情境的教学，在教学的过程中发现，没有了情境的教学，好像小数除法的意义就给省略了，学生的学习兴趣也大打折扣，最终还是选择了青岛版教材中的游三峡的情境。通过创设三峡问题的情境串，引导学生一步一步走向深入。

1.寻找知识学习的起点。《小数除以整数》这节课是在学生学习了整数除法，整数部分的数位、计数单位，小数的意义及小数部分的计数单位的基础上进行教学的。在这期间，学生已经通过大量的直观图形对以上知识形成了清晰的表象，这些知识都将成为学生学习新知的知识滋养。

2.打通方法形成的关键点。《小数除以整数》是一节计算课，重点探究算理和算法。探究算理的关键点在于算理的迁移。尝试计算环节，学生虽然能尝试计算出结果，但是对其中的算理理解还不够深入。通过对竖式计算方法及算理的探究，明确小数除以整数可以按照整数的计算方法进行计算。并能将整数除法的计算方法迁移、类推到小数除法当中。

在总结收获梳理环节，通过方法的梳理，让学生感受解决此类数学问题的一般过程，为此类数学问题的解决提供思路。

【课例2】

"两位数除以一位数"

【教学内容】 青岛版《义务教育教科书（五·四学制）数学三年级上册》第42～46页。

【教学目标】

1.理解两位数除以一位数的算理，掌握算法并能正确进行计算。

2.加强几何直观，发展推理能力。

3.感受数学与生活的联系，体会学习数学的价值。

【教学重点】 除的顺序和商的书写位置。

【教学难点】 理解算理。

【教学过程】

一、交流课前小研究

1. 笔算，回忆二年级学习的竖式的写法

$$2\overline{)8} \qquad 6\overline{)12}$$

师：看来同学们对二年级的知识掌握得很扎实。

2. 理解 63÷3 的算理，感悟算法

师：继续交流试一试用自己喜欢的方法算一算 63÷3。

师：你算出结果了吗，先告诉老师你是用什么方法算出来？

预设

① 口算：先算 6 个十除以 3 得 2 个十，再算 3 个一除以 3 得 1 个一，合起来是 21。

② 分小棒：先把 6 捆小棒平均分成 3 份，每份是 2 捆（20 根），再把 3 根小棒平均分成 3 份，每份是 1 根，合起来每份是 21 根。

③ 展示竖式写法，说说先算了什么，又算了什么。质疑商 2 是怎么算出来的，为什么写在十位上，1 又是怎么算出来的，为什么写在个位上。引导学生沟通与分小棒及口算方法的联系，从而理解算理。

④ 板书竖式，学生说算理，教师指挥写竖式。学生对照修改自己的竖式。

3. 用竖式计算 84÷2，55÷5

订正过程中，引导学生说说先算什么再算什么，以及商中的两个 1 表示的意义。

师：同学们，通过刚才的研究我们不仅会写竖式，更重要的是知道了竖式为什么这样写。

二、理解 32÷2 的算理，体会算法

1. 提出问题

师：下面我们再回到风筝厂，看！工人为了能如期交货开始忙碌起来了，二组的工人正在制作老鹰风筝，三组的工人在制作蝴蝶风筝。仔细观察数学信息，你能提出什么数学问题？梳理学生提出的问题。

先解决第一个问题：二组 2 小时做了 32 只老鹰风筝，平均每小时做了多少只风筝？

师：应该怎样列算式？

生列式：32÷2。

教师质疑：为什么用除法？

引导学生分析题意：2小时做了32只老鹰风筝，要求每小时做了多少只，就要把32只风筝平均分成2份，所以要用除法。

2. 尝试计算

师：你能算出32÷2=?先自己试一试，遇到困难可以请小棒来帮忙，完成后和同桌交流交流你是怎么想的，怎么算的，开始吧！

3. 感知算理

师：刚才老师在转的时候发现了这样一个作品，你能看懂吗？谁的作品，请你说说你是怎么算的？

重点思考：商中的1是怎么算出来？十位上余下来的"1"表示什么？余下来的"1"怎么办？十位上余下来的"1"表示1个十，余下来的1个十，再与个位上的2合起来继续参与计算。

师：你是怎么想到把它们合起来的？

4. 课件演示，数形结合

师：要想说清这个地方的道理可能不大容易，那么我们请小棒来帮忙吧！

课件演示分小棒的过程与竖式的结合。

师：把32根小棒平均分成2份，每份分得1个十，现在剩下1个十，这就是我们竖式中余下的一个十，怎么办？

预设：和那两个一合起来是12个一，哦，原来竖式中的12表示12个一。

现在我们一边分小棒，一边写竖式。

课件一边演示分小棒的过程，一边写竖式。32÷2，先用十位上的3除以2，商1，余下的1个十就是第一次分完后剩下的这一捆小棒，怎么办？和这两根合起来变成12个一，竖式中的12表示12个一再分成2份，每份是6个一。（边说边板书）

5. 小结算法

同学们可真了不起，我们一起解决了十位上有余数的题，和刚才一样也是把个位上的数落下来，但要和十位上的余数合起来再继续除，你敢接受更大的挑战吗？

三、计算75÷6，体会余数比除数小

师：你能自己解决第二个问题吗？

1. 让学生板演，说一说计算过程中又遇到的新情况。

2. 同桌交流：为什么会有余数？

3. 结合具体情境，余下的3根竹条没法继续做一个蝴蝶风筝，也就是不够商1。

4. 注意有余数的除法在横式上的写法。

四、抽象概括，总结提升

1. 揭示课题

课件出示63÷3 32÷2 75÷6的竖式计算。

师：本节课学习的三个竖式都是两位数除以一位数

2. 总结算法

引导学生观察三个竖式在计算过程中的相同点和不同点。

相同点：都是先算十位再算个位。

教师总结也就是从高位算起，除到哪一位就把商写到哪一位上。

不同点：指着63÷3说，在计算时，每位数都能整除。32÷2在计算时十位上有余数，把个位上的数拉下来合起来再继续除，75÷6，最后的数有余数

3. 纵向比较

师：我们今天研究的竖式和二年级认识的竖式，有什么不一样？

师：为什么要用两层来表示？

4. 猜一猜以后学的除法会是什么样

五、总结课堂，畅谈收获

除法的世界丰富多彩，这仅仅是其中的一小部分，在以后的生活和学习中，我们将继续探索有关除法的知识

【教学反思】

几次试课发现这部分知识在暑假中大多数同学已经预习过，但只知道竖式的写法和算法，不知道为什么这样写。那么本节课最大的难点在于对除法竖式书写方法的理解和掌握上。虽然学生在此前已学过表内除法的书写格式，但

对于两位数除以一位数要先从高位除起，再进行乘、减运算每步，算理不清晰就会导致本节课知识无法迁移到后面的三位数除以一位数的学习上。

于是本节课设计了三个层次内容的学习。

第一层次，课前探究63÷3，引导学生发现竖式和分小棒过程的内在联系，理解商的书写位置使学生明确算理，其实竖式就是用数字和符号表示出了分东西的过程，体会竖式写法的科学性。

第二层次，学习32÷2时，有了前面学习63÷3时学生大脑中建立的认知以及对算理的理解，让学生先自己尝试计算，所有的同学都选择了列竖式计算，一部分同学能顺利对刚才分小棒的过程进行迁移，正确理解算理，列出的竖式自己也能表达清楚算法，这时不失时机地引导学生讨论质疑1是怎么算出来的，为什么写在十位上以及下面的余数1表示什么，再次引导学生通过分小棒理解余下的1和个位上2合起来表示12个一，重点解决十位上有余数的问题。这一次的数形结合，主要帮助学困生充分理解两位数除以一位数的笔算算理。之前设计这个地方先由学生自己动手分小棒，解决剩下的一捆怎么办，从而解决竖式中十位上有剩余的情况，但一部分学生不用动手操作，也能理解算理。而且发现用竖式不会计算的同学，难点不在于解决第一次分小棒时剩下一捆怎么处理，而是无法结合分小棒的过程写出竖式，还是算理不清。所以，采取了直观的方式对比着分小棒再去写竖式来突破难点。

第三层次，学习有余数的除法，学生能顺利用竖式算出结果，及时追问计算过程中又出现的新情况，结合具体情境，理解余下3根竹条不够再做一只蝴蝶风筝，也就是不够商1，体会余数比除数小。

动手操作与语言表达相结合建立除法竖式表象，帮助理解算理，总结算法。纵向上与二年级的竖式对比，发现三年级的竖式是两层的，因为在分小棒时分了两次，猜测以后学的除法会是什么样的，把本节课的算理、总结的算法顺利迁移到三位数除以一位数的除法中。这样便于学生对新知识的理解与掌握。

如何设计有价值的引导语，引发学生在活动中深入思考，以及在经历探究活动后，如何对学习内容进行逻辑清晰的梳理、总结和提升，都需要教师精心备课。备课不但要备课标、备教材，更要备学生。基于真实的学情分析与把握，为学生着想，我们的教学活动设计才可行、有效。教师不要害怕课堂上出现备课设计里没想到的问题，善于抓住课堂上生成的新问题，闪现的新思路、新想法，作为教学新资源，解决新问题，是教师的必备技能。正如经常说的，要给学生一杯水，教师必须有一桶水，而且这桶水还必须保持鲜活。

【课例3】

"分数除以整数"

【**教学内容**】青岛版《义务教育教科书（五·四学制）数学五年级上册》第 68～69 页。

【**教学目标**】

1. 理解并掌握分数除以整数计算方法，并能正确进行计算。
2. 经过操作、实验、类推、猜想等活动，体验算法的多样化。
3. 发展逻辑思维能力的培养，感悟数形结合、转化等数学思想方法。

【**教学重点**】掌握计算方法。

【**教学难点**】理解算理。

【**教学过程**】

一、谈话导入，组内交流

师：同学们，很高兴有机会和大家一起学习，这节课由教师带领大家一起学习分数除以整数，（板书课题）课前教师已经邀请大家参观了鲁村中心小学，走进了布艺小组，并完成了课前小研究，请同学们都拿出课前小研究，在小组内交流并补充、完善自己的小研究。

布艺活动学问多

——《分数除以整数》课前小研究

班级：　　　姓名：

布艺兴趣小组用 $\frac{9}{10}$ 米布给 3 只小猴做背心，平均每件背心用布多少米？

103

【我的列式】

【我的算法】
开动小脑筋,用自己喜欢的方法研究一下吧!(可以分一分、画一画、算一算……)

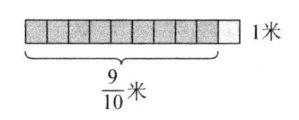

$\frac{9}{10}$米 | 1米

二、全班交流,总结方法

1.方法交流,明确算理

师:哪个小组愿意和大家交流?

预设1:我知道$\frac{9}{10}$=0.9,所以,$\frac{9}{10}$÷3=0.9÷3=0.3(米)。

评:把分数除法转化成小数除法,这样就用旧知识解决了新问题,了不起!(板书:转化)

预设2:生1借助纸条来研究。直观感受分数除以整数时,如果分数的分子能被除数整除时,可以直接去除。即$\frac{9}{10}$÷3=$\frac{9÷3}{10}$=$\frac{3}{10}$(米)。

评:借助纸条,想到用分数单位帮忙,你的方法有特色。

师:你有什么疑问?

生2:$\frac{3}{10}$是怎么来的?分母是怎么来的?

生1:把9个$\frac{1}{10}$米平均分成3份,每份还是$\frac{1}{10}$米,所以分母没变,(师顺势板书分母10),把9平均分成3份,所以分子是9÷3。

预设3:$\frac{9}{10}$米平均分成3段,每段是多少米?也就是求$\frac{9}{10}$米的$\frac{1}{3}$是多少?可以用乘法计算,每段是$\frac{9}{10}$×$\frac{1}{3}$=$\frac{3}{10}$(米)。(师随生的回答板书算式)

评:能巧妙地运用刚刚学习的分数乘法来解决今天的问题,真棒!

2.方法梳理，概括算法

师：同学们想出了多种不同的方法解决问题，不管哪一种方法我们都得出了平均每件背心用布$\frac{3}{10}$米，下面借助多媒体我们一起来回顾一下刚才的几种方法。（课件展示多种方法）

梳理算法的过程中，重点说后两种：(1) $\frac{9}{10} \div 3 = \frac{9 \div 3}{10} = \frac{3}{10}$（米），引导学生说出谁变了谁没变。（分母10没有变，分子9÷3作为商的分子）

(2) $\frac{9}{10} \div 3 = \frac{9}{10} \times \frac{1}{3} = \frac{3}{10}$（米）重点引导学生观察算式的前后变化。

（$\frac{9}{10}$没变，除号变乘号，3变成了$\frac{1}{3}$，也就是3的倒数）

3.尝试练习，巩固方法

师：这么多方法，你喜欢哪一种？用你喜欢的方法计算$\frac{4}{5} \div 2$和$\frac{7}{9} \div 4$，看谁算得又对又快。（师板书算式，借助投影展示算法）

集体订正

师：比较一下刚才做这两道的方法，你想说什么？

师小结：看来在计算分数除以整数的时候，把它转化成乘法来计算最方便。

三、练习巩固，内化方法

你能用今天学到的新本领解决问题吗？

1.大显身手算一算（课件出示）

$\frac{6}{7} \div 2$ $\frac{3}{5} \div 3$ $\frac{8}{9} \div 4$

$\frac{2}{5} \div 3$ $\frac{5}{8} \div 4$ $\frac{1}{3} \div 7$

通过刚才的计算你有什么发现？（引导学生竖着观察）

小结：看来在计算时，我们还得仔细观察题目特点，灵活选择计算方法。

2.天气越来越冷，淘气的小猴想做一顶帽子戴，用$\frac{3}{4}$米布给6只小猴做帽子，每顶帽子用几米布？

3. 比较 $\frac{1}{a} \div 3$ 和 $\frac{1}{3} \div a$ ($a \neq 0$) 的大小。

四、课堂总结，拓展延伸

1. 引导学生回顾本节课的学习过程，梳理总结学习内容、方法，交流收获。

2. 课外延伸：

听说布艺小组的同学给小猴做完背心、裤子和帽子，又要帮他做书信袋，一个小书信袋需要 $\frac{1}{5}$ 米布，2米布可以做多少个小书信袋？

你愿意帮助他吗？感兴趣的同学可以课后研究一下，下节课继续交流。

【教学反思】

分数除以整数是学生学习了分数乘法的基础上教学的，是学习分数除法的第一课时。教材以解决实际问题为载体，引导学生探究计算方法，把基础知识、基本技能的掌握与解决问题的能力融合在一起，促进学生能力综合发展。

通过分析几次磨课存在的问题，对教学设计做了多次修改，最终取得良好的学习效果。一是对课前小研究的设计做了修改，不再是照搬课本问题，而是将情境信息以简洁、通俗、易懂的语言出现，给学生一个开放的学习支架——提示语和一条线段图，打开学生的思路，将学生注意力集中到探究计算方法上，学生自主选择解决，起到抛砖引玉的作用。

二是改进计算方法的梳理总结。不是把学生交流的方法重复一遍，而是改成以箭头直观指示的形式，引导学生观察算式的前后变化，从而让学生真正理解了几种不同方法的算理，学会了算法。

三是方法优化延迟。不是想当然地把教师认为简便的方法教给学生，而是在比较辨析中，深化学生对算法优化的理解。把课本上的"绿点"问题改成让学生选择自己喜欢的方法计算 $\frac{4}{5} \div 2$ 和 $\frac{7}{9} \div 4$，然后通过比较做两道题所用的不同方法，让学生自己体会分数除以整数，把它转化成乘法计算，是一般性的方法，适用于每道题，进而体会一般方法和独特方法各自的价值，学会具体问题具体分析，对分数除以整数的计算方法也体验深刻，掌握扎实。

【课例4】

"混合运算"

【教学内容】 青岛版《义务教育教科书（五·四学制）数学三年级下册》第十单元信息窗1。

【教学目标】

1. 根据学生已有的生活经验，在具体情境中理解单价、数量、总价的意义及其数量关系，逐步构建数学模型，并能解决实际生活中的数学问题。

2. 结合具体情境，会列综合算式解决问题，掌握混合运算的顺序。

3. 感受数学与实际生活的密切联系，了解学习数学的价值，发展学生的思维能力。

【教学重点、难点】

理解单价、数量、总价的意义及数量关系，建立数学模型，理解掌握三步混合运算顺序。

一、购物分享，理解数量关系

1. 梳理分类，认识单价、数量、总价。

师：你们喜欢购物吗？购物带给你什么感受？是呀，购物不仅能让我们感到快乐，还能让我们收获数学知识呢！课前，同学们都用"小纸条"记录了自己的购物经历，下面就请同学们来分享你的购物经历吧。（展示学生课前用"小纸条"自主描述记录的购物经历）

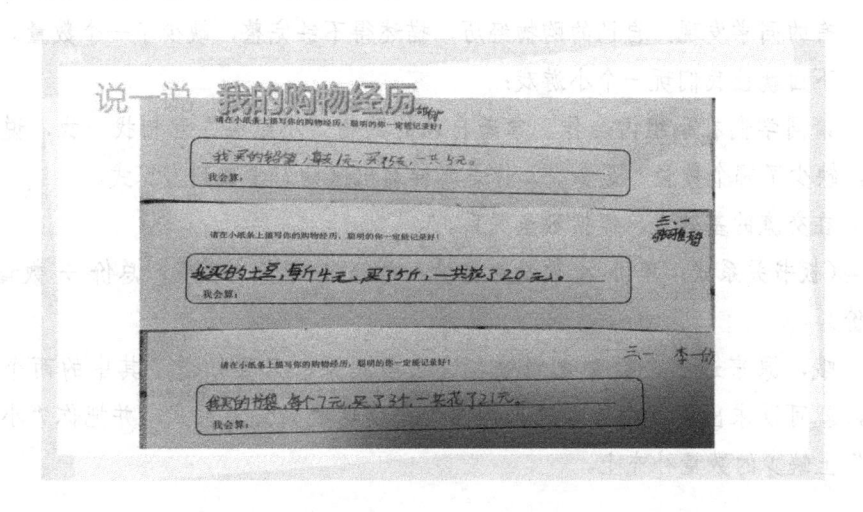

师：同学们买了这么多商品，不同的商品都有自己的价格。像一支铅笔的价格1元，每斤土豆的价格4元，每个书袋的价格7元，一本书的价格15元等，在数学上，我们分别叫作它们单价；购买的个数、本数、瓶数等，我们叫作数量；购买商品的总钱数，叫作总价。（板书：单价、数量、总价）

像第一个例子，用数学语言就可以这样说：我买的铅笔，每支铅笔的单价是1元，买的数量是5支，购买铅笔的总价是5元。

你能仿照这样的数学语言，再来说说你的购物经历吗？

请同学自己说一说，然后说给同桌听。

2. 发现不同，补充完善，理解数量关系。

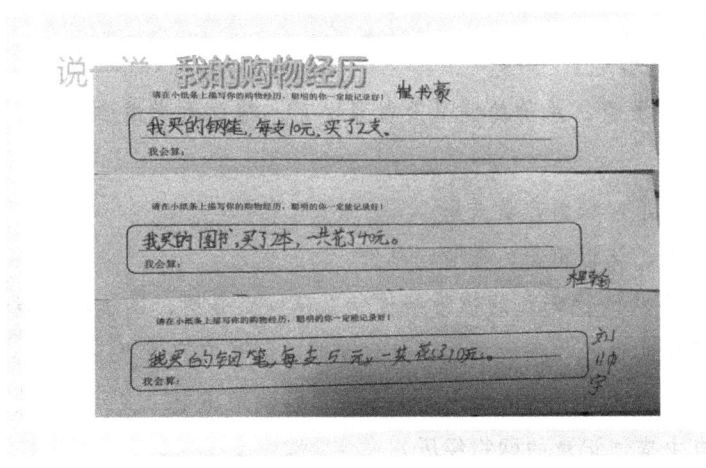

有的同学发现，自己的购物经历，描述得不够完整，缺少了一个数量。

下面就让我们玩一个小游戏：

请同学们在小组内合作，拿着自己的购物"小纸条"互相找一找，说一说，缺少了哪个数量？是多少？你是怎样算出来的？尝试列出算式。

在交流的基础上，概括数量关系。

（板书关系式：单价×数量=总价；总价÷单价=数量；总价÷数量=单价）

哦，原来这三个数量之间存在这么多关系，只要知道了其中的两个数量，就可以求出第三个数量来！请你读一读这些数量关系式，并把你"小纸条"上缺少的数量补充上。

请自己再完整地说一遍"小纸条"记录的购物经历,你有什么发现呢?

二、解决问题,理解运算顺序

运用这些关系能帮我们解决生活中的问题。

师:请看大屏幕,你看懂以下的信息了吗?

(1)任务一:请根据采购清单,说说数学信息,在学习单上完成任务一吧!

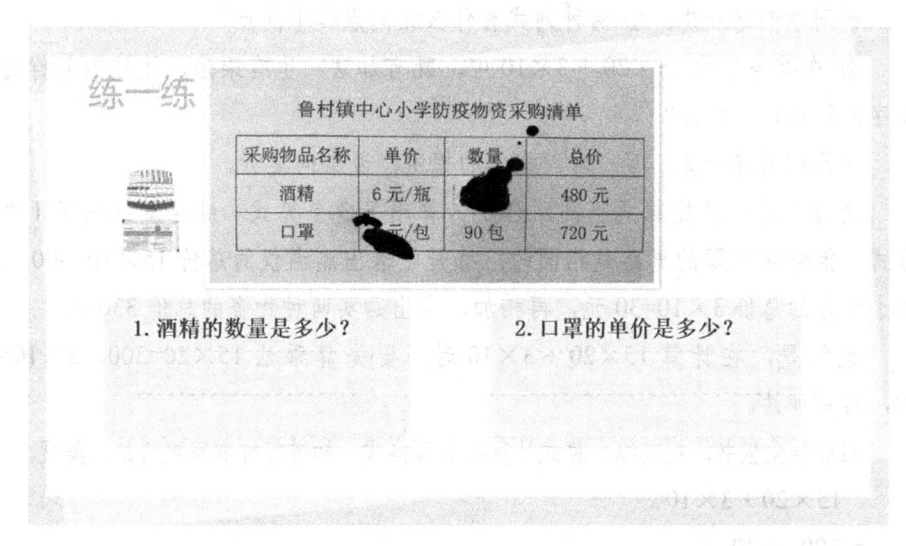

练一练

鲁村镇中心小学防疫物资采购清单

采购物品名称	单价	数量	总价
酒精	6元/瓶		480元
口罩		90包	720元

1. 酒精的数量是多少?   2. 口罩的单价是多少?

生1:480÷6=80(瓶),用的关系式是:总价÷单价=数量。

生2:720÷90=8(元),用的关系式是:总价÷数量=单价。

(2)任务二:我们学校还买了测温仪和小喷壶,你能算算这两样物品一共要花多少元吗?请同学们完成任务二。

边做边思考:先求什么,再求什么。

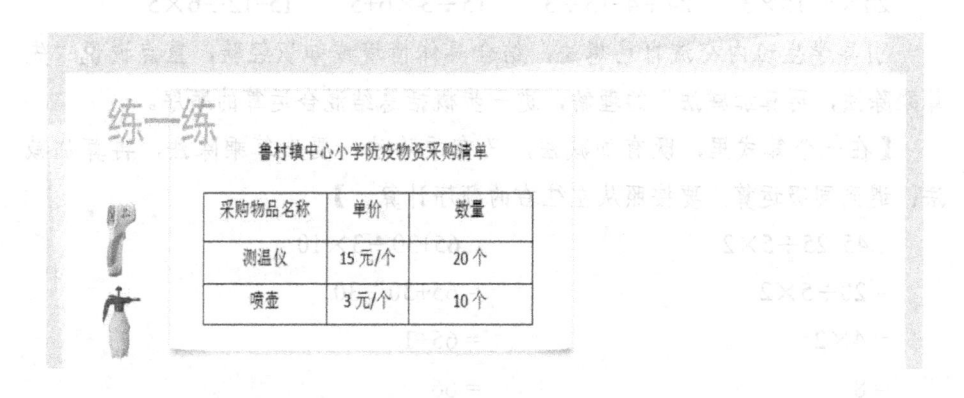

练一练

鲁村镇中心小学防疫物资采购清单

采购物品名称	单价	数量
测温仪	15元/个	20个
喷壶	3元/个	10个

109

(教师巡视，观察哪些学生用了分步算式，哪些学生用了综合算式，并让列综合算式的学生写在黑板上)

将分步算式和综合算式，进行比较。

15×20=300（元）　　3×10=30（元）　　300+30=330（元）

15×20＋3×10=330（元）

请同学们想一想：① 两种列式有什么相同点和不同点？

② 在综合算式 15×20＋3×10 中，既有加法，也有乘法，该按照怎样的顺序计算呢？为什么？

自己试着算一算，写一写，把你的想法，说给同桌听。

交流总结：虽然算式不同，分步计算用了 3 个算式，综合算式用了 1 个算式，但解决问题的思路是相同的。都是先求出测温仪的总价 15×20=300 元和小喷壶的总价 3×10=30 元，再相加，求出购买两种物资的总价 330 元。

也就是，在计算 15×20＋3×10 时，要先算乘法 15×20=300，3×10=30，再算加法。

对照学生板书，规范综合算式计算的书写格式，知道怎样书写更清楚、美观。

　　15×20＋3×10

= 300 ＋ 30

= 330

(3) 任务三：能力大挑战！

请你任意选择一道算式，说出运算顺序，试着算一算，并说说这样算的理由。（小提示：可画图，可列举实际问题的例子……）

24×4+15×3　　24÷4-15÷3　　15÷3×6+5　　15-12÷6×5

引导学生班内交流自己想法，结合具体情境或知识经验，重点说说"先算乘除法，再算加减法"的理解，进一步概括总结混合运算的顺序。

【在一个算式里，既有加减法，又有乘除法，要先算乘除法，再算加减法；遇到同级运算，要按照从左往右的顺序计算。】

　　45-25÷5×2　　　　　　　　65+30÷3×10

= 20÷5×2　　　　　　　　　= 65+30÷30

= 4×2　　　　　　　　　　　= 65+1

= 8　　　　　　　　　　　　= 66

三、变式练习，深化理解

1. 小马虎同学也做了两道题，你能帮他检查一下吗？（指出错在哪里，并改正）

2. 现在人们对口罩的需求比较大，1包口罩是8元，买2包需要多少钱？买3包、4包、5包、6包呢？赶紧完成任务四吧！

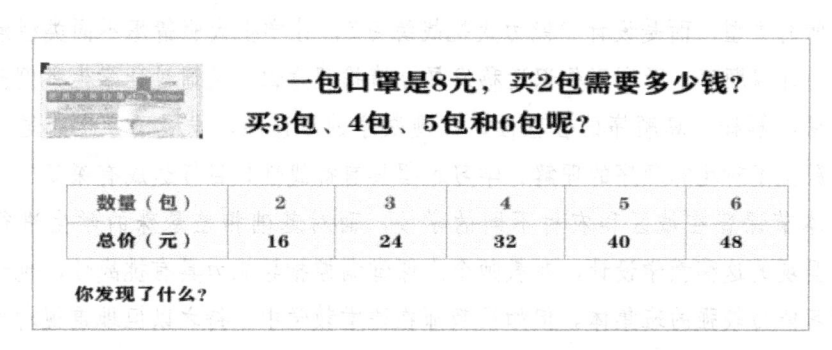

一包口罩是8元，买2包需要多少钱？
买3包、4包、5包和6包呢？

数量（包）	2	3	4	5	6
总价（元）	16	24	32	40	48

你发现了什么？

（学生计算出数量对应的总价，观察发现：随着数量的增加，总价也在增加。）

教师引导：也就是说数量在改变，总价也在改变，那什么是不变的呢？

四、回顾梳理，课外拓展

时间过得真快，通过这节课的学习你有什么收获呢？

这节课我们分享了购物经历，学会用数学的眼光观察生活，知道了单价、数量、总价这三个量之间的数量关系，知道了混合运算的顺序和这样计算的道理，能够利用数量关系解决生活中的问题。

为了表达对医护人员的感谢，三（2）班的同学们用自己的零花钱凑了200元，购买了一些食品送给医护人员，买了1箱牛奶和20包饼干，牛奶每箱58元，饼干每包6元。你能算算还剩多少钱吗？请你自己试一试，下节课我们继续探究。

【教学反思】

一、充分利用学生生活经验理解概念的意义及数量关系，建立数学模型。利用学具"小纸条"，选取真实生活情境中的数学问题，让学生感受到数学来源于生活；尊重学生的实际水平，用自己的方式记录购物经历，体现活动的开放性、表达的多样性，也有助于教师发现学生的思维水平、表达水平，为教学提供了学情前测；学习概念后，让学生用数学的语言再次描述自己的购物经历，学会用数学的语言表达，同时强化了对"单价×数量＝总价"这个基本模型的理解和体验。

二、充分运用学生的知识经验，促进方法迁移和思维能力发展。在通过具体问题解决，初步理解混合运算顺序后，没有"以偏概全"，把运算顺序推广到所有类型，而是设计"能力大挑战练习"，让学生大胆猜想不同类型混合运算的计算顺序，既利用知识迁移发展合情推理意识，又通过让学生举例验证的方法，解释运算顺序的合理性，体现数学的严谨性，发展了学生的思维能力，深化了对运算顺序的理解。学习过程具有挑战性！目标达成有深度！

本节课曾在城区和农村不同的学校，面对基础相差悬殊的学生进行教学。呈现的这稿教学设计，对教师个人课堂调控指导能力具有挑战性，也适用于学习能力较强的班集体。但如果教师在课堂教学中，持之以恒地重视对学生的思维训练，不是让学生简单地机械记忆、被动式学习，定能将基于核心素养的教学目标落到实处。

2.2 回归本质，追寻小学数学概念教学的原点

——概念教学模式解读

数学概念是现实世界空间形式或数量关系的本质属性在人脑中的反映。每个概念都有一定的外延和内涵。概念的内涵，是概念所反映的对象本质属性的总和，是概念"质的方面"的特征，它回答概念是什么的问题。概念的外延，是指适合这个概念范畴的一切对象。概念是学习的基础，也是判断、推理的依据，不管是哪一类概念，对它的理解和掌握，都直接关系到学生数学学习的成效。在小学数学现行教材体系中，数学基本概念主要分布在数与代数、图形与几何、统计与概率领域，其中数与代数领域的概念最多。比如，数的概念有整数（10以内，20以内，……大数的认识）、小数、分数、百分数、负数、因数和倍数（数的整除）、比和比例等。运算的概念有加、减、乘、除、四则运算的意义及相关概念、倍、式与方程等。量与计量的概念有长度、面积、体积、质量、时间单位及其测量等概念。图形与几何的概念有基本的平面图形、立体图形等；统计与概率领域的概念有平均数、可能性、统计图表等。

有效的概念教学，应该是选取适切的学习素材，设计有序、有效的数学教学活动，选择恰当的教学策略，将概念的逻辑联系与学生认知水平有机结合起来，帮助学生正确理解概念内涵，掌握概念外延。在经历数学概念学习的过程中，激发学习兴趣，发展数学能力。

一、概念教学存在的问题

调研发现，数学概念教学是教师教学的薄弱环节。问题主要表现在：一是教师教学方法单一，重讲解、轻理解，重记忆、轻感悟；二是情境创设不能

贴近学生实际，素材不够丰富，学习过程乏味，学生学习参与性差；三是教师自身对概念理解不够深刻，概念总结抽象不到位；四是教师练习设计能力不强，概念的形成巩固重题海战术，习题价值不强。这些问题的存在，导致学生对概念理解不到位，运用数学概念的能力较差，学生思维水平没有得到应有的发展。

基于现实问题和教学需求，我们开展了概念教学专项课堂教学研讨。把呈现在小学各年级教材中的小学数学基本概念，进行梳理、分类，通过实践研究，构建了小学数学概念教学的基本模式。在课堂实践中，研磨典型课例，优化教学结构模式，优化教学手段和教学策略，探索概念教学的基本规律。开展学科研讨会，组织课堂观摩、教师说课、教后反思、专题培训活动，以模式运用提高概念教学课堂效益；开展多轮次县、镇、校的立标、学标、达标活动，推动教师广泛开展学习实践，提高对概念教学的研究热情，提高教学质量。

二、概念教学基本模式

为促进学生掌握正确、清晰、完整的数学概念，我们遵循学生认知心理规律，建立课堂教学"五环节"基本结构模式：创设情境，感知概念→探索研究，理解概念→升华体验，总结概念→拓展运用，巩固概念→梳理反思，建构概念。

"五环节"课堂基本结构模式，试图以有序的活动，帮助学生经历概念的形成过程，深化对概念的理解，形成概念系统的建构，发展学生数学思维能力。以深度参与、螺旋递进式的逻辑思维过程，逐步完成概念的自我建构。

教学中，可以通过学生熟悉的事物、情境，已有的旧概念基础，计算等方式引入新概念。在概念引入的基础上，要以足量、多元、现实的感性材料为依据，引导学生通过观察、比较、分析、综合、抽象、概括、推理等逻辑思维活动，把握住事物的本质和规律，从而形成概念。同时，要知道，任何一个概念的形成，不是概念教学的结束和终点，而是概念理解运用的新起点。概念学习具有阶段性，教师要用发展的眼光认识概念，也要让学生认识到概念的发展性。完成对新概念的认识后，要及时通过回顾梳理、比较辨析等方式，把新的数学概念与已有概念、知识经验建立联系，纳入已有的概念体系，帮助学生学会建构知识网络。

教学中要处理好基本模式与优化设计的关系。概念教学"五环节"教学结构，不是固定不变的。要根据不同领域中数学概念自身特点，优化教学环节，使教学设计更加有利于学生对概念的学习理解。要依托有效的数学活动，发挥学生自主性，在实际操作活动中，结合亲身体验，深入思考，完成对数学概念的理解。要注重启发、引导、追问、质疑，给学生充分的时间与空间，在操作、探究、发现、交流中发展思维能力。

三、概念教学基本策略

概念教学的核心是把握概念的本质，可以采取以下方式帮助学生理解概念。

1. 遵循从具体到抽象的认知过程。要根据小学生以形象思维为主的学习特点，选取丰富多元的学习素材，让学生在感知、体验、探索活动中，丰富感性认识，积累活动经验，初步建立正确的概念表象，为抽象理解概念奠定基础。

2. 避虚求实透彻理解概念的本质。掌握概念的过程中，有时存在假理解的现象。学生对概念的认识浮于表面，理解存在偏差，若更换问题情境，便不能正确理解运用概念。教师要注意通过反馈，及时发现问题，改进教学，强化概念形成过程的教学，把学生的思维引向深处，使学生全面透彻地理解概念的本质。

3. 运用变式教学引导理解概念本质。对学生常常容易混淆的基本概念，要加强比较和辨析，教师要有比较的意识，在概念形成过程中，通过适时、及时的一次次比较辨析，找出相同点与不同点，使学生既看到被比较概念间的内在联系，又认识到它们的本质区别，深化学生对概念意义的理解。设计多样的变式练习，促进学生经历深度思考，真正掌握概念的本质属性。

4. 帮助学生总结归纳概念。指导学生由感性到理性，由具体到抽象，经过自己的思考、内化、语言的再加工，学会用简洁准确的数学语言表达概念，经历抽象、归纳、概括的过程，逐步发展抽象思维能力。这样获得的概念，理解才会深刻，记忆才会牢固，运用才会灵活。

四、备课建议

1. 吃透教材。学习研究教材无止境，看不懂教材时，要多问问教材为什么这样编。要先去研究教材的编写意图，尽最大可能用好教材，用好是基础。再以审视的眼光和辩证的思想，结合教情和学情，对教材去改编、去取舍、去融合、去创造性使用。

2. 找准疑难点。教师不要在学生学习疑难处"躲猫猫"，要找准影响学生概念形成真实的难点，寻求策略突破，着力解决概念认知理解的难点、堵点、障碍点，帮助正确理解概念的内涵与外延。

3. 重视逻辑。数学本身自带逻辑属性，概念教学更要凸显这一属性。要在有逻辑、层层推进的活动中，帮助学生逐步理解概念的内涵和外延。教师语言要有逻辑，有逻辑的追问，才能逼迫孩子积极思考；问题要有逻辑，有逻辑的问题串，才能使思考有理、有序、深刻，学生的思维才能紧跟教师的问题，并且跟得上；概念表达也要有逻辑，要引导学生学会梳理、总结、提升，让学生思维得到训练；要让学习有挑战性，适度的挑战，才能激发学生求知欲和学习的积极性、主动性，体现每节数学课的价值。

4. 把握练习特点。概念教学的练习巩固不同于其他课型，概念的掌握不能依靠题海战术完成。概念的感知、理解、总结、梳理的过程，也是概念巩固运用的过程。

5. 必须建构概念。概念教学要弄清上位概念和下位概念。不但要知道"一棵树"，更要知道"一片林"；有时先识"树"，再知"林"，有时是先见"一片林"，再研"一棵树"。

6. 重视教具的选和用。要重视和研究教具的选和用，结合学生年段特点和教学内容，从激发兴趣、培养习惯、发展能力等方面，选择发挥辅助教学最大效益的教具和学具。

【课例1】

"毫米和分米的认识"

【教学内容】 青岛版《义务教育教科书（五·四学制）数学二年级下册》第二单元信息窗1。

【教学目标】

1. 在具体情境及实际测量活动中，认识长度单位"毫米"和"分米"，初步建立毫米和分米的长度观念，知道"1厘米=10毫米，1分米=10厘米，1米=10分米"。

2. 发展学生动手操作能力，形成初步的量感和空间观念。

3. 学会思考，体验学习的乐趣。

【教学重点】 认识长度单位"毫米"和"分米"。

【教学难点】 建立毫米和分米的长度观念，形成初步的量感和空间观念。

【教具、学具准备】 多媒体课件、米尺、金箍棒（1分米）、直尺、电话卡或银行卡。

【教学过程】

一、创设情境，故事导入

1. 师：想不想看一个有趣的小动画？请看！（播放动画：甜甜的梦）

2. 师提问：小动画看完了，你能从里面找到哪些数学信息？

你能提出什么问题？

结合学生问题，导入新课。今天我们就一起来认识一下毫米、分米这两个表示长度的单位。（板书：毫米和分米的认识）

3. 复习旧知

师：谁能说说我们之前已经学过哪些长度单位？

用字母怎样表示？

你能用手比画一下它们分别有多长吗？

师：今天我们要学习的毫米、分米，和之前学习的米、厘米是一样的，都是长度单位。

二、合作学习，探究新知

（一）认识毫米

1. 在直尺上寻找1毫米

请同学们拿出手中的直尺,先找到1厘米,仔细观察。1厘米又被分成许多的小格,直尺上一小格的长度就是1毫米。

师:你们觉得1毫米的长度怎么样?

生:很短。

师:为了让大家观察得更清楚,老师把直尺放大在屏幕上,看,从刻度0到刻度1是1厘米,从刻度1到刻度2也是1厘米,在这些1厘米中间又有许多的小格,这1小格的长度就是1毫米。

师:那么这1小格的长度呢?(1毫米)这1小格的长度呢?(1毫米)我们可以说直尺上每1小格的长度都是1毫米,谁还能从这把直尺上找到其他的1毫米?谁愿意上来指一指,边指边说给大家听。

师:现在请大家在自己的直尺上找找1毫米的长度,边指边说给同桌听。

师小结:直尺上1小格的长度就是1毫米,毫米可以用字母mm来表示,它的长度比1厘米更小、更短。

2. 比一比

拿出准备好的身份证、乘车卡等卡片,先猜一猜卡片的厚度,再量一量卡片的厚度,然后借助这张卡片用手势比画出1毫米,闭上眼睛感受1毫米的长度,睁开眼睛用手势比画出1毫米,再用卡片验证一下,加深对1毫米的感知。

3. 找一找

寻找生活中长度或厚度大约是1毫米的物体。

4. 画一画,比一比

探究毫米和厘米有怎样的关系,画一画,说说你是怎么画的。(学生在投影仪上演示画的过程)

① 在练习纸上画1毫米长的线段。

② 在练习纸上画一条5毫米的线段。(让学生感知5毫米刻度线要稍微长一点,积累用尺子、看尺子的小技巧)

③ 在练习纸上画一条10毫米的线段。

师:你有什么发现?

生1：1厘米=10毫米。

生2：10毫米就是1厘米。

师：我们一起在大屏幕上观察一下，数一数。

发现1厘米=10毫米，10毫米=1厘米。（板书）

5. 练习

师：你能说出回形针的长度是多少吗？

生1：25毫米。（板书）

生2：还可以用2厘米5毫米表示。（板书）

师：你能说出铁钉有多长吗？

生1：55毫米。

生2：5厘米5毫米。

师：当我们测量比较短的物体或者要求量的比较精确时就可以用毫米做单位。

6. 小结：这就是我们认识的新朋友毫米，用字母mm表示

回想一下，我们学习毫米时经历了怎样的过程？首先，我们在直尺上找到了1毫米，借助卡片比画了比画，感受了1毫米有多长。（点课件）其次，我们又找了找生活中长度或厚度大约是1毫米的物体，通过量一量、数一数，又发现了1厘米=10毫米，像这样比一比，找一找，量一量是我们学习长度单位的常用方法。

（二）认识分米

1. 小组合作，探究分米

师：下面，请同学们拿出这根红色小金箍棒，教师告诉你们它的长度是1分米，借助这根小金箍棒，我们一起来认识一下1分米有多长。

师：谁来跟大家说一说你打算怎么认识1分米啊，想运用什么方法呢？

生：比一比，找一找，量一量。

师：比一比，用手势比画出1分米小棒的长度。

找一找，生活中长度大约是1分米的物体。

量一量，用直尺量一量1分米长的小棒，看看你有什么发现？

根据学习毫米的过程，小组合作学习1分米到底有多长。

119

根据探究单任务进行小组合作学习。

2. 组间展示交流

学生交流，展示比一比，找一找，量一量的过程。

师：我们一起在大屏幕上看一看，从刻度0到刻度10是10厘米也就是1分米，你能不能从这把直尺上找到其他的1分米呢？

学生在直尺上，再找一找，观察。

教师总结：10厘米就是1分米，1分米就等于10厘米。

师：这就是我们认识的新朋友，长度单位分米，分米还可以用字母dm表示。

（三）建立长度单位之间的关系

师：长度单位大家庭里我们学习了米、厘米、毫米、分米4个家庭宝宝，你能按照从大到小的顺序给它们排排队吗？

师：他边说我们边用手势比画好吗？

（生依次用手势比画出米，分米，厘米，毫米）

师：我们还知道了1分米=10厘米，1厘米=10毫米，那么你能大胆猜想一下米和分米之间又有怎样的关系吗？

生：1米=10分米。

师：是不是呢？我们一起来看一看，教师这里有1米长的直尺，这里还有1分米长的小金箍棒。（贴在黑板上）

先估一估1米里面有多少个1分米？

验证：数一数

你有什么发现？

生：1米=10分米。

10分米=1米。

师：现在，教师可不可以把猜想换成我们的结论了？

（板书：1米=10分米）

三、课堂总结，反思提升

师：我们一起来梳理一下这些长度单位，从大到小依次是米、分米、厘米、毫米。（生齐说）

它们的关系是（引导生说出）1米=10分米，1分米=10厘米，1厘米=10毫米。

从小到大依次是毫米、厘米、分米、米。（生齐说）

它们的关系是10毫米=1厘米，10厘米=1分米，10分米=1米。（教师和学生边说边一起用手势比画）

师：这些长度单位有大有小，当测量比较长的物体的时候可以用米、分米做单位，当测量比较短的物体的时候，可以用厘米、毫米做单位，这样测量结果比较精确。

实际生活中，我们要根据物体的实际长度选择合适的长度单位。

四、巩固练习，实际应用

想一想，填一填，自主练习第2、3、4、5题。

五、回顾反思，拓展提升

师：说一说这节课你有什么收获？

生同桌交流。

教师总结。

师：其实，金箍棒是可以变化长短的，可以变得很短很短，也可以变得很长很长。当变得很长很长的时候，该用什么长度单位来表示呢？同学们可以课下思考、研究一下。我们下节课再见！

【教学反思】

本节课，力求遵循学生的认知规律，从学生已有知识经验出发，结合生活实际，在具体的情境中、活动中学习数学。帮助学生建立正确的长度观念，初步建立量感，发展空间观念。

一、充分参与数学活动。一是利用实物直尺，直观感知1个单位长度有多长。直尺是度量长度的工具，通过看直尺上的1毫米和1分米，能让学生准确地感知它们的实际长度。在看直尺上的1毫米时，告诉学生"直尺上每小格的长度是1毫米"，初步感知1毫米是很短的。看直尺上1分米时，让学生互相指出1分米有多长，知道1分米的实际长度。二是多感官参与学习，帮助建立表象。用手势比画1毫米和1分米，经历比画—验证—修正比画—再验证的过程，眼、手、脑并用，多感官参与学习，深刻建立1毫米和

1分米的表象。同时，学生能用手势正确比画1毫米、1分米，就好像随身带了一把尺，方便随时进行估测验证，积累估测经验，发展量感，估测能力会逐步提高。

二、充分关注已有的认知经验。毫米是学生现在认识到的最小的一个长度单位，学生建立正确表象有一定难度。但学生文具盒中常带直尺，对毫米的认识并不是一张白纸，多数学生有一些感性认识。数学教学的价值在于，如何使学生原有模糊的感性经验，上升为清晰、准确的认识。教学中，以原有认知为起点，设计了看看、画画、比比、量量等活动，帮助学生进一步建立1毫米正确的表象；通过联系生活实际，利用身边熟悉的长度或厚度约1毫米的物体，多次观察、测量、触摸，在具体体验活动中充分感知1毫米的实际长度，使抽象的长度单位变为看得见、摸得着的，有利于发展学生的空间观念；通过与已学过的长度单位1米、1厘米进行比较，知道1分米的长度介于1米和1厘米之间，比1米短，比1厘米长，1毫米的长度比1厘米短得多，经过把认识的长度单位从小到大、从大到小排一排，想想相邻单位间的进率等，引导学生思考建立概念之间的联系，从而形成新的认知结构。

三、教给学生学习方法

"授人以鱼不如授人以渔"，数学学习不仅是知识的传授，更重要的是数学学习方法的指导，所以我们要在每节数学课上都要思考"通过这样的学习我要教给学生什么样的学习方法"？久而久之，学生会主动学习，并且会学习。课中，认识完毫米后，教师及时地引导学生回顾了学习毫米的过程，并梳理出了学习方法。把"毫米的认识"探究学习经验迁移到"分米的认识"中，在"分米的认识"环节，大胆放手让学生自主探究，让学生有步骤有策略地解决问题，真正培养了学生的自主探究能力，也对学生学习策略和方法进行了潜移默化的培养。学生的学习过程是积极主动参与的、大胆的、自信的。

四、尊重学生主体地位

课堂上充分尊重学生，始终以学生为主体，如在小组汇报环节，大胆放手，请上来，走下去，教师只起引导和组织的作用。

请小组长走上台当小教师，教师走下去做学生，把课堂交给学生，学生是学习的小主人，让台上小教师与台下学生充分互动交流、质疑，让学习真实地发生。学生始终在宽松的、愉快的气氛中学习,始终具有浓厚的兴趣、自信饱满的情绪,学习效果好。

【课例2】

"认识图形"

【教学内容】青岛版《义务教育教科书(五·四学制)数学一年级下册》第三单元。

【教学目标】

1. 通过操作活动,初步认识长方形、正方形、圆、三角形和平行四边形,知道这些常见的图形名称,并能正确识别这些图形。

2. 在学习活动中,体会"面"来自"体",建立初步的空间感,发展形象思维。

3. 在观察、操作活动中,能主动与同伴合作交流,发展合作意识。

【教学重点】初步认识长方形、正方形、三角形、平行四边形和圆等平面图形。

【教学难点】平行四边形的认识。

【教学准备】教具,抽象图形卡片;学具,抽象图形卡片、小组用学具盒(积木)、钉子板。

【教学过程】

一、引入概念,导入新课

(一)体会"面"来自"体"

师:同学们,今天呢,老师带领同学们走进图形的世界,课前老师让大家准备了什么形状的物体?

生:长方体、正方体、圆柱、球。

师:嗯,这些都是我们之前学过的立体图形。(板书:立体图形)

师:先拿出长方体我们一起来看一看,摸一摸,我们摸到的这个平平的是长方体的一个?

生:面。

师:你还能找到其他的几个面吗?

师生:上面一个面,下面一个面,前面一个面,后面一个面,左面一个

123

面，右面一个面，看来长方体是由很多面围成的。

师：我们再来观察一下，你手中长方体的这6个面都是什么形状的？

生：长方形。

师：老师从长方体上找到一个面把它描下来，（教师描图形）是一个什么图形？

生：长方形。

师：我们再来摸一摸圆柱，圆柱的上下两个平平的面，都是什么形状的？

生：圆形的。

师：老师把这个圆形描下来。

师：正方体呢？它的面都是什么形状的呢？

生：正方体的6个面都是正方形的。

师：老师把其中一个面描下来。

师：这两块是老师从七巧板上找到的，它的这两个面是什么形状的？

生：三角形。

师：我们把这个面描下来。

师：（拿平行四边形积木）它的上下两个面是什么形状的？

生：平行四边形。

师：老师把这个面也描下来。

（二）引入概念，导入新课

师：刚刚我们从这些立体图形的面上找到的、描出的图形有长方形、正方形、圆形、平行四边形、三角形，这些都是平面图形，这节课我们就一起来认识平面图形。（板书课题）

二、操作交流，揭示概念

（一）小组合作，图形分类

师：老师给每个小组准备了一个信封，里面有各种形状的卡片，你们能快速地把它们分一分吗？

（小组进行分类活动，教师巡视，收集学生分类的素材）。

（二）展示交流，揭示概念

师：哪个小组愿意和大家交流？

生：我们组分了五类，长方形分了一类，正方形分了一类，圆形分了一类，平行四边形分了一类，三角形分了一类。

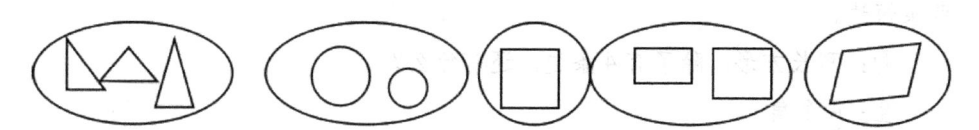

（1）长方形

师：（圈）这些都是？

生：长方形。（师板书：长方形）

师：这些长方形都一样吗？

生：不一样。

师：哪里不一样？

生：有的长，有的短，有的大，有的小。

师：这些长方形有长的有短的，有大的有小的，那它们为什么都是长方形呢？它们有什么相同的地方吗？

生：4条边。

师：你能上来指一指吗？

生上台指4条边。

师：大家同意吗？

生：同意。

师：从你们的材料当中找到一个长方形，摸一摸长方形的边有什么感觉？

生：平平的、直直的。

师：这些平平的直直的线就是它的边（板书：边）。伸出小手，我们一起来指一指，数一数。

（师生一起指，一起数，教师有意引导学生有规律地数。）

师：上面一条边，下面一条边，左边一条边，右边一条边，一共有4条边，其他的长方形也都是4条边吗？我们再一起来指一指，数一数，一条边，两条边，三条边，四条边。再数一数这个，一条边，两条边，三条边，四条边，原来长方形都有4条边，大家再观察一下这4条边，你还有什么发现吗？

125

生：上下两条边一样，左右两条边一样。

师：我们一起来观察一下，是不是这样？也就是说长方形有两条长边，两条短边。

师：那长方形，除了有4条边，还有什么？

生：4个角

师：谁能上来指一指？

生上台指。

师：原来长方形上真的是有角啊，（板书：角）其实，角在这里呢，在这一条长边和这一条短边之间有一个角，伸出小手和老师一起指一指，还有其他的角吗？我们一起来指一指，数一数。还有吗？原来长方形真的有4个角。

师：仔细观察长方形的4个角，你还有什么发现吗？

生：4个角一样。

师：我们拿一个卡片量一量，不但一样大，而且还都方方正正的。原来，有4条边，两条长边，两条短边，有4个方方正正的角的图形就叫作长方形。

师：大家看看黑板的面是什么形状的？

生：长方形的。

师：为什么是长方形的？

生：4条边，4个角。

师：有4条边，4个角就是长方形吗？

生：有两条长边，有两条短边，4个角方方正正的，所以黑板的面是长方形的。

（2）正方形

师：大家看一看这一组是什么图形？

生：正方形。（师圈板书：正方形）

师：那正方形都有什么相同的地方呢？

生：都有4条边，4个角。

师：我们一起来数一数。

师生一起数。

师：长方形也是4条边，仔细观察这4条边，你还有什么发现？

生：一样长。

师：那角呢？我们一起来指一指，数一数。正方形的角有什么特点？

生：方方正正的。

师：哦，原来有4条边，4条边都一样长，4个方方正正的角的图形就是正方形。

（3）辨析长方形和正方形

师：我们来观察一下，长方形和正方形都有4条边，4个方方正正的角，你怎么知道它是长方形还是正方形呢？

生：长方形上下两条边一样长，左右两条边一样长，正方形四条边都一样长。

（4）平行四边形

师：这一组图形是什么图形？

生：平行四边形。

师：平行四边形都有什么共同的地方呢？

生：4条边，4个角。

师：我们一起来指一指，数一数。

观察一下平行四边形，你还有什么发现？

生：有两条边斜斜的。

师：来指一指，哪里斜斜的？

生指。

师：我们看长方形和正方形的边都是怎么样的？

生：平平的直直的。

师：平行四边形的角呢？你有什么发现？和长方形、正方形的角一样方方正正的吗？

生：平行四边形的角和长方形、正方形的角不一样，不是方方正正的。

（5）辨别长方形、正方形、平行四边形

师：我们一起来看，长方形、正方形、平行四边形都有4条边、4个角，你怎么知道它是长方形还是正方形，还是平行四边形呢？

生：长方形的边有两条长边，两条短边。

师：正方形呢？

生：正方形4条边都一样长。

师：平行四边形呢？

生：平行四边形有两条边斜斜的，它的角也不和长方形、正方形一样那么方方正正的。

师：这里有一个图形，它是什么形状的？（师将长方形纸斜贴在黑板上）

生：长方形。

生：平行四边形。

师：我们一起来看它的边，有两条长边，两条短边。4个方方正正的角。所以它是？

生：长方形。

（6）三角形

师：这一组是什么图形？

生：三角形。

师：三角形有什么相同的地方？

生：三条边，三个角。（板书）

（7）圆形

师：这一组是什么形状？

生：圆形。

师：圆形的边是什么样的？

生：圆圆的。

师：它有角吗？

生：没有。

师：这样圆圆的图形就是圆形。

三、练习巩固、应用概念

1.用钉子板围图形

师：现在你认识这些图形了吗？那你能在钉子板上分别围出这些图形吗？

（学生利用钉子板围图形，教师巡视。）

师：哪个同学围出圆形了？

生：没有。

师：为什么围不成？

生：因为圆的边是圆圆的，钉子板上围不出圆圆的边。

师：说得对，大家认为哪个图形最好围？

生：三角形。

师：哪个图形最难围？

生：平行四边形。

2.联系生活，深入感知

师：研究了这么久，那在我们的生活中，处处都有我们今天所学的图形，下面咱们同桌两人为一组，在我们这个舞台上或者到舞台下面逛一逛，找一找哪些物体表面是这些形状的。

生：我发现黑板的面是长方形的。

生：我发现应急灯的面是圆形的。

生：我发现桌子的面是长方形的。

……

四、全课总结，回顾反思

师：同学们，这节课我们一直在图形的世界里学习。我们先从立体图形上找到了这些平面图形，进而来认识这些平面图形。看到同学们既善于观察又善于思考，老师真为你们高兴。原来数学就在我们的身边。

【教学反思】

1.从立体到平面，感受"面"在"体"上。认识图形是在初步认识立体图形的基础上进行教学的。现实生活中，学生直接看到、摸到的是实物，随时随地都能接触到物体的面。在教学中，教师设计看、摸、找、画等活动，让学生从长方体、正方体、圆柱体等物体上"画"出面，感受"面"来源于"体"，面能围成体，直观理解"面"与"体"的关系，符合儿童认知规律。

2.加强动手操作，形成几何直观，积累活动经验。借助学具操作，对图形进行分类整理，感受图形特点，发展形象思维，提升空间观念。探究图形特征时，引导学生从边和角两个维度来进行观察，通过摸一摸、比一比、量一量，明确边和角的概念，进而观察长方形边和角的特点，初步掌握研究图形特征的方法。练习中，在钉子板上围图形，既巩固加深对平面图形基本特征的认识，又进一步体会圆形（曲线图形）与其他图形（直线图形）的不同，有利于积累活动经验。整节课，活动化的教学设计，充分遵循了儿童学习规律及图形与几何领域教学特点。

【课例3】

"小数的初步认识"

【教学内容】 青岛版《义务教育教科书（五·四学制）数学三年级下册》小数的初步认识信息窗1。

【教学目标】

1. 结合具体情境初步认识小数的含义，能正确地读、写小数。

2. 通过自主学习、合作交流，经历探究小数意义的过程，感悟数形结合的思想。

3. 发展学生的数感，体会数学与生活的联系。

【教学重点、难点】

知道一位小数、两位小数的意义。

【教学准备】 学习单、彩笔、中性笔、粉笔磁性答题卡

课前互动："我对自己很满意。"同学们好，很高兴跟大家一起进行今天的学习。课前，先让我们互相了解一下"你叫什么名字？你对自己的哪一方面很满意？"教师对自己的身高很满意，你知道教师的身高有几米吗？（比1米多得多，比两米少一些）学完今天的内容，你就能用一个数，准确地描述教师的身高了。

一、复习旧知，引入小数

师：你能用分数表示出涂色的部分吗？

用分数表示涂色部分

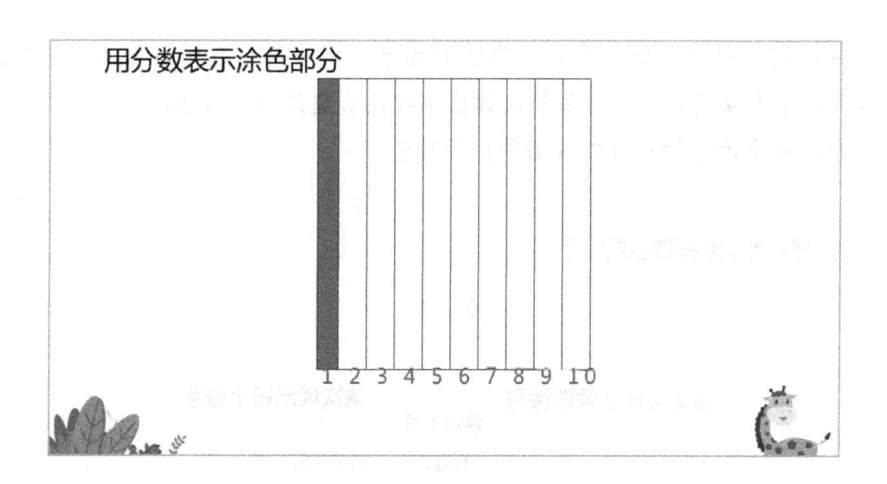

[图:正方形平均分成10份,第1份涂色,下方标有1 2 3 4 5 6 7 8 9 10]

师：为什么用 $\frac{1}{10}$ 来表示呢？

生：把这个正方形平均分成10份，其中的一份就是 $\frac{1}{10}$。（板书 $\frac{1}{10}$）

师：同学们对于分数都有了清晰的认识，其实像这样的一份除了用 $\frac{1}{10}$ 来表示，还可以用它来表示（板书 0.1）。谁知道这是什么数？

生：小数。

师：你能写出一个像这样的小数吗？

师：这些数都是小数。我们一起来认识小数。

（板书课题：认识小数）

二、活动体验，认识小数

活动一：读、写小数

1. 认识小数各部分名称

师：这些小数，与我们学过的整数有什么不同？

师：这个小圆点叫作小数点。小数点将小数分成了左右两个部分。

2. 小数应该怎样读、写？

（1）读小数

师：你会读小数吗？

师：读小数时，先读小数点左边的部分，读法与整数的读法相同；再读小数点，小数点读作点；最后依次读出小数点右边的每个数字。

师：谁来示范读一读？（课件出示读法）

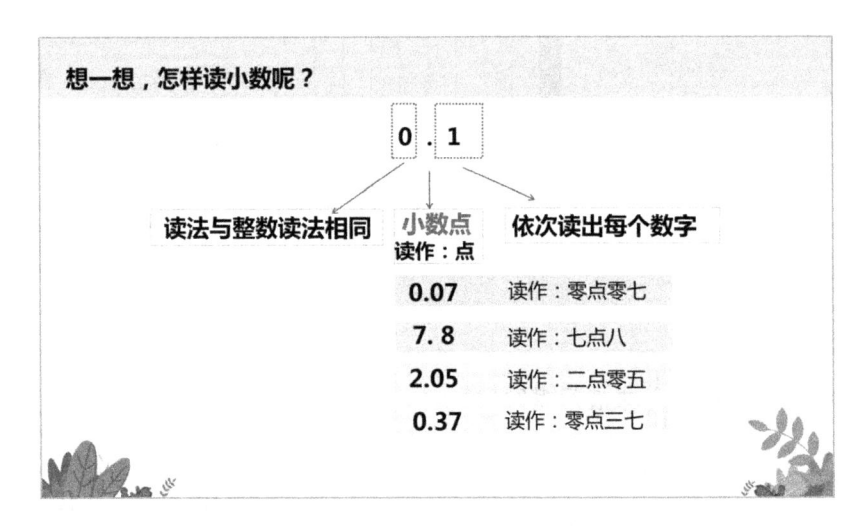

（2）写小数

师：会读小数了，那你会写小数吗。请在学习单上写出横线上的小数。

师：你是这样写的吗？谁来说一说写小数的时候要按照怎样的顺序去写？

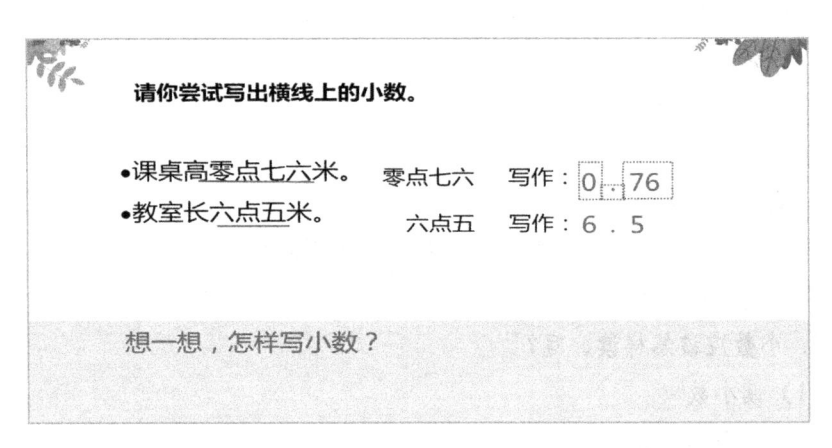

师：是的，写小数和读小数的顺序一样，读的什么就依次写出来。

活动二：理解小数的含义

1. 理解一位小数的含义

（1）0.1

师：刚才我们知道了把一个正方形平均分成 10 份，其中的 1 份可以用分数 $\frac{1}{10}$ 来表示，也可以用小数 0.1 来表示。

师：像这样的两份你会表示吗？

（取 10 等份中的 2 份，用分数表示是 $\frac{2}{10}$，用小数表示是 0.2）

师：还可以取几份，怎样表示？

师：下面就请你，任取几份涂一涂，并用分数和小数分别表示出你涂色的部分。（找几个学生的作品，投影展示，让学生起来介绍）你取了几份？用分数和小数分别怎样表示呢？

利用等分正方形的直观图，引导学生观察并追问：小数 0.9 在图中需要涂几份？用分数怎样来表示？ 0.8 呢？ 0.4 呢？还能表示出哪个小数？

$\frac{7}{10}$ 需要涂几份？用小数表示是？ $\frac{3}{10}$ 呢？

（2）0.6 米有多长？

师：米尺爷爷知道大家认识了小数，也跑来要考考大家了，仔细看它带来了什么问题？

师：谁能解答？

把 1 米平均分成 10 份，其中的 1 份是 1 分米。用分数表示是 $\frac{1}{10}$ 米。用小数表示 0.1 米。

为了奖励大家，老师给大家带了个神秘礼物（儿童玩具金箍棒），它的长度是 0.6 米。0.6 米有多长呢？你能在米尺上标出 0.6 米的位置吗？

师：0.6 米有多长？

师：（0.6 米 =6 分米），你是怎样得出来的？

（因为 0.6 米 = $\frac{6}{10}$ 米，把 1 米平均分成 10 份，其中的 1 份就是 $\frac{1}{10}$ 米，

也就是1分米，$\frac{6}{10}$米就是这样的6份，也就是6分米）（板书：6分米、$\frac{6}{10}$米、0.6米）

师：说得真好，让我们一起来量一量，验证一下，0.6米=6分米。

师：这位同学非常善于学习，通过他的分析，我们一下子就明白了，原来0.6米就是$\frac{6}{10}$米，也就是6分米。

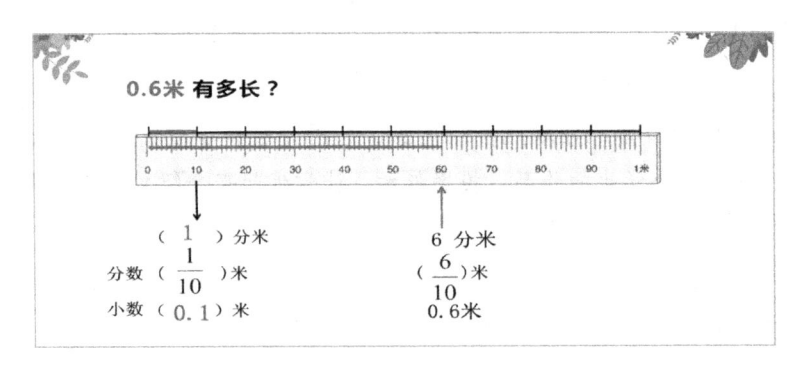

（3）小结（观察分析小数外形特点，建立与内在意义的联系）

师：现在让我们小声地一起来读一读。你发现这些分数的分母有什么特点？（分母都是10）

师：这些小数有什么共同的特点？

小数点的右边都只有一个数字。

也就是分母是10，写成小数时，小数的右边只有一个数字。

师：分数的分子是几，就说明它有几个十分之一，小数点的右边就是几。

2.理解两位小数的意义

（1）0.01

师：现在我们将这样的每份再平均分成10份，这个正方形就被平均分成了100份，这样的1份，用分数和小数怎样表示？（$\frac{1}{100}$）

师：用小数表示是0.01。（板书=0.01）

师：这样的2份你会表示吗？（板书$\frac{2}{100}$=0.02）。

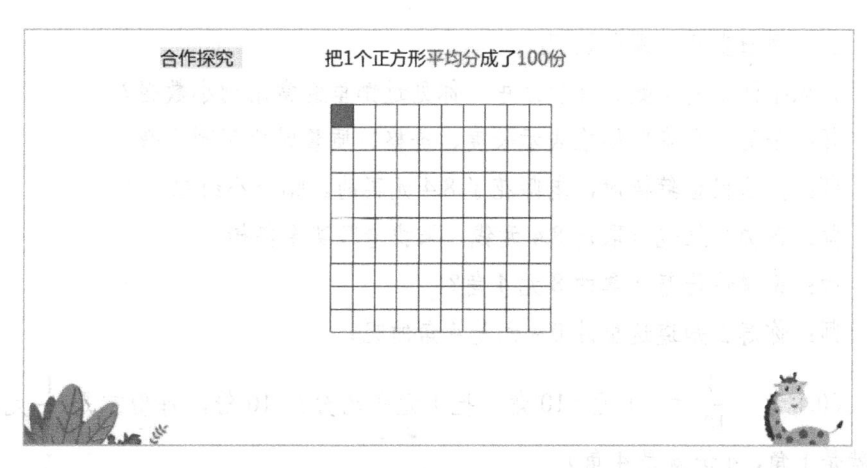

师：谁能接着往下说？

师：下面就请你任取几份涂一涂，并用分数和小数分别表示出你涂色的部分。

（找几个学生作品的投影展示）说一说，你取了几份？用分数和小数怎样表示呢？

9份呢？10份呢？可能出现的：0.1/0.01/0.10/0.010，再让我们一起小声地读一读前面的几组分数、小数。

师：你有什么发现？分母是100时，小数点右边两个数字，分子是几，小数点后就是几。

师：这位同学所涂的部分用小数0.50表示，你知道他取了几份吗？

（2）小结：我们把分数改写成用小数来表示时，要注意什么？

十分之几用小数表示，小数点后面是一位数；百分之几用小数表示，小数点后面是两位数。

（3）师：现在我们来做个小游戏，根据出示的数你来说出对应的小数或者分数。$\frac{8}{10}$、$\frac{34}{100}$、0.05。

$$\frac{8}{10} = 0.8$$

$$\frac{34}{100} = 0.34$$

$$\frac{5}{100} = 0.05$$

三、回归生活，深化认识

认识生活中的小数。在生活中，你见过哪里经常用到小数呢？

师：是的，很多时候在表示长度、价格、质量时要用到小数。

师：买这根金箍棒时，老师花了 8.4 元买的。哪个小组想要？

师：请你从红包里取出 8.4 元钱，来找老师买金箍棒。

师：说说你是怎么拿的 8 元 4 角？

师：你怎么知道这里的 0.4 元是 4 角的呢？

（0.4 元 = $\frac{4}{10}$ 元，1 元 =10 角，把 1 元平均分成 10 份，每份就是 $\frac{1}{10}$ 元，也就是 1 角，4 份就是 4 角）

师：恭喜他们小组获得了一根金箍棒。我们继续做购物游戏，请根据每样物品的标价，去找你的购物卡能买到的礼物。

师：买到礼物后，和组内同学说说，你用多少购物卡，买到了多少钱的礼物？

礼物虽小，但是你运用学到的知识解决了问题。

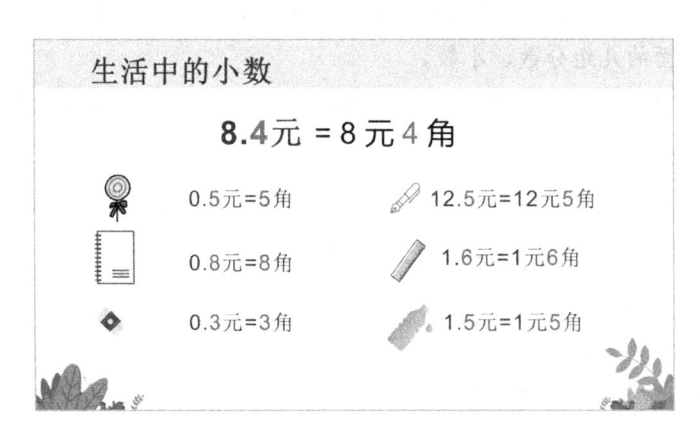

```
生活中的小数
8.4元 = 8元4角
0.5元=5角      12.5元=12元5角
0.8元=8角      1.6元=1元6角
0.3元=3角      1.5元=1元5角
```

四、拓展运用，建构知识

1.在数轴上表示小数。这是我们之前认识整数、分数时就经常用到的老朋友——数轴，你能用分数或小数表示出数轴上的数吗？

2.理解小数数量的具体含义。任意找一个一位小数，加上单位名称（人民币单位或长度单位），说说表示的具体数量是多少？（感受小数表示的具体数量的大小，形成初步的数感和量感）

填一填

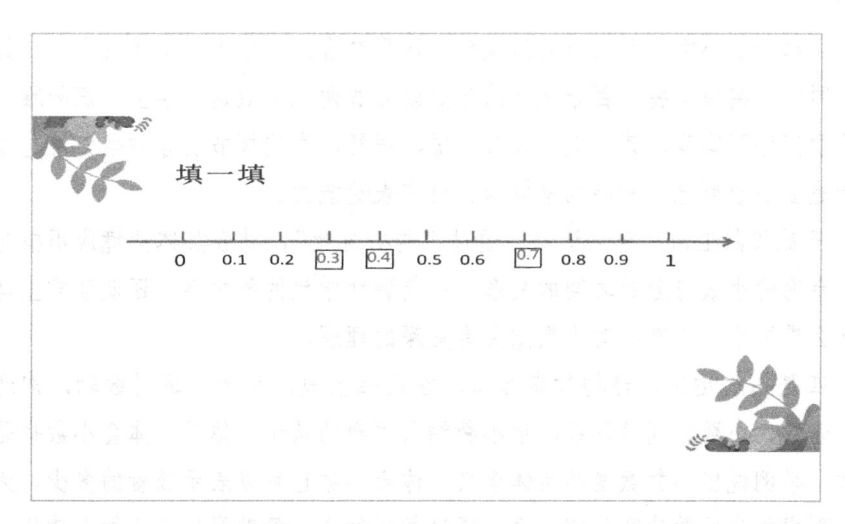

0 0.1 0.2 [0.3] [0.4] 0.5 0.6 [0.7] 0.8 0.9 1

3. 课堂总结。这节课我们认识了数学家族中另外一位成员——小数。在这堂课上你对自己哪里很满意？

现在你能准确地表示出教师的身高有多少米吗？

回家后，了解一下爸爸或妈妈的身高，用小数记录下来。比一比，看看谁的爸爸或妈妈身高最高。

【教学反思】

《认识小数》是在学生认识了分数的基础上学习的。这是学习小数的起始阶段，是进一步学习小数的意义，沟通分数与小数联系的重要基础，是数的认识的再一次扩展。学好小数的初步认识，为今后进一步学习小数的意义打下良好的基础。

基于目标达成，设计了四个教学环节。

一是唤醒旧知，引入小数，初步感知概念。因为考虑到学生对于课本情境中"踢脚线""台面"的不理解，并且大部分学生对长度单位掌握得不够好，小数又是第一次接触，比较抽象。用情境可能会干扰对小数意义的理解，所以教学中，借助图形直观，将课后练习中的条形图前移，通过复习旧知分数引入小数。因为学生已经有了生活经验，所以能够仿照教师的写法，尝试写出小数，初步体会分数和小数的关系。

二是活动体验，认识小数的意义。让学生在条形图和百格图中先用分数表示，再告诉他们还可以用小数表示。在动手写、画中，知道小数的含义，初步建立起一位小数、两位小数的概念。数形结合，突出了对小数概念本质的理解。同时，突破了将一百分之几的分数改写成两位小数这一学生认识的难点。让同学们停下脚步，读一读，直观感悟、理解，利用板书引导学生归纳总结，初步建立小数概念，发展抽象概括、语言表达能力。

三是回归生活，深化认识。通过"购物游戏"，结合具体情境应用概念，进一步感受小数与分数之间的关系，不仅调动学生的积极性，还能让学生体会为什么需要学习小数，对小数意义有更深的理解。

四是拓展运用，建构知识体系。在数轴上表示小数，运用数轴，沟通整数、分数、小数之间的联系，把小数纳入"数的认识"体系，体会小数也是一种数；举例说出小数数量的具体含义，体会小数也可以表示数量的多少、大小等，形成初步的数感和量感；再次通过数形结合，帮助学生完成知识建构。

总之，本节课遵循学生的认知规律，充分利用学生的生活经验和认知基础设计教学活动，充分调动起学生的积极性；注重实践操作，加强几何直观，在具体、直观的活动中完成对小数的初步认识，目标达成度高。

【课例4】

"认识百分数"

【教学内容】青岛版《义务教育教科书（五四学制）五年级下册》百分数信息窗1。

【教学目标】

1. 借助生活情境理解百分数的意义，能正确地读、写百分数。

2. 经历用百分数描述和解释生活现象的过程，体会百分数在生活中的统计价值。

3. 理解百分数和分数的联系与区别，建构概念体系，进一步发展数感。

【教学重点】

百分数的意义。

【教学难点】

百分数与分数的关系，百分数的统计价值。

【教学过程】

课前：谈话交流

昨天给大家布置了一个任务，找出生活中的百分数，你们都找到了吗？跟大家交流一下吧！

指名读一下找到的百分数。

小结：看来百分数在生活中有着特别广泛的应用，几乎随处可见。

百分数像我们以前学过的整数、小数、分数一样也是一种数，这也是我们在小学阶段学习的最后一种数，希望通过本节课的学习大家都能有更多的收获。

一、经历百分数产生的过程，初步感知概念

1. 提出问题

出示视力情况统计表。

师：同学们请看，这是一份小学五年级学生视力情况统计表。

学校	近视人数	总人数
希望小学	36	144
光明小学	27	150
向阳小学	24	120

请大家认真观察统计表中的数据，你认为哪所学校的五年级学生视力情况好一些？为什么？

学生回答。

师小结：光用猜想和直觉是不能准确解答数学问题的，我们怎样做能准确合理地比较出三所学校五年级学生的视力情况呢？

2. 探究解题思路

师生交流，明确方法。

师：求出每所学校五年级近视人数各占总人数的几分之几。

各小组分工、合作完成计算。

学生完成后全班汇报订正。

3. 比较分数大小

师：经过大家的正确计算，我们得到了各个学校近视人数占总人数的几分之几，接下来我们需要比较这三个数的大小。怎样比较呢？

研·思·行——基于问题解决的小学数学教研实践与探索

师生交流：可以化成小数再比较，也可以通分再比较。

师：请大家选择自己喜欢的一种方式在学习单上进行比较。

学生完成后全班交流。

4. 方法优化，解决问题

师：和同学们想的一样，在解决实际问题的时候，为了便于统计和比较，通常把这些分数改写成分母是100的分数来表示。

（在统计表中，把 $\frac{1}{4}$ 改写成 $\frac{25}{100}$，把 $\frac{9}{50}$ 改写成 $\frac{18}{100}$，把 $\frac{1}{5}$ 改写成 $\frac{20}{100}$）

师：做到这里，最开始提出的问题我们已经解决了，但是我们学习数学的脚步还不能停哦。

5. 初步感知百分数的意义

师：下面我们继续来研究这三个分数。

（1）这里的 $\frac{25}{100}$，$\frac{18}{100}$，$\frac{20}{100}$，分别表示什么意义呢？

学生口答：

$\frac{25}{100}$ 表示希望小学五年级近视人数占总人数的 $\frac{25}{100}$

$\frac{18}{100}$ 表示光明小学五年级近视人数占总人数的 $\frac{18}{100}$

$\frac{20}{100}$ 表示向阳小学五年级近视人数占总人数的 $\frac{20}{100}$

（2）观察这三个分数，它们有什么相同的地方？

生：分母都是100，而且都是表示各学校五年级近视人数占总人数的百分之几。

师：像这样的分数，我们叫作百分数。（板书课题）

师：百分数通常不写成分数的形式，而是在原来的分子后面加上百分号"%"来表示。

读作：百分之二十五。

请在练习本上用百分数表示出另外两个分数。

二、建立模型，形成概念

1. 揭示百分数的意义

刚才大家已经和百分数认识了，到底什么是百分数呢？它的具体意义是什么呢？

（1）这里的25%、18%、20%分别表示什么意义？

学生回答，教师指导。

> 25%表示希望小学五年级近视人数占总人数的 **百分之二十五**
> 18%表示光明小学五年级近视人数占总人数的 **百分之十八**
> 20%表示向阳小学五年级近视人数占总人数的 **百分之二十**

（2）观察这三个百分数的意义，有什么相同的地方。

引导学生发现，都是两个量进行比较，一个量是另一个量的百分之几。

师：我们把前一个量看作一个数，后一个量看作另一个数，大家能不能说出百分数表示什么？同桌试着说一下。

板书：表示一个数是另一个数的百分之几的数叫作百分数。

2. 百分比、百分率

36%表示什么意义？

一个数是另一个数的百分之三十六。

师：从意义上来看，百分数表示的是就是两个数之间的倍比关系，实际上就是两个量进行比的意义。所以，百分数又叫作百分比或者百分率。（板书：百分比、百分率）

三、分析生活中的百分数，深入理解概念

师：生活中那么多的百分数，它们都表示什么意义呢？

说一说下面百分数的意义。

（1）酒精度3.4%；

（2）某学校附近的小摊中，合格的食品占30%；

（3）男生人数是女生人数的120%；

（4）T恤衫的成分：100%棉；

（5）塞罕坝国家森林公园，森林覆盖率75.2%。

对比各个百分数，让学生进一步理解百分数的意义。

酒精	占	啤酒总量的	3.4%
男生人数	是	女生人数的	120%
棉的含量	占	整件衣服的	100%
合格食品	占	食品总量的	30%
森林面积	占	公园面积的	75.2%

一个数　是　另一个数的百分之几

四、探究百分数和分数之间的区别,建构概念系统

师：刚才从生活中大量的百分数当中,我们可以清晰地看到百分数都是表示的一个数是另一个数的百分之几,是两个数的倍比关系。

我们以前学过的分数也可以表示两个数的倍比关系,为什么还要学习百分数呢?分数和百分数之间有什么关系呢?

学生交流,预设：写法不同；读法不同；百分数的分子可以是小数而分数不可以……

师：那么百分数和分数之间最本质的区别是什么呢?

问题：

下面哪句话中的分数可以用百分数表示?

阅读下面的句子,想一想,哪个分数可以用百分数表示,请写一写。

1. 我国淡水资源占全球水资源的 $\frac{6}{100}$。

2. 一根绳子长 $\frac{87}{100}$ 米。

3. 我国是个多民族国家,其中,汉族人口约占全国人口总数的 $\frac{92}{100}$。

学习要求：

1. 认真阅读句子,把能用百分数表示的分数改写成百分数。
2. 同桌试着说一说,百分数和分数之间有什么区别?

小结：分数和百分数最主要的区别

分数既可以表示两个数的倍比关系,也可以表示具体的数量,后面可以带单位；百分数只表示两个数之间的倍比关系,后面不能带单位。

德育渗透：我国淡水资源特别匮乏,所以我们一定要节约用水,保护好环境，保护好现有的水资源。

五、用百分数分析实际问题，体会统计价值

1. 计时写分数

百分之八	8%	百分之九点三	9.3%
百分之零点七五	0.75%	百分之零点一	0.1%
百分之一百	100%	百分之二百	200%
百分之四十二点八	42.8%	百分之三	3%
百分之一百七十三	173%	百分之十五	15%

交流：用一个百分数表示自己的完成情况和没完成的情况。

2. 观察这些百分数，百分号前面的数有什么特点？

提示：百分号前面可以是什么数？可以大于100吗？

小结：百分号前面的数可以是整数也可以是分数；可以大于100，也可以小于100，还可以等于100。

六、课堂小结

1. 说一说：通过本节课的学习你都知道了什么？

2. 用百分数表示自己的收获。

3. 拓展提升

（1）夏令营中，女生人数是男生人数的（　　）。

A．80%　　　B．100%　　　C．200%

（2）用一幅简单的图表示"衣服的成分棉占80%"。

提示：

- 先想一想用什么图表示这件衣服。
- 再在图中标示出"棉占80%"。
- 画好后将你的图讲给同位听听。

【教学反思】

认识百分数，是学生在学习了整数、小数、分数的基础上进行教学的，是拓展学生"数"的知识的重要内容。

课程标准中，关于"百分数"这一单元是这样要求的：结合具体情境理解百分数的意义，会进行小数、分数和百分数的转化，能用百分数解决简单的实际问题，进一步认识到数据中蕴含着信息，发展数据分析观念。

基于以上要求，教学目标的制定及实施，突出了在具体情境中，利用丰富的数据素材，逐步深化学生对百分数意义的理解与建构。

对于百分数意义的教学，设计了四个层次：一是从现实情境中提出问题，在解决问题的过程中感受百分数这个概念产生的必要性，初步感知百分数的意义。二是进一步分析理解百分数的意义，建立模型，形成概念。三是在分析生活中百分数意义的过程中回扣概念，深入理解百分数的意义。四是在探究分数与百分数区别的过程中，再次建构概念，帮助学生寻找概念之间的联系和区别，形成知识体系。

（一）第一个层次：初步感知概念

利用课本上的情境图，直接向学生提出问题"你认为哪个学校五年级学生的视力情况要好一些"，先让学生去猜想，再想办法验证，这个过程就是百分数产生的过程，百分数作为特殊的分数，它的生长点就是分数，因此我们从求近视人数是总人数的几分之几入手，在对比分数大小的过程中，感受到产生百分数这个概念的必要性，通过比较、分析抽象概括出百分数的本质属性，但是不急于下定义，而是告诉学生这样的数就是百分数，让学生初步感知百分数的意义。通过这样的过程一方面让学生感受到百分数与分数之间的内在联系，另一方面让学生利用已有知识，在解决问题的过程中，亲身体验到新概念形成的过程。

（二）第二个层次：形成概念

揭示出百分数这个概念后，没有马上让学生概括百分数的意义，而是又回到了前面的问题情境，让学生分析其中每个百分数表示的意义，通过对3个百分数意义相同点的分析，让学生找到百分数这个概念的本质属性，百分数是一个数和另一个数的关系，建立概念模型，使百分数的意义在学生头脑中形成了清晰的认识，从而比较顺利地描述出百分数的意义，达到了对百分数意义的真正理解。

（三）第三个层次：深入理解概念

设计了5个百分数，每个都有特定的目的。

比如，合格食品占30%，一方面练习30%的意义，另一方面通过问"不合格食品占多少？"让学生体会百分数里面部分和整体的关系。

男生人数是女生人数的120%，通过问题"看到120%你想到了什么"，让学生学会透过百分数去分析问题，发现问题，同时也让学生看到百分数是可以大于百分之一百的。另外，通过用线段图的演示，再一次深入理解百分数的意义。

森林覆盖率75.2%，可以让学生感受到生活中百分率的意义。

通过对这些百分数的意义进行比较，再次抽象出百分数这个概念的本质属性——"表示一个数是另一个数的百分之几"，到这里学生对百分数意义的认识会更深刻、更清晰，达到真正的理解。

（四）第四个层次：构建概念体系

探究百分数与分数之间的区别，用3个题目为学生搭桥，让学生借着这座桥，分析出百分数和分数最主要的区别。引导学生把学过的概念放在一起，寻找概念之间纵向或横向的联系，组成概念系统。

学生学习的过程是一个渐进的、螺旋上升的过程。将教学重点、难点进行分解落实，设计成四个环环相扣、层层递进的教学环节，为学生铺设平台，力求在一次次比较的过程中，通过不断地追问让学生对百分数这一概念的内涵逐步明朗化，完成认识上的飞跃，让学生做到对概念"真正意义上的理解"。

存在的缺点和不足：学生的情况预设不足，学生的思路是多种多样的，但是考虑到时间原因没有让学生充分地交流。整节课一些鼓励性、激发性、调动性的语言欠缺，导致课堂上活跃气氛调动不足。

【课例5】

"因数和倍数"

【教学内容】

青岛版《义务教育（五·四学制）小学数学四年级下册》第三单元信息窗1及相关练习。

【教学目标】

1. 结合具体实例，理解因数和倍数的含义，能找出100以内一个自然数的所有因数，会找一个自然数的倍数。

2.通过列举、类比、归纳等活动，发现一个自然数的因数的个数是有限的，最小的因数是1，最大的因数是它本身；知道一个自然数的倍数的个数是无限的，最小的是它本身，没有最大的倍数。

3.在探究因数和倍数的过程中，渗透观察、类比、猜测和归纳等基本学习方法。

4.通过探究活动，发展学生观察、归纳的能力，激发学生的求知欲望和学习兴趣。

【教学重点】

1.理解因数和倍数的含义，会找100以内一个自然数的所有因数和一个自然数的倍数。

2.通过列举、类比、归纳等活动，发现一个自然数的因数和倍数的特征。

【教学难点】

真正理解因数和倍数的意义，正确、比较熟练地找出一个自然数的所有因数和一个自然数的倍数。

【教学过程】

一、创设情境，感知概念

1.师：强身健体对于我们每个人来说都具有非常重要的意义，学校的团体操比赛快要举行了，看，四年级推选出了12名同学参加球操表演，如果每行的人数同样多，可以怎样排队？

2.师：为了好观察，我们把每个同学用〇来表示。同学们说的基本上是这三种，你会用算式表示吗？（一图四式，板书第一组，然后课件出示所有的）

板书：
$$2\times 6=12$$
$$6\times 2=12$$
$$12\div 2=6$$
$$12\div 6=2$$

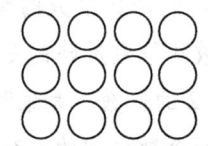

课件：

○○○○○○　　　　○○○○
○○○○○○　　　　○○○○
　　　　　　　　　　○○○○

　　2×6=12　6×2=12　　　3×4=12　4×3=12
　　12÷2=6　12÷6=2　　　12÷3=4　12÷4=3

○○○○○○○○○○○○

　　1×12=12　12×1=12
　　12÷1=12　12÷12=1

3.师：我们知道，因数×因数＝积，被除数÷除数＝商，除法还表示12是2的6倍，12是6的2倍这样的关系。抛开这些方队图，能不能再列出几个乘积是12的乘法算式？（教师板书在右边）能列出相应的除法算式吗？如：

　　1.2×10=12
　　10×1.2=12
　　12÷10=1.2
　　12÷1.2=10

师：仔细观察，左面的算式与右面的算式有什么不同？

（板书：都是整数、含有小数）

师：像左边这样的，除了刚才说到的关系外，还存在着因数和倍数的关系，今天我们就来学习因数和倍数。（板书课题）

二、探索研究，理解概念

1.看书学习

师：请同学们打开课本第41页，认真读一读，2、6、12之间存在着怎样的因数倍数关系？是怎样描述的？

2.交流：你读懂了吗？谁来说一说？哪个同学再来说一遍？

同桌互相说一说。再指名说一说，多角度说，变换着语言说。再看着除法算式说。

三、体验理解，深化概念

1. 师：刚才我们是从整数的乘、除法算式中找到了谁是谁的因数，谁是谁的倍数，那因数和倍数反映的是几个数之间的关系？我们再来看算式：2是12的因数，12是2的倍数，是谁和谁之间的关系？

师：对，是两个数之间的关系，而且两个数之间是相互依存的关系。

现在给你两个数，能不能说说谁是谁的倍数，谁是谁的因数？为什么？

（1）9和18。（因为9×2=18。）

（2）10和3。（没有这种关系，因为找不到一个整数和3相乘得10，所以3不是10的倍数，10也不是3的因数。）

2. 渗透找因数的方法

师：2是12的因数，6也是12的因数，也就是12的因数有2和6，那除了2和6还有几？你怎么知道的？我们再回过头来看方队图。

12个同学可以排成 1行　1×12=12　　（1、12）

　　　　　　　　　2行　2×6=12　　 （2、6）

　　　　　　　　　3行　3×4=12　　 （3、4）

　　　　　　　　　4行　4×3=12

　　　　　　　　　5行　5×（　　）=12（×）

　　　　　　　　　　　　不是整数

……

同样，利用除法算式也是这样的。

　　　　　　　　　1行　12÷1=12　　（1、12）

　　　　　　　　　2行　12÷2=6　 　（2、6）

　　　　　　　　　3行　12÷3=4　 　（3、4）

　　　　　　　　　4行　12÷4=3

　　　　　　　　　5行　12÷5=（　　）（×）

　　　　　　　　　　　　不是整数

……

所以，12的因数有1、2、3、4、6、12。

```
┌─────────────────────────────────────────────────────────┐
│                   课堂学习单（一）                          │
│                                                         │
│  我来找（    ）的因数                                      │
│  我的方法：                                                │
│                                                         │
│                                                         │
│  我的结论：                                                │
│    （    ）的因数有：_____      │
│  我的发现：_____        │
│                                                         │
└─────────────────────────────────────────────────────────┘
```

3. 找 24、16、5 的因数

师：完成学习单（一），观察这些数的因数，你有什么发现？

一个自然数的因数的个数是有限的，最小的因数是 1，最大的因数是它本身。这就是一个自然数的因数的特点。

4. 找 4、3、10 的倍数

师：我们知道 12 是 4 的倍数，为什么？因为 4×3=12，你认为还有谁是 4 的倍数？完成学习单（二）。

```
┌─────────────────────────────────────────────────────────┐
│                   课堂学习单（二）                          │
│                                                         │
│  我来找（    ）的倍数                                      │
│  我的方法：                                                │
│                                                         │
│                                                         │
│  我的结论：                                                │
│    （    ）的倍数有：_____      │
│  我的发现：_____        │
│                                                         │
└─────────────────────────────────────────────────────────┘
```

投影展示答案，并交流你有什么发现。

（一个数的倍数的个数是无限的，最小的是它本身，没有最大的倍数）

四、巩固练习，运用概念

自主练习第6题：36人进行队列操练，每排人数要一样多，可以怎样排队？

五、回顾梳理，总结评价

从同学们的交流中可以看出，同学们这节课的收获都非常大，再回过头来梳理一下的话，其实因数和倍数反映的是两个数之间的关系，且是两个非0的自然数之间的关系，如3是12的因数，12是3的倍数，因数和倍数是相互依存的。

同学们这节课积极动脑，敢于回答问题，不仅认识了因数和倍数，还学会了找一个数的因数和倍数，发现了一个数的因数和倍数的特点，收获可真大啊！相信同学们在今后学习数学的道路上会更认真更努力，一定会取得更大的收获！

【教学反思】

一、备课思考

1.用好情境图，深挖情境背后的故事。情境图是个很典型的例子，因为因数和倍数的知识在排队中具有非常重要的应用价值。每行的人数和行数就是总人数的因数，如人数多的时候，143人站成方队，可以是几行几列？就是找143的因数，除了1和143外，还有11和13，那就选择11行13列，或者13行11列。学会了因数的知识，这样的实际问题就迎刃而解了，而不用去一个个地试。这个情境图的目的之二，还在于排队每行的人数和行数都必须是整数，不可能是小数、分数和0，所以因数和倍数的限定范围是隐含在里面的。

2.概念的呈现要在反复对比中深化。这两个概念的呈现，不能仅限于读读记记，要让学生结合算式，弄明白谁是谁的因数，谁是谁的倍数，然后再走出算式，限于两个数来说明它们的关系，正面例子、反面例子，使学生进一步明确因数和倍数是两个数之间的关系，而且是在什么条件下形成这种关系，同时，也又一次提醒了学生因数和倍数是在整数范围内研究的。

3.加强对新旧相近概念的理解与辨析。今天学习的"因数"概念和以前学习的"因数"概念内涵不同。今天学习的"因数"是与"倍数"相互依存而存在的，是在整数范围内，研究、描述两个数之间的关系。以前学习的"因数"一词，是指乘法算式中相乘的两个数的名称，两个因数，一个表示"相同的加数"，另一个表示"相同加数的个数"，因数乘因数等于积。随着乘法意义的拓展，在乘法算式中，因数可以是小数、分数，也可以是0。同样，今天学习的"倍数"概念，也不同于以前学习的"倍"概念。"倍"是用来表示两个数相除的结果，当商大于或等于1时，可以用"几倍"描述结果，当相除的商小于1时，可以用"几分之几"描述结果。在教学中，教师要有结构化教学观，要有意识地让学生思考辨析新旧概念，在对比中真正领会概念所反映对象的本质属性，形成概念结构。教师不要回避学生概念学习的难点、困惑点，要给他们思考的机会和理解感悟的时间，在学习中逐步加深对概念的理解、掌握，让思考真正发生。

二、磨课感受

1.找准生长点。数学是一门前后知识联系性很强的学科，新知的学习都建立在旧知的基础之上，因而找准新知学习的生长点，就为新知的学习开了好局，在本节的学习中，充分运用情境图，让学生对一图四式的旧知经验展开讨论。让学生重点回忆"因数×因数=积，被除数÷除数=商"，这些关系以及乘除法的关系，为学生认识因数与倍数的意义提供了丰富的学习素材。

2.正视难点。每个新知的学习无论难易，总能找到学生学习的盲点，这个盲点就是我们教学的难点，平时有些难点的处理往往采取简单、粗暴的方式，直接告知或者一遍遍不厌其烦地重复强调，大多数学生不知其然，更不知其所以然，最终走了弯路，还达不到教学的目的。所以，正确的做法是面对它，想办法克服它，在本节课的学习中，对于今天的"因数"和乘法算式中的"因数"、今天的"倍数"和以前的"倍"，勇敢地摆出来，学生在掌握新知的同时会慢慢体会到它们的区别。

2.3 发展思维 学以致用

——小学数学问题解决教学模式及实施建议

问题解决是把学到的知识运用到具体情境中的过程，问题解决是一种能力，是数学学习的最终目的，体现了数学学习的学科应用价值；问题解决是一种教学模式，也是一种学习方式，是层次最高的一类学习，是一种基于主动探究，以问题解决为目标导向，以思考为核心的探索活动。

在现行教材的编排中，问题解决是融于数与代数、图形与几何、统计与概率、综合与实践各领域之内，把它作为各领域解决相应实际问题的有机部分而呈现的，问题解决能力的培养，体现在不同数学知识与方法的学习中，贯穿于数学学习的全过程。主要表现在：一是伴随着新知学习后的一些简单的实际应用。这类问题解决结构简单，数量关系单一，基本上运用四则运算的意义、法则和图形与几何中的基本概念、公式就可以解决。学生理解起来相对较容易。二是教材以"解决问题"为标题单独编排的教学内容。这类问题解决基本上是一些复合型问题，它是在简单问题的基础上发展起来的，由两个或两个以上的基本数量关系所组成的，即用两步或两步以上的运算方法进行解答的问题。同时它也包括一些常见数量关系的教学。三是四大领域中的综合与实践的相关内容。综合与实践是指以问题为载体、以学生自主参与为主，综合运用数与代数、图形与几何、统计与概率等领域所学的知识和方法解决的一类应用型问题。这里的综合应用表现为数学内部知识之间的综合应用，数学与其他学科的综合，数学与学生日常生活实际的综合应用，以及解决问题过程中学生各种能力、各种方法、各种工具的综合应用。综合与实践是学生积累数学活动经验的重要载体，是培养学生问题解决能力的重要途径。

我们研究实践了"（自主）问题导向，初步感知—（组内）交流问题，完善认知—（班内）梳理辨析，深化认知—解决问题，提升能力—拓展延伸，回归生活"的五环节课堂教学模式。

一、问题导向，初步感知

本环节主要任务是学生借助"小研究"进行自主学习，初步感知新知识。此环节遵循了"先做后学、先会后学、先学后教、以学定教"的教育教学理念。小研究的布置是一节课的开始，是为接下来课堂教学的各个环节做准备，它主要体现于让学生能够对新知识进行初步感受、进行浅层理解、自主寻求解决途径，更有目的性地进行课堂的学习，从而贯穿整个课堂教学。教学中，要特别重视学生数学问题意识的培养，要营造良好的学习环境，让学生敢于发问，创设适宜的问题情境让学生想问，教给学生提问的技巧与方法，让学生会问。

"小研究"的设计要点：

1. 根据新知的目标和要求来确定研究的内容及其难度。

2. 研究的问题要抓住核心知识点，问题情境要和生活实际紧密联系，具有启发性、开放性、趣味性和操作性。

"小研究"的操作要点：

1. 情境创设要符合学生的生活实际，来源于学生的实际生活。

2. 创设的情境要具有针对性、思考性、挑战性，让学生在问题情境的引导下积极主动地进行探究性学习活动。

二、交流问题，完善认知

数学课程标准提出："有效的教学活动不能单纯地依赖模仿与记忆，动手实践、自主探索与合作交流是学生学习的重要方式。"本环节主要任务是在学生自主探究学习的基础上，给学生参与的时间，让他们带着自己原有的生活背景、活动经验和理解在学习小组内展开交流，组内交流的主要目的是展示个体的想法，并且通过组内成员的补充、交流，进一步完善自己的解题思路和方法，使学生在组内达成共识，初步构建对数学知识的理解，获得解决问题的基本方法。

操作要点：

1. 要求学习小组的组内所有同学都要基于自己的独立思考，向同伴展示自己解决问题的方案与想法，做到人人参与。

2.问题交流时，要指导学生认真倾听，逐步学会与同伴对话交流。要注意聚焦有价值的问题进行探讨，补充完善，达成小组共同意见。

3.要发挥小组长的作用。指导小组长针对讨论问题，做好合理的分工，确定组员发言顺序，有序组织交流，根据时间要求，及时掌握讨论的节奏。学会做好交流记录，把小组学习的结果进行总结，便于向全体同学汇报展示。

三、梳理辨析，深化认知

本环节是课堂教学的中心环节，主要任务是以小组为单位向全班展示组内学习交流的成果，针对要探究解决的问题，师生之间、生生之间、组组之间展开多维互动交流，引发学生的数学思考，找到解决问题的最佳对策，从而深化认知结构。

本环节中，要引导学生养成善问的好习惯，要关注学生审题能力的培养，学会认真读题，弄清题意。要重视数量关系的分析，发展思维能力，提高学生获取信息、分析信息、处理信息的能力。形成解决问题的一些基本方法，体验解决问题方法的多样性。

操作要点：

1.教师要做好角色转换，积极做一名合作交流的参与者、引导者与合作者，适时、适度地参与组与组之间的多维互动交流中。

2.发挥好教师的主导作用，选择恰当的时机，引导学生对解决问题的过程进行梳理和反思，总结解决问题的步骤、思路和方法，不断积累活动经验，丰富、优化问题解决的策略。

四、解决问题，提升能力

"解决实际问题"是数学教学的一个重要目标，更是数学教学的一个重要内容。本环节要适时地提升解决问题的策略，让学生逐步具有主动运用（画图、推理、枚举、列表、转化、假设等）策略解决问题的意识和能力。主要任务是紧扣新知识点，设计一些与之相关的问题，引导学生独立解决，巩固应用所学知识与方法策略，提升学生应用知识的能力。

本环节在设计问题时要注意遵循以下原则。

1. 针对性原则。练习题要围绕教学目标、学习重点、学习难点设计，突出学生对解决具体问题时思考过程与方法的再现、运用与巩固。

2. 层次性原则。根据教材内容及学生年龄特点，设计练习由易到难，由单项到综合，由封闭到开放。既要关注学困生和中等生，同时又要关注优秀生，使不同的学生在数学学习上得到不同的发展。

3. 趣味性原则。问题解决的情境，要联系生活实际，符合学生特点，做到真实、生动、活泼和富有情趣。

五、拓展延伸，回归生活

数学课程标准强调，数学教学要紧密联系学生的生活实际，引导学生从数学的角度去观察事物、思考问题，发展学生的思维能力，体验学习数学的乐趣、感悟数学的价值。

本环节要发挥教师的作用，通过纵向延伸、横向拓展，课内总结、课外拓展，引领学生进一步加深对知识技能、思想方法之间的联系沟通，构建完整的知识体系。充分体现"数学源于生活，高于生活，为生活服务"的思想，提升学生数学学习的品质

【课例1】

"速度 时间 路程"

【教学内容】青岛版《义务教育教科书（五·四学制）数学三年级下册》第九单元解决问题第1课时。

【教学目标】

1. 从实际情境中引导学生理解速度、时间、路程的含义，并学会使用速度单位。

2. 从实际问题中抽象出"速度、时间和路程关系"的模型，并运用三者关系灵活解决生活中的数学问题，提升解决问题的能力。

3. 建构速度、时间、路程关系的模型，使学生感受到数学知识之间的密

切联系，感受数学来源于生活并服务于生活。

【教学重点】 理解速度的含义，建构速度、时间、路程之间关系的数学模型。

【教学难点】 建构速度、时间、路程之间关系的数学模型，正确书写速度单位。

【教学过程】

一、创设情境，提出问题

师：同学们请看，这里是物流中心，每天都很忙碌，车来车往的。看快递员叔叔，有的骑着摩托车，有的开着大货车正往物流中心赶呢。

1. 仔细观察，你都发现了哪些数学信息？

2. 你能根据数学信息，提出一个数学问题吗？

师：谁还能提出一个不一样的数学问题？

生：车站与物流中心相距多少千米？

师：刚刚找到数学信息并提出了数学问题，现在让我们一起来分析解决问题。

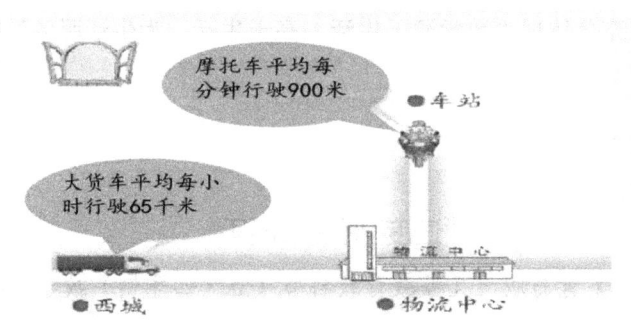

摩托车从车站出发经过8分钟到达物流中心。
大货车从西城出发经过4小时到达物流中心。

二、探究方法，初步构建模型

（一）初步感知数量之间的关系

1. 解决车站到物流中心的问题

课件出示第一个信息与问题，生读题。

师：你想怎么解决这个问题？请用自己喜欢的方法做一做。

交流两种方法：

生1：我是用列算式的方法做的：900×8=7200（米）。

师：能说一下为什么这样列算式吗？

生2：我是用画线段图的方法做的：学生展示线段图。

2.教师展示用画线段图的方法分析问题

师：教师也用一条线段图。摩托车每分钟行驶900米，1分钟过去了，摩托车行驶了1个900米，2分钟行驶了2个900米……

师：一共行驶了8分钟就是8个900。所以，我们列出乘法算式900×8=7200（米）。（板书）

师小结：画线段图是一种非常好的解决问题的方法，一般的行程问题我们都可以用画线段图的方法帮助我们分析解决。

师：观察一下，这个算式900米表示的是什么？

生：每分钟行驶的米数。

师：这里的8表示的是什么？

师：7200米呢？

（学生思考）

师：这里的7200米表示的是车站到物流中心的距离。

3.感知量，找到题目中蕴含的数量关系式

师：要想知道车站到物流中心的距离，我们需要知道哪些数学信息？

生：摩托车每分钟行驶900米，行驶了8分钟。

师：也就是摩托车行驶的米数和行驶的时间，在题目中是告诉我们的，我们可以说它是已知的2个量。

师：那要求的车站与物流中心的距离这个问题就是题目中的第3个量。

师：同学们在这个题目中，你发现了哪几个量？

生：每分钟行驶的米数、行驶时间、车站与物流中心的距离。

师：思考一下这3个量的关系，怎样计算？

师：可以用每分钟行驶的米数×行驶时间＝车站与物流中心的距离。

师：像这样的，表示这3个量之间关系的式子，就是数量关系式。

师：你能说一下这3个量之间的数量关系吗？

生1：每分钟行驶的米数×行驶时间＝车站与物流中心的距离。

师：谁还想说？

数量关系式

900 × 8 ＝ 7200（米）

| 每分钟行驶的米数 | × | 行驶时间 | ＝ | 车站与物流中心的距离 |

师：通过解决这个题目，我们找到了3个量之间的数量关系，得到了一个数量关系式。

（二）深化感知数量关系

1. 解决西城与物流中心的距离这个问题

师：来看一下第二个问题，谁来读一下这个问题？

（生读题）

师：那你会算吗？请把它写到练习本上。

生：65×4=260（千米）。

2. 引导学生找出数量关系

师：观察一下，这个题中有哪几个量？

生：每分钟行驶千米数、行驶时间、西城与物流中心的距离。

（师PPT出示）

师：你能像说第一道题的数量关系式一样，说一下这个题目中的数量关系吗？

生：每分钟行驶的千米数×行驶时间＝西城到物流中心的距离。

师：同学们可真棒（PPT出示）每分钟行驶的千米数×行驶时间＝西城到物流中心的距离。这是这道题中3个量的数量关系。

（三）认识路程、时间、速度

1. 认识路程

师：在数学上，我们把从车站到物流中心的距离、西城到物流中心的距离叫作路程（PPT展示），所以这里的7200米和640千米都是路程。（板书）

2. 认识时间

师：8分钟和4小时（板书时间）。

3. 认识速度

师：像每分钟行驶900米、每小时行驶65千米这样，表示每分钟每小时行驶的路程，在数学上称为"速度"。（板书：速度）

师：两个题目中的3个量，我们可以把它概括为速度、时间、路程。

师：每分钟行驶900米、每小时行驶65千米，是速度。8分钟和4小时是时间，从车站到物流中心的距离、西城到物流中心的距离叫作路程。

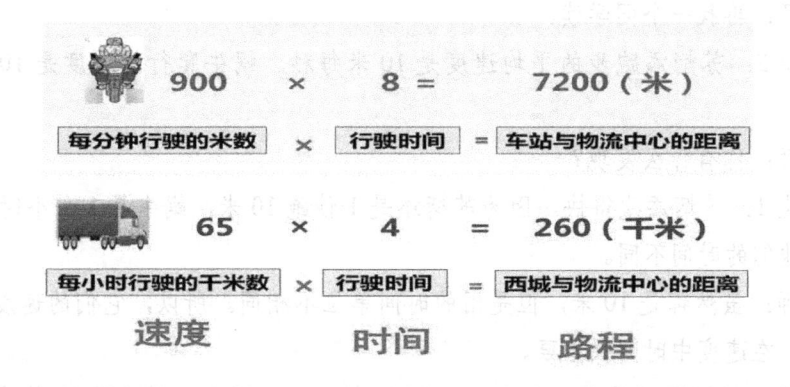

$$900 \times 8 = 7200（米）$$

每分钟行驶的米数 × 行驶时间 = 车站与物流中心的距离

$$65 \times 4 = 260（千米）$$

每小时行驶的千米数 × 行驶时间 = 西城与物流中心的距离

速度　　　时间　　　路程

（四）深化理解速度

1. 速度的读、写，速度的意义

师：刚才我们知道了摩托车的速度是多少？

生：每分钟行驶900米。

师：大货车的速度呢？

生：每分钟行驶65千米。

师：速度应该怎样写呢？摩托车每分钟行驶900米。我们可以写作900米/分，读作900米每分钟。

师：大货车的速度，"每小时行驶65千米"你会写吗？请把它写到练习本上。找一个同学到黑板上写一下。

师：写完的同学自己读一读。

师：你来读给同学们听。（板演的同学）

师：再来了解看一下其他的速度，（PPT出示苏炳添）大家认识他吗？对，苏炳添。

师：它呢——蜗牛。

师：猜一猜，他俩的速度谁快？

（生猜）

师：大家都认为苏炳添快，一起看一下。

谁来读一下它的速度。

生1：苏炳添跑步的平均速度是10米每秒。蜗牛爬行的速度是10米每小时。

师：再找一个同学读。

生2：苏炳添跑步的平均速度是10米每秒。蜗牛爬行的速度是10米每小时。

师：你有什么发现？

生1：苏炳添跑得快。因为苏炳添是1秒跑10米，蜗牛是1个小时爬10米，他们的时间不同。

师：虽然都是10米，但是用的时间单位不相同。所以，它们的速度也不相同。在速度中时间很重要。

师：苏炳添可是百米飞人，在2021年东京奥运会上以9秒83的成绩打破了亚洲纪录，非常了不起。

2.速度单位、速度概念

师：（PPT出示图片），刚才我们读出的速度中，米/分、千米/时、米/秒、米/时这样的单位，叫作速度单位。

师：与我们之前所学的单位比较一下，速度由几个单位组成？

师：速度是由两个单位组成的，一个是表示路程的长度单位，另一个是时间单位。也就是说速度的快慢是由路程和时间决定的。

师：每秒、每分、每时所走的路程就是速度。

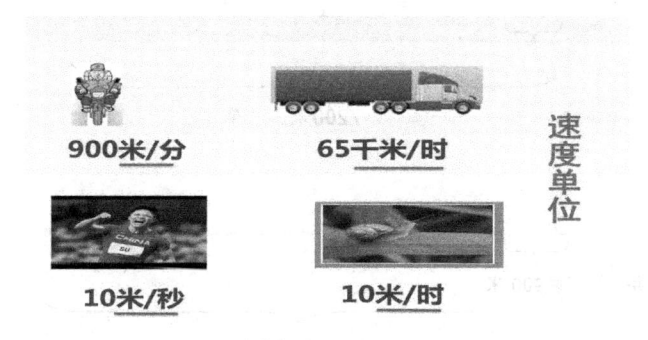

速度单位

900米/分　65千米/时

10米/秒　10米/时

三、构建"速度×时间＝路程"的模型，理解关系

（一）构建"速度×时间＝路程"的模型（出示线段图）

1. 根据已知速度和时间，求路程的线段图，构建"速度×时间＝路程"的模型

8分钟

每分钟行驶900米

?

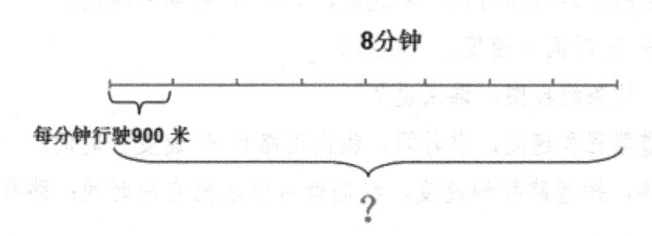

师：请同学们看一下这条线段图，你能看明白吗？

师：你观察得很仔细，谁能用今天咱们学习的知识说一说？

生：知道的是速度和时间，求的是路程。

师：怎样求路程？

生：速度×时间＝路程。

师：知道速度和时间求路程，我们可以用"速度×时间＝路程"算出来。（板书）

2. 小组合作交流线段图，构建除法模型

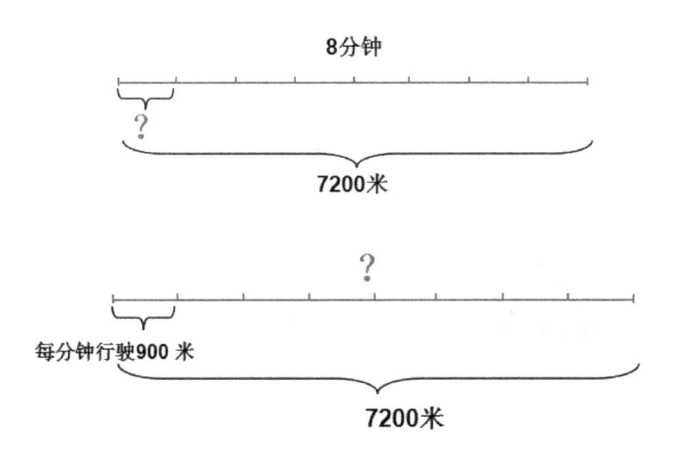

```
            8分钟
    ┌──────────────────┐
    ├─┤                │
    │?│                │
    └─┴────────────────┘
      └────────────────┘
          7200米

              ?
    ┌──────────────────┐
    ├─┤                │
    └─┴────────────────┘
   每分钟行驶900米
      └────────────────┘
          7200米
```

师：这两幅线段图你能看明白吗？小组内的同学交流讨论，看能找到什么样的数量关系。

3. 小组汇报

(1) 师：请看这一幅线段图，谁来说？

生：知道的是路程和时间，求速度，路程÷时间=速度。

师：路程÷时间=速度。（板书）

(2) 师：这条线段图，谁来说？

生：知道路程和速度，求时间，我们用路程÷速度=时间。

师：真棒，知道路程和速度，我们就可以求出它的时间：路程÷速度=时间。（板书）

（二）抽象出这3个数量关系，发现三者之间是相关联的

师：通过线段图，我们得到了有关速度、时间、路程的3个数量关系。

师：如果没有这两条线段图，你还能写出它们之间的数量关系吗？

师：仔细观察这3个数量关系。你有什么发现？

生：1个乘法算式，2个除法算式。

师：它们是随便写出来的吗？

师：他们之间是有关联的。

师：根据积除以一个因数等于另一个因数。根据一个乘法算式我们可以快速写出2个除法算式。

师：并且知道其中的 2 个量，我们可以求出第 3 个量。也就是知二求一。

师：数学知识之间是相互联系的。有了这 3 个数量关系，我们就可以直接用数量关系来解决生活中的实际问题。

速度、时间、路程之间的关系：

速度×时间=路程

路程÷时间=速度

路程÷速度=时间

四、借助模型，解决问题

你能用今天所学的知识来解决下面的问题吗？

1. 师：先想一想用到了哪个数量关系，再列式解决。

我会做

1.

交通工具	路程（千米）	时间（时）	速度（千米/时）
自行车	30	2	15
摩托车	150	3	50
轿车	480	6	80

思考 用到了哪个关系式？

路程÷时间=速度，列式：30÷2=15（千米/时）

路程÷速度=时间，列式：150÷50=3（小时）

速度×时间=路程，列式：80×6=480（千米）

研·思·行——基于问题解决的小学数学教研实践与探索

2. 解决问题

（1）一列绿皮火车的速度是100千米/时，从沂源出发7小时到达上海，沂源到上海相距多少千米？

100×7=700(千米)

（2）"复兴号"高铁的速度是350千米/时，如果乘坐"复兴号"需要多长时间？

700÷350=2(小时)

师：原来7小时的路程，现在只需要2小时就可以到达。"复兴号"太快了。"复兴号"高铁的速度也是全世界最快的。冬奥会期间，运动员们从北京到延庆，到张家口都是乘坐"复兴号"。

五、回顾总结，深化认识

1. 板书课题

这就是我们今天所研究的主要内容——速度、时间和路程的关系。

2. 梳理方法

我们通过解决两个问题，找到了速度、时间、路程3个量，分析了速度、时间、路程这3个量之间的数量关系，应用数量关系解决问题。数学既来源于生活，又在解决着生活中的实际问题。

3. 感受中国速度

"复兴号"高铁让我们感受到了中国速度之快，在应对突如其来的疫情时，我们更感受着中国速度对我们每个人的保护（视频），这都源于我们祖国的强大和富强。希望同学们勇于做奔跑的追风少年，创造更强的中国速度。

【教学反思】关于"数量关系"，课标要求："让学生经历在具体情境中运用数量关系解决问题的过程，感悟加法模型和乘法模型的意义，提高发现和提出问题、分析和解决问题的能力，形成模型意识和初步的应用意识。"速度、时间与路程的数量关系模型的建构，是学生第一次对"每份数×份数＝

164

总数"这一乘法模型的深入研究与应用，对发展学生归纳、概括、抽象、推理能力，继续学习其他数学模型，发展模型意识具有重要作用。

本节课，从第一次磨课到最后一次磨课，感受最深的是发展学生的核心素养，要落实在数学教学的细微之处，以及数学教学内容的层次性上，恰当的数学问题引导，就会使学生的思维闪光。正是细水流深处，数学恰自来！

主要设计思路是：一是创设情境，提出问题，在解决问题情境中理解速度概念，为建立数学模型做好准备。二是充分感知数量之间的关系，为建构模型打好基础，通过找具体问题中的"量"，找到关系式，到认识数量关系式，抽象过程变得具体形象，学生思维层层递进。在速度快慢对比中理解速度及速度单位，生动有趣，突破难点。三是通过线段图构建"速度×时间＝路程"的模型，放手让学生在交流讨论中构建"速度×时间＝路程、路程÷时间＝速度、路程÷速度＝时间"的模型，由具体问题到一般规律，培养学生构建模型意识。四是应用模型解决问题，体会模型的价值，体会数学学习的价值。五是回顾总结，梳理本节课知识体系和学习方法，指导学生积累学习经验。精心选择与时代发展密切相关的学习素材，感悟中国发展速度，渗透数学文化，激发学生对祖国发展壮大的自豪感，增强爱国情感。

【课例2】

"植树问题"

【教学内容】 青岛版《义务教育教科书（五·四学制）数学三年级下册》第124～125页。

【教学目标】

1. 借助学具操作实践，探索发现植树问题的规律，建立数学模型。
2. 在探究过程中感受一一对应的思想，发展推理能力。
3. 学会应用模型去解决生活中的实际问题。

【教学重点】 探索发现间隔数与棵数间的关系，能运用规律解决实际问题。

【教学难点】 应用植树问题的数学模型解决一些相关的实际问题。

【教学准备】

教具：课件、学具袋（内装棉棒）、学习单。

【教学过程】

课前谈话：感知间隔

很高兴能有机会和同学们一起上课，不过今天的课堂和以往的数学课有点不一样。你觉得哪些地方不一样？（上课地点、教师、很多教师来听课）作为小主人，要不要用热烈的掌声来欢迎他们呢？我们的手除了用掌声表达感情之外，还藏着数学知识呢！来，伸出小手，找一找看，你发现了数字几？（数字5）一起看，12345，你很有数学眼光！谁还有不同的发现？

手指和手指间的空，在数学上，称为间隔。（板书：间隔）5根手指之间有4个间隔，4根手指呢？3根手指呢？2根手指呢？

师：老师发现同学们都很有数学头脑，一定很会解决数学问题！你们愿意给老师帮个忙吗？

一、问题导向，自主探究

【探一探】

在20米长的小路一侧栽树，每隔5米栽一棵。可以栽几棵树？

1. 自主探究

为了美化校园环境，我们学校准备在20米长的小路一侧栽树，每隔5米栽一棵。请同学帮总务处的教师想一想，可以栽几棵树？

自己再读一遍，找找看，栽树有要求吗？谁来说说？每隔5米栽一棵是什么意思？这里的"一侧"是指什么？

通过同学们的分析，栽树的要求我们都清楚了，请你大胆猜测一下，可以栽几棵树？

（板书：棵数）谁知道？（还有别的答案吗？）到底谁说的对呀？我们一起来验证一下。

2.尝试操作

下面小组合作，可以用学具摆一摆，也可以用线段画一画。

【探一探】

在20米长的小路一侧栽树，每隔5米栽一棵。可以栽几棵树？

摆一摆　画一画

准备摆一摆的同学，可以用20厘米长的尺子当小路，用棉棒当小树。

画一画的同学可以用20厘米长的线段当小路。好，开始吧！

（引导学生思考，你栽了几棵？怎么栽的？还有别的栽法吗？你能用线段图画一画吗？）

二、交流展示，解决问题

（1）两端都栽的情况

教师发现同学们讨论得很积极，很多同学已经有自己的想法，谁愿意第一个上来展示？

你们小组栽了几棵树？（5棵树）你能到前面来摆给大家看吗？这是20米长的小路。可以怎样栽？他的方法你看懂了吗？可以这样栽吗？你表达得也很有条理！

有一位同学也栽了5棵树，这是谁的作品？我们请她来介绍一下吧？

她是用这条线段表示20米长的小路，每隔5米栽一棵，每隔5米栽一棵，每隔5米栽一棵，每隔5米栽一棵。4个间隔对应着栽了4棵树，这位同学在前面还栽了1棵。像这样栽，4个间隔就能栽几棵树？（板书：4、5）你的线段图画得很棒，真好！

过渡：刚才这两位同学都想到了栽5棵树的方法。谁还有不同的栽法？

（2）只栽一端的情况

先告诉大家你们栽了几棵树？（4棵）你能边摆边说一下你是怎样栽的吗？

同学们觉得这样栽行吗？

还是20长的小路，还是4个间隔，像这样开头不栽，只能栽几棵树？

还有谁也栽了4棵树，但是和他的方法不一样。请你来给同学们介绍一下。这样栽可以吗？

过渡：同学们，你们发现了吗？不管是开头没栽还是结尾没栽，他们都是在20米长的小路上栽了4棵树。还可以栽几棵树？（板书：4、4）

（3）两端都不栽的情况

请你来介绍一下自己的栽法。这样栽符合要求吗？我们一起来看看。还是20长的小路，还是4个间隔，这样栽只能栽几棵树？（板书：4、3）

三、梳理总结，建立模型

（1）区分相同点和不同点

同学们真的很了不起，竟然想到了这么多栽树的方法！请同学们比比看，这些方法有什么相同点和不同点呢，有发现吗？把你的发现说给同桌听一听。

我发现好多同学已经做好了，谁来说给大家听？

你不仅发现了相同点还发现了不同点，很棒！

你发现了他们都有4个间隔，你知道这4个间隔是怎么来的吗？谁能用一个算式来表示？

在间隔数相同的情况下，为什么栽了不同的棵数呢？

小结：你的意思是栽树的方法不同，所以栽的棵数就不同。

（2）分类

同学们，我们一起来理一理。

像这样开头和末尾都栽，我们可以给它起个名字叫"两端都栽"。像这样，有一端不栽的我们可以叫"一端不栽"。像这样两头都不栽，我们可以叫"两端都不栽"。

（3）总结规律

我们先看两端都栽时，间隔数和棵数之间有什么关系呢？

我们一起来数一数。

一端不栽时，间隔数和棵数又有什么关系呢？你有发现，请你来说一说。你观察得真仔细！

那两端都不栽呢？间隔数和棵数又有什么关系？谁有发现？你们同意吗？

过渡：刚才同学们帮老师解决了在20米的小路上栽树的问题，在讨论交流中我们还发现了植树中棵数和间隔数之间的关系。如果路再长一些，你们还能行吗？

（4）用一用

这是我们学校新建的操场，学校准备在长100米的跑道一侧栽树，还是每隔5米栽一棵（两端都要栽），又能栽几棵树呢？请同学们试着算一算。

教师发现有同学做得特别快，我们请他来介绍一下，他是怎么做的？

（学生讲解）

你们听懂了吗？你的思路真清晰。还有谁也是这样想的？

四、练习巩固，应用模型

其实，除了植树外，我们发现的规律可以帮助我们解决生活中的很多问题。一起来看看吧！

1.图片展示：这是紧邻我们学校的正在建设中的润生路，路面已经基本完工，现在需要在马路两边安装路灯，电力公司的叔叔想请我们帮忙算算，一共需要安装多少座路灯？

先读读方案，再想一想，然后在练习纸上算一算！

在全长500米的马路两边，每隔50米安装一座漂亮的路灯（两端也安装），一共需要安装多少座路灯？

2. 五一劳动节快到了，我们学校准备在14米长的门厅一侧，每隔2米摆放一盆花，请同学们选择一种摆法，帮教师算一算，学校需要采购几盆花？

3.回归生活。除了安装路灯、摆放鲜花，在我们身边还有很多类似植树问题的现象。在我们校园里，发现了这样一个指示牌，谁来读一读？间隔2米是什么意思呢？

想一想，在生活中还有哪些类似植树问题的现象呢？

（预设：桌椅摆放、灯管、斑马线、站队等）你能具体说一说吗？

只要留心观察，你们就会发现植树问题在我们生活中应用非常广泛。

五、反思总结，拓展认识

请同学们静静地回想一下，通过这节课的学习，你有哪些收获？

这节课，我们主要研究的是在线段上的植树问题，如果在封闭图形上植树，这种情况下棵数与间隔数之间又会有怎样的关系呢？感兴趣的同学，可以用我们这节课研究的方法研究一下。

植树问题里还有许多有趣的知识，我们一起去了解一下吧。

播放视频，介绍数学史上"20棵树的植树问题"。

20棵树，每行4棵，怎样种植才能使行数更多？还能有更新的研究进展吗？同学们，你们有兴趣吗？

【教学反思】

在信息技术如此发达的今天，我们已经习惯了用多媒体课件来辅助教学，简单的用 PPT，水平较高的引入视频和 Flash 动画，有时候感觉课件已经达到了无所不能的地步。不经意间，课件慢慢挤占了其他教具的份额，出现了一家独大的势头。但受数学学科特点的限制，很多知识的习得和能力发展，都离不开学生的动手操作。在操作活动中学生获得的直观感受和积累的活动经验是课件演示中很难产生的。因此，除多媒体课件外，教具学具的使用在数学学科中依然不容忽视。

这节课，是我们《数学课介入教具的支持性研究》课题研究的第一节研讨课，重点展示了如何在数学教学中有效介入教具，实现对教学的高效支持。

本课例选材精巧，结合教学内容，精心选择了能有效帮助学生学习探究的教具，为提高教学实效提供了实实在在的帮助。

主要表现在：一是课前活动时，以学生的"手"为教具，让学生初步感受了间隔；二是课上鼓励学生运用直尺和棉棒等学具来探究栽树方法。摆一摆的同学可以用直尺当小路，用棉棒当小树；画一画的同学可以用直尺和铅笔画线段当小路，画图形当小树。一把 20 厘米长的直尺摆一摆和画一画都能用到，为不同思维水平的学生提供适时的帮助；三是几根普通的棉棒也是慎重选择后的结果。最初选的是小棒因为易滚动，想换成牙签，但考虑到牙签两端比较尖锐存在安全隐患，所以后来又换成了棉棒，看似不起眼的小学具，其实也体现出了教师在素材选择上的用心。正是这份用心降低了学生操作的难度，消除了无关因素的干扰，节约了教学时间。

植树问题，是编排在青岛版现行教材三年级的学习内容，我们尝试让二年级的学生来学，因为实物教具的介入、支持，充分借助直观教具动手操作，引导学生仔细观察思考，借助教具促进语言表达、思维外显，提升了探究质量，达到良好的学习效果。

【课例3】
求"比一个数多（少）几的数"的实际问题教学设计

【教学内容】 青岛版《义务教育教科书（五·四学制）数学二年级下册》第五单元信息窗3。

【教学目标】

1.在具体情境中，经历探究求"比一个数多（少）几的数"的实际问题的过程，掌握解决问题的方法。

2.感受数形结合思想，发展解决问题的策略。

3.在体验探究活动中发展几何直观。

【教学重点】 理解数量关系。

【教学难点】 理解数量关系。

【教学准备】

教具、学具：课件、探究单、学习单、各色纸条、实物图卡。

【教学过程】

一、联系生活，情境引入

师：同学们，花灯是我们中华民族数千年来重要的节日文化。春节期间园林工作人员不辞辛劳为我们准备了精美的花灯盛宴，为节日增光添彩、祈求平安，我们一起来欣赏。

（播放视频）

二、创设情境，提出问题

师：这是公园一角树上花灯的信息，你发现了哪些数学信息？（课件出示情境图）

师：结合这些信息，你想到哪些数学问题？

预设问题：葫芦灯有多少个？扇子灯有多少个？银杏灯有多少个？……

（提出的问题分类张贴）

三、探究方法，建立模型

同学们真了不起，想到这么多数学问题。咱们先来研究：葫芦灯有多少个？

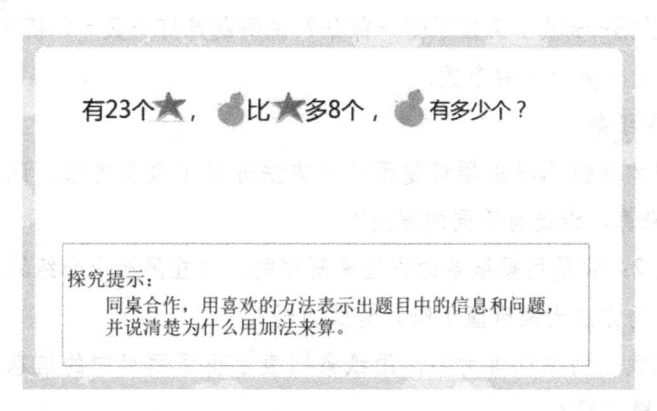

有23个★，🫑比★多8个，🫑有多少个？

探究提示：
同桌合作，用喜欢的方法表示出题目中的信息和问题，并说清楚为什么用加法来算。

想想看：要解决这个问题，需要用到哪些数学信息？

运用这些信息，你能解决这个问题吗？试着写到你的练习单上。

师：你能说清楚为什么用 23+8 来算吗？

（预设：因为多 8，所以用 23+8 来算）

师：谁能说得更清楚？

师：看来想说得更清楚有点困难，接下来我们同桌合作一起来研究一下，看看能不能借助桌面上的学具，用喜欢的方法，来说清楚为什么用 23+8 来算。

学生独立探究。

师：刚才教师发现大家讨论得非常认真，相信一定有了自己的方法，谁愿意第一个说给大家听？

（一）摆实物图

师：我们知道要解决问题，首先需要分析数量关系。

请你先给大家介绍一下，你选择了哪种学具，是怎样分析数量关系的？

其他同学仔细听，他的方法和你的一样吗？比比看谁听得认真，看得仔细！

预设生 1：我先摆五星灯，摆 23 个。（动作）又摆了葫芦灯。因为葫芦

173

灯比五星灯多8个，所以，我先摆和五星灯一样的23个，又多摆了8个。求葫芦灯有多少个，就是用这一块的23个加上这个一块多的8个（学生比画）。所以用23+8来算。

师：这位同学是用摆灯笼图片的方法研究数量关系的。这种方法你看懂了吗？

他摆葫芦灯的时候是怎么摆的？

（先摆了哪一部分，又摆了哪一部分？说明葫芦灯个数＝？葫芦灯的个数＝五星灯的个数＋多出来的个数）

（二）摆纸条

师：刚才这位同学用摆灯笼图片的方法分析了数量关系，说清楚了为什么用23+8来算，谁还有不同的方法？

预设生2：我是用摆纸条的方法来研究的。（在黑板上介绍给大家）

师：他的方法大家听懂了吗？有疑问吗？

师：在我们的共同努力下，用纸条图表示出了题目中的信息和问题，这种方法你听懂了吗？

师：追问，每段不同颜色的纸条分别表示什么？

从图中你能看出葫芦灯个数和五星灯个数之间的关系吗？

（葫芦灯的个数＝五星灯的个数＋多出来的个数）

师：看来用纸条图也能清晰地表示出题目中的数量关系，解决问题。

（三）方法优化

师：刚才，同学们用自己喜欢的方法分析数量关系，解决了问题，现在我们一起来梳理一下。

师：有的同学是用摆实物图片的方法分析数量关系的，有的同学是用了摆纸条的方法来分析的，比比看这两种方法，你喜欢哪一种，为什么？

预设：喜欢摆实物图，因为很清楚。

预设：我喜欢纸条图，摆图形很麻烦，要是1000个的话摆起来就很麻烦了。纸条图摆起来比较方便，1000个也可以用一个纸条来表示。

小结：直接用长短不同的纸条表示不同的数量，确实比摆单个的实物要简单方便。

(四) 巩固方法

师：既然大家都喜欢这个方法，咱们一起把这个方法请到黑板上好不好？

(板演讲解摆纸条图的过程，从图中我们一眼就能看出，葫芦灯的个数＝五星灯的个数＋多出的个数)

师：纸条图也是一种分析数量关系的方法。这种方法你学会了吗？

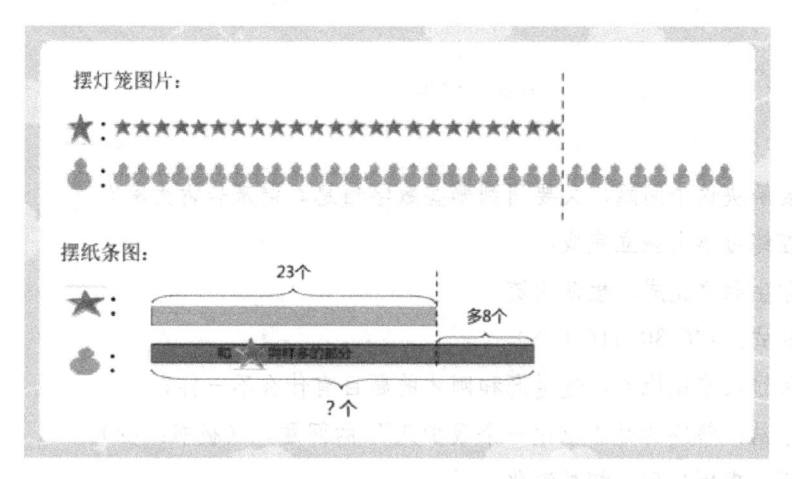

(五) 尝试练习

你能用新学的方法解决福袋灯有多少个吗？

要解决这个问题，需要哪些数学信息？谁来完整地说一说？

拿出练习单，快试一试吧。

学生独立完成，教师巡视，作品拍照交流。指名说方法。

(交流要求：学生说清楚用什么颜色纸条代表了什么数量，多出来的部分在哪里，问题是什么，用什么方法解决的这个问题)

小结：刚才运用纸条图解决了两个数学问题。比比看，这两个问题有什么相同的地方？

板书课题："求比一个数多几"的实际问题。

在这个过程中，我们还认识了一位新朋友——纸条图。

四、应用模型，解决问题

你能继续用摆纸条的方法解决银杏灯有多少个吗？

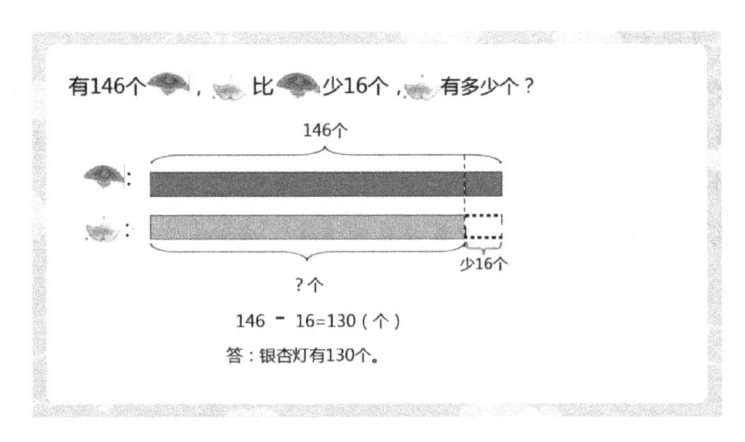

> 有146个🍃,🍂比🍃少16个,🍂有多少个?
>
> 146个
>
> ?个   少16个
>
> 146 - 16 = 130(个)
>
> 答:银杏灯有130个。

要解决这个问题,又要用到哪些数学信息?谁来告诉大家?

在练习单上独立完成。

学生独立完成,板演交流。

算式:146-30=116(个)

回过头来比比看,这道题和刚才的题目有什么不一样?

小结:解决的是"求比一个数少几"的问题。(板书:少)

五、巩固应用,拓展深化

师:这节课我们用摆纸条的方法分析数量关系,研究了求比一个数多(或少)几的问题,既清楚,又简洁。在前面提出的问题中,还有哪些可以用我们这节课学的知识来解决?

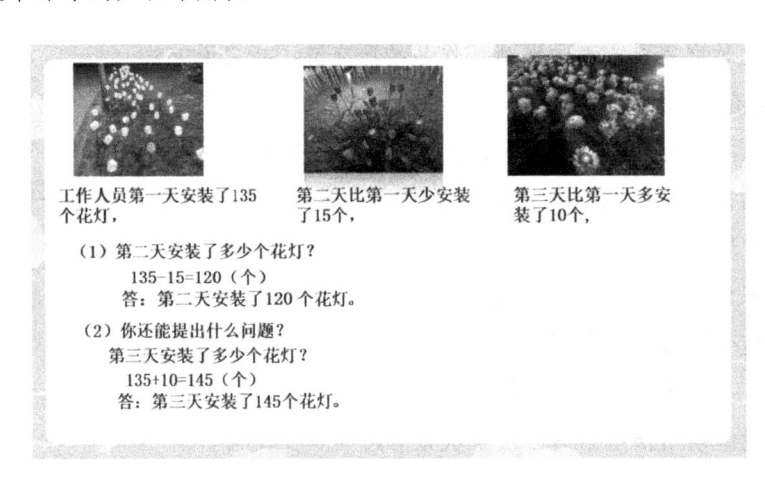

> 工作人员第一天安装了135个花灯,　第二天比第一天少安装了15个,　第三天比第一天多安装了10个,
>
> (1)第二天安装了多少个花灯?
>   135-15=120(个)
>   答:第二天安装了120个花灯。
>
> (2)你还能提出什么问题?
>   第三天安装了多少个花灯?
>   135+10=145(个)
>   答:第三天安装了145个花灯。

师：前面还有几个问题没有解决，放在问题口袋里，我们下节课继续研究。

【教学反思】

为了更好地落实新课标理念，达成教学要求，本节课试着从三个方面进行了尝试和探索。

一、创设生活化情境，激发探究热情，发展数学眼光

问题解决是对现实世界数量及其关系的"数学化"过程。情境的复杂程度、熟悉程度，决定了学生分析数量关系的复杂程度。新课标对情境创设的要求是第一学段：简单情境为主，第二学段：实际情境为主。对于低年级学生来说，生活化的问题情境能更好地激发学生的探究热情，更容易感受到数学与生活的紧密联系，有利于培养学生用数学的眼光观察生活、在生活中应用数学的意识。因此，在素材选择和呈现上尽量做到两点。

1.素材选择真实。春节期间五彩的花灯是县城一道亮丽的风景。鲜艳的色彩和丰富的形状让大家印象深刻。因此，选择了赏花灯的问题情境引入，引导学生从对花灯外形和颜色的关注，引申到对数量的关注，鼓励学生寻找数学信息，发现和提出数学问题，也希望通过这样的素材能激发学生对家乡的热爱。

2.信息呈现丰富。在欣赏完花灯视频后，教师呈现了这样一幅情境图。图中蕴含着丰富的数学信息，这为不同思维层次的学生提供了丰富的资源。这个过程允许学生根据自己发现的信息提出数学问题。学生关注点不同，提出的问题各异，教师逐个板书，根据教学的需要有选择地解决。这样的教学能让学生感受到自己提出的问题是被关注的，是有价值的。因为时间关系解决不了的先放进问题口袋，下节课继续解决。从中让学生感受到学习是一个持续前进、不断挑战、不断进阶的过程。

二、借助几何直观，厘清数量关系，感悟数学模型

问题解决教学主要任务是分析数量关系，感悟或构建数学模型。教学中着力在数量关系的分析和数学模型的感悟方面做出了努力。

1.聚焦数量关系。通过调整数据，弱化了计算难度教学，突出了数量关

系的教学。教学策略是在激活学生学习和生活经验的基础上，抓住四则运算的意义，让学生理解具体情境中的数量关系。

2.强化发展几何直观。本节课的几何直观体现在运用学具实物图片、纸条、卷尺等表示信息及问题，分析数量关系，明确解决问题的方法。借助纸条图的直观特征帮助发现数量之间存在的联系，以达到化难为易、化繁为简、化隐为显的目的。完整呈现了在分析数量关系中，从实物图到纸条图的演进过程，为后续学习线段图埋下伏笔。结合活动体验和老师的梳理总结，也使学生感受到借助几何直观解决问题时方式和策略的不断进阶。

3.感悟数学模型。模型是数量关系的一般性表达，是四则运算意义的抽象，也是数量关系主题的核心概念。小学阶段大多数的数量关系都可以归结为加法和乘法模型或其变式或组合。这节课涉及的是加法模型及其变式。对加法模型的感悟过程也是对加法和减法意义理解的深化过程。

在平时的教学中，学生之所以出现见多就加、见少就减的情况，是因为低年段问题解决教学中，我们没有向学生有意识地渗透加法模型及加法模型的变式。本节课结合纸条图，让学生反复描述数量之间的关系，借助手势感受分量、分量和总量之间的关系，运用加减法的意义来解决问题，是建立模型的基础。为第二学段建立与应用加法模型埋下一粒种子，提供经验的积淀。

三、做好前测分析，优化教学策略，提高教学效率

基于对班级学生的学习前测，改变常规的"提出问题、分析问题、解决问题"的教学思路，聚焦学生学习的难点优化了教学设计。前测发现：在参加前测的41名同学中，有36名同学能根据已有的学习经验正确列式解决问题（占总人数的87.8%）；3名同学能正确列式但计算出错。2名同学对加法意义理解不透彻，数量关系分析混乱，列式出现错误。在随后的访谈中，我们发现，在做对的36名同学中，仅有3人能说清数量关系且表达思路清晰。其余同学只知道怎样算，但说不清为什么这样算，对数量关系的表述困难。为了让学生真正掌握理解数量关系，建构清晰的加法和减法模型，调整了教学思路：提出问题后先放手让学生算，之后集中探讨为什么这样算，以此聚焦数量关系的分析及数量关系的表达。

教学中，还存在教师对学生的精彩生成资源不能及时抓住有效利用的现象，需要教师备课时，对教学内容及目标的把握要再深入些，引领学生多向前走一步。使每节课教学目标的达成，保底而不封顶！

2.4 自主构建 系统提升

——小学数学复习课模式解读及实施建议

"复习"一词在汉语词典中的解释是：重复学习学过的东西，使巩固。用一个词来概括就是温故知新，温故是复习的发端，知新是复习的目标。而整理就是实现"温故知新"的纽带，它承载着回顾与整理、沟通与生长的独特功能。复习课和新授课、练习课一样，是数学教学中基本的课型。复习课就要把平时所学的零散知识，从新的角度，按新的要求进行归类梳理，使之条理化、系统化，并通过查漏补缺，进一步巩固、深化基础知识，提高学生的技能，发展学生解决实际问题能力的一种课型。做好这一内容的教学，对提高小学数学教学效果，促进学生数学能力全面发展具有重要意义。

为此，建立复习课课堂基本结构：明确目标—自主整理—交流深化—综合练习—评价反思，助力教师的复习课教学。

一、明确目标

要结合复习内容，学生年龄特点，创设合适的数学情境，激发学生复习愿望，适时提出复习要求、目标。复习目标起着导航引领作用，要使学生在复习之前，能够从整体上了解本节课的学习任务和要求，在接下来的自学活动中做到方向明确，有的放矢，充分调动学生学习的积极性、主动性。复习目标要有科学性、合理性、明确性、可检测性。明确目标的方式（口述、文字等）视需要而定。

二、自主整理

本环节的主要目的是引导学生经历对已学过的某一单元或专题知识进行

回忆、再现或梳理，运用列举、分类、比较、整合等方法，通过自主整理与思考，进一步弄清知识的来龙去脉，深化对知识的理解，主动自我构建，形成知识体系，养成整理好习惯，发展整理能力。

教师备课要精心设计复习学案，给学生提供整理复习的"脚手架"。学案要充分考虑学生整理知识的能力和实际水平，既有趣味性，又有挑战性，起到良好的作用。学案设计要注意做好几点：一是要给出具体方法指导，比如，指导学生可用思维导图式、图表式、图文结合式等呈现整理的内容，可采用举例说明等方法，突出重难点和关键性知识。二是对整理结果提出明确要求，如力求全面、条理、简洁、准确，能展现出主要知识及其之间的关系。三是要兼顾班级中不同学习水平的孩子，使每个人都能在个人学习水平的基础上，通过回顾整理，认知水平有提高。四是要有开放性，学案的学习支持作用体现在既有利于让学生整理知识，明确每个知识点的意义，达到再理解、巩固的目的，同时，又能引发学有潜力的学生再思考、再发现、再创造。

自主整理的实施时间，可根据学段特点，灵活安排。低年级一般可安排在课上，在教师引领下完成；中高年级一般可安排在课前，由学生自主完成。

三、交流深化

在学生自主整理后，要给予他们充分交流展示整理成果的机会。交流时，学生可以用自己的语言，也可以借助实物、图表来阐述自己的整理成果和思维过程。形式有同桌间的展示、学习小组里的交流、面向全班同学的汇报等形式，主要目的是创生更多的学习资源，让那些不同的认识、学习成果、学习方式、思维模式进行充分碰撞，在交流碰撞中起到相互矫正、相互补充、相互借鉴的作用。

在学生充分交流的基础上，教师要进行恰如其分的引导、点拨、总结和提升。如果学生的整理结果能揭示知识之间的联系，形成较为完整的知识系统，教师就完全可以用学生的"作品"帮助学生进行梳理。如果学生的"作品"还不能满足"形成知识系统"这一目标的需要时，教师应积极进行引导、质疑、激发、补充，不断完善，帮助学生准确地建立起各类知识的纵向与横向的联系，学会"异中求同，同中求异"，把知识技能的巩固、思想方法的提炼、核心素养的培养落到实处。要最终建立清晰的认知结构，发展学生的思维，升华认识。在帮助学生完善知识系统后，教师要给他们留出一定的自主时间，让学生结合自己的实际情况进行自我内化吸收、自我矫正完善，实施第二次认知优化。

四、综合练习

复习课中的练习要突出综合性、实践性、灵活性、现实性和发展性，进一步培养学生综合运用知识灵活解决实际问题的能力。练习时，可通过题组的形式呈现练习内容，练习设计要有层次性、针对性，突出知识间的纵横联系。题目要丰富多样、有趣味性，有夯实基础题（填表题、选择题、判断题、简单的实际应用题），有综合运用、提高技能题，有创新运用、训练思维题，还可设计实践拓展题，或在知识的"高度""宽度"上适当向外拓展延伸，或引导学生把所学知识应用到生活中，解决现实情境中的问题。

通过综合性训练，进一步发展学生数学观察、数学思考、数学表达能力。

五、评价反思

引导学生对复习过程进行自我评价、自我反思，积累数学学习的经验。既要归纳总结知识、方法等内容，还要针对学生情意领域进行总结，引导学生对学习的状态、学习习惯、学习能力、创新精神等方面进行评价。主要形式有学生自评、互评、教师评等。

总之，复习课的教学基本结构，在具体实施时，操作的环节要灵活机动，复习的侧重点也要有所不同，要学会依据确定的复习目标合理取舍。例如，可根据教学内容的不同、重难点的不同、学生的特点等有意识地强化某些环节，也可以弱化或者是去掉某些环节。有些课交流重在解疑析难、重辨析；有些课则要进行较多的练习，在练习中深化；有些课重在整理、归类；还有些课重在讨论交流、发展思维；等等。

【课例1】

"运算律与简便计算"整理与复习

【教学内容】 青岛版《义务教育（五·四学制）小学数学五年级下册》总复习。

【教学目标】

1. 在对已学知识的整理和复习中，系统掌握运算定律，建构知识系统。
2. 能主动、合理、灵活应用运算律进行简便计算。
3. 感受学习数学的挑战性，激发学习数学的兴趣，发展思维能力。

【教学重点、难点】

加深对运算律的理解，能自主、合理地选择运算律进行简算，提升计算能力。

一、情境导入，明确目标

1. 数字宝宝找朋友

7.4　　4　　5.4　　$\frac{5}{8}$

125　　25　　8　　$\frac{3}{8}$

师：请你编出几道能口算的题目。两个数字通过加减乘除凑成整数，并且运用到计算当中，就有可能使计算变得简便。

2. 试着填上数字再简算

25×3.9×（　　）　　（　　）×345×125

3. 揭示课题：今天我们就来对运算律和简便计算进行整理和复习

二、自主整理，知识再现

出示课前小研究

1. 我们学习了哪些运算律？并试着说出每个运算律的意义，怎样用字母表示？

2. 比较每个同学举出的运算律能简便计算的例子，你们有什么发现？

三、交流讨论，建构网络

结合课前小研究的完成情况，组织交流讨论。

1. 在学生回顾基础上，完成基本运算律的整理

  运算律   字母表示   举例
  加法交换律：a+b=b+a
  加法结合律：a+b+c=a+(b+c)
  乘法交换律：a×b=b×a
  乘法结合律：a×b×c=a×(b×c)
  乘法分配律：(a+b)×c=ac×+b×c
  减法的性质：a-b-c=a-(b+c)
  除法的性质：a÷b÷c=a÷(b×c)

2.典型例题讲解

根据学生举出的能简算的例子，进行交流讨论。

重点交流：应用了什么运算律？怎样简算？你发现了什么？提醒同学们注意什么？突出对乘法分配律、减法的性质运用分析。

3.运算律分类

（1）师：我们整理知识的时候，可以用表格、思维导图、树状图、框架等方式整理重要的知识点及知识之间的联系，还可以通过分类找运算定律之间的联系。

（2）你分类的标准是什么？

（3）找一找加法交换律和乘法交换律，加法结合律和乘法结合律之间的联系。（位置变了，结果、运算符号没变）（位置、结果、运算符号没变，运算顺序变了）

引导学生讨论交流分类、比较的结果，深化对运算律意义的理解。

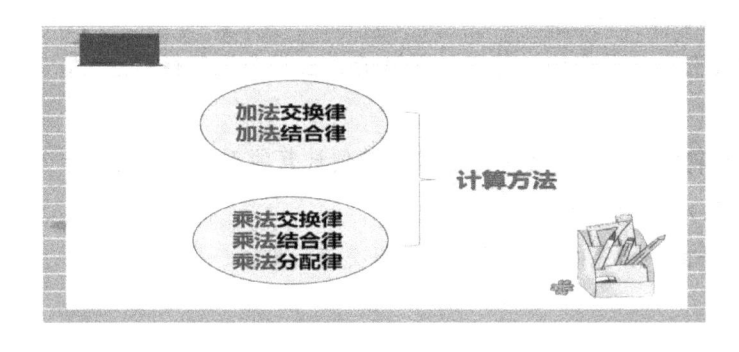

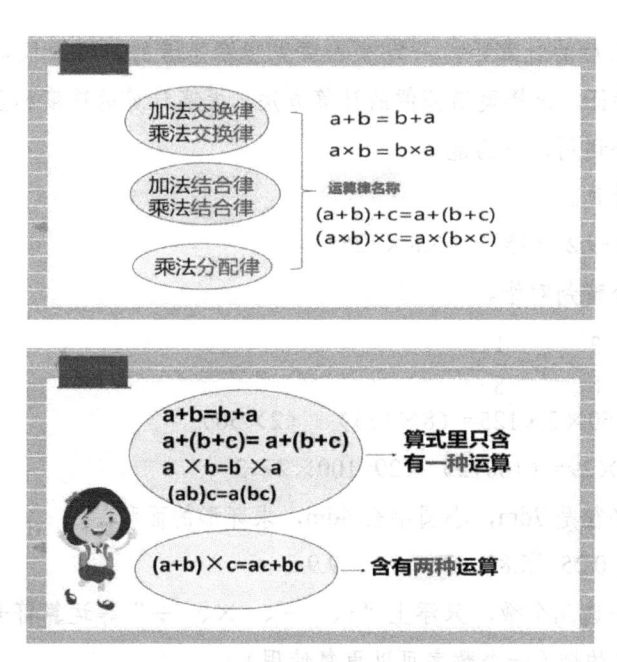

[图示：
加法交换律、乘法交换律 $a+b=b+a$，$a\times b=b\times a$
加法结合律、乘法结合律 $(a+b)+c=a+(b+c)$，$(a\times b)\times c=a\times (b\times c)$
乘法分配律
运算律名称]

[图示：
算式里只含有一种运算：
$a+b=b+a$
$a+(b+c)=a+(b+c)$
$a\times b=b\times a$
$(ab)c=a(bc)$

含有两种运算：
$(a+b)\times c=ac+bc$]

4. 数形结合理解运算律，感受数形结合思想的价值

师：看到每幅图形，你想到了哪些运算律？你还有什么发现？你对数形结合思想又有哪些新的认识？

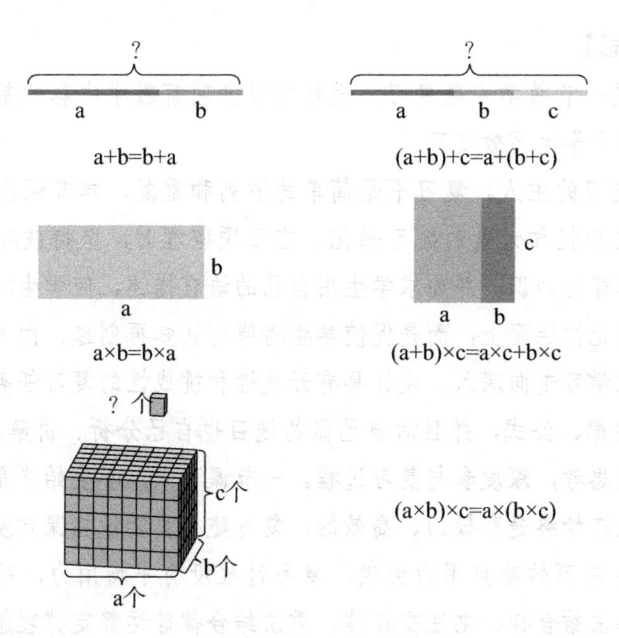

$a+b=b+a$

$(a+b)+c=a+(b+c)$

$a\times b=b\times a$

$(a+b)\times c=a\times c+b\times c$

$(a\times b)\times c=a\times (b\times c)$

185

我们在以后的计算中，一定要养成先观察思考的习惯，根据算式的结构特征和数字特征，选择灵活简便的计算方法，提高计算的速度和正确率。

四、综合运用，提高能力

1. 简便计算。

8.8-6.75+9.2-0.25   8.8×125

2. 火眼金睛判对错。

（1）$\frac{5}{8}+\frac{3}{8}÷8=\frac{1}{8}$ （ ）

（2）8×50×2×125=（8×125）+（2×50）   （ ）

（3）103×29=（100+3）×29=100×29+3   （ ）

3. 大圆半径是7dm，小圆半径4dm，求环形的面积。

4. 4.17 0.25 5.83 7.9 4 9.9

要求：任选几个数，只添上"+、 -、×、÷"等运算符号，拼成几道可以简便计算的题(一个数字可以重复使用)。

五、评价反思，拓展创新

今天的这节课，我们复习了哪些内容？你有哪些收获？还有哪些不理解的问题？

【教学反思】

本节课是一节数学专题复习，教师在深度理解教学内容的基础上，精心设计问题，引导学生高效复习。

学生是复习的主人。复习不是简单的罗列和重复，本节课没有让学生进行简单的重复记忆和大量的练习强化。在回顾整理时，坚持鼓励学生自己整理、回忆运算律的知识，并要求学生用自己的语言描述，使学生对运算律的掌握没有停留在记住层面上，而是促使学生将原有认知再创造，由内化理解到外显表达，自主学习走向深入。设计具有开放性和挑战性的复习任务，不但让学生自己回忆规律、公式，并且对自己做的题目也自己分析、讲解、评价，"逼迫"学生深度思考，深度参与复习过程。一节课下来，学生始终是课堂学习的主人，学习状态始终是积极的、高效的，复习建构真实地在课堂发生。

聚焦学生理解的难点用力突破。复习过程没有平均用力，基于学生对加法交换律、加法结合律、乘法交换律、乘法结合律等运算定律理解记忆较好，课堂上就只针对乘法分配律这一难点进行了重点再理解。练习层次性强，突出重难点和思维的训练，由易到难，层层推进，使学生在练习中既感受到了运算律的价值，又能享受到成功的喜悦，收获学习的快乐。学生思维被打开，始终保持了浓厚的学习兴趣，使复习课教学不再枯燥无味，而是生动、精彩。挑战性的学习活动，激发了学生对数学深层次的热爱，感受了数学的魅力，使学生从此爱上数学。

值得再思考的是，复习课的教学一般容量大，如何在教学中增加趣味因素，既能发展学生思维，又能让学生兴趣盎然地主动学习？如何面向全体学生，特别是促进后进生提高？这些问题，都需要再摸索，需要在实践中寻找更好的策略。

【课例2】

"圆柱和圆锥"整理与复习

【教学内容】

青岛版《义务教育教科书（五·四学制）数学五年级下册》第四单元"认识圆柱和圆锥"整理和复习。

【教学目标】

1. 系统整理本单元所学知识，熟练掌握圆柱圆锥的特征，并运用公式进行表面积或体积的计算。

2. 发展自主整理能力、分析概括能力和综合运用知识解决问题的能力，发展学生空间观念。

3. 感悟不同事物间的内在联系，培养创新意识。

教学重点：掌握圆柱与圆锥的特征，并能熟练进行有关表面积与体积的计算，能够灵活解决实际问题。

教学难点：感悟不同事物间的内在联系，培养创新意识。

教学准备：课件，圆柱体、圆锥体图片教具，学生自主整理的海报。

一、激情引趣，导入新课

开门见山，直接切题：这节课我们一起来整理和复习圆柱和圆锥的知识。（板书课题：贴圆柱和圆锥图）

二、回顾整理，构建网络

课前同学们已经进行了自主复习，谁来说一说这一单元我们都研究了圆柱、圆锥的哪些知识？（板书：特征、表面积和体积）

想一想，我们认识过的长方体和正方体，又是从哪几方面来认识的？

（一）梳理特征

圆柱、圆锥有哪些特征呢？

圆柱由一个侧面、两个大小一样的圆形底面组成，圆柱有无数条高。

圆锥由一个侧面、一个圆形底面组成，圆锥只有一条高。

这些特征主要是从哪几个方面来研究的？想一想，长方体和正方体的特征是从哪些方面研究的？

认识立体图形的特征，我们主要是从围成它的面、边（棱）、顶点等方面来研究的。

（二）梳理表面积

表面积和体积公式又是如何推导出来的呢？请大家拿出你的复习单重点交流这两个问题。

（1）圆柱的表面积怎样计算？我们是怎样研究圆柱的侧面积的？

（2）圆柱、圆锥的体积怎样计算？分别是怎样推导体积计算公式的？

1. 圆柱的表面积

哪个小组来汇报一下圆柱的表面积？

（学生汇报时，出示圆柱展开图）圆柱的表面积＝侧面积＋两个底面积，公式是 $S_表=S_侧+2S_底$。（板书：$S_表=S_侧+2S_底$）

研究圆柱的侧面积：我们把圆柱的侧面沿高剪开，转化成了长方形，长方形的长就是圆柱的底面周长，长方形的宽就是圆柱的高，所以圆柱的侧面积＝底面周长×高，$S_侧=Ch$。（板书：$S_侧=Ch$）

引导交流：大家有问题要问他吗？

根据学生回答，随机贴出平面图形。

课件演示：在这个探究过程中，我们用到了一种非常重要的探究方法：把圆柱的侧面，沿高剪开，这个曲面就转化成了直面——长方形。这种方法我们把它叫作化曲为直。（板书：化曲为直）

2. 沟通联系

圆柱的表面积=1个侧面积+2个底面积。（出示长方体展开图）长方体的表面积能这样算吗？

圆柱的侧面积=底面周长×高，长方体的侧面积能用底面周长×高吗？

正方体的表面积计算道理一样吗？你发现了什么？教师结合学生回答简要总结。

（三）梳理体积

圆柱圆锥的体积计算又有什么样的联系呢？哪个小组来汇报一下圆柱、圆锥的体积计算方法？

1. 圆柱的体积=底面积×高，公式是 V=Sh

我们是把圆柱沿底面半径垂直剪开等分成若干份，把它拼成一个近似的长方体，通过观察发现：长方体的底面积就是圆柱的底面积，长方体的高就是圆柱的高，所以圆柱的体积=底面积×高。（PPT演示）我们来看一下，在这个过程中，我们也用到了一种非常重要的转化方法——化圆为方。

2. 圆锥的体积=底面积×高×1/3，公式是 V=1/3Sh

通过实验法，我们发现等底等高的圆柱体积等于圆锥体积的3倍，圆锥体积等于圆柱体积的三分之一，所以圆锥的体积=底面积×高×1/3。（PPT演示）我们来看一下这个推导过程，研究圆锥的体积，我们用到了什么方法？实验法，通过实验把圆锥体积转化成了圆柱体积。

3. 沟通联系

还记得长方体和正方体的体积怎样计算吗？

也是底面积×高，有疑惑吗？它们的体积为什么都可以用底面积×高呢？

让我们来仔细观察观察它们的样子，你发现它们有什么共同的特点呢？

适时引入直柱体，感受极限思想。

结合课件进行复习总结：认识图形的一般方法；知识之间的联系！

三、综合练习，拓展应用

下面就让我们带着联系的眼光走进生活看一看。

师：老师找到了一个圆柱形物体，它的底面半径是3厘米，高是15厘米，请你先比画一下这个圆柱有多大，再想象一下：它可能是生活中的什么物体？

学生开始比画，教师指导。

1. 如果它是一个笔筒，你能提出什么数学问题呢？

生：它的占地面积是多少？制作这个笔筒需要用多少材料？它的体积是多少？只列式不计算。

2. 如果它是一块圆柱形橡皮泥，想不想让它变变形？

可以怎么变形呢？引导学生：切一切、削一削、捏一捏等积变形，都行。请大家拿出练习题卡：

（1）选择一种变形方法先说一说，再提出一个恰当的数学问题。

（2）独立解答后，小组交流方法。（有困难的可以画图或请同学帮助）

（3）拓展延伸：圆柱容球定理

研究球：（出示一个足球图片）给足球设计一个包装盒，既方便运输，又能节省材料，充分发挥你的想象力，想一想，可以设计一个什么形状的包装盒呢？

同学们，当球这样装在圆柱里时，就产生了一个伟大的数学定理，这就是著名的"圆柱容球定理"。介绍阿基米德，融入数学文化。

同学们，今天的学习有收获吗？

阿基米德曾说过："给我一个支点，我就能撬起整个地球。"同学们，数学就是一个支点，希望你带上它去探索更多的数学奥秘！

【教学反思】

这是一节单元复习课，教学设计结构完整，问题设计典型，学生思维活跃，做到了引领学生对单元知识的系统梳理与沟通，引导学生把平常所学孤立的、分散的知识串成线、连成片、结成网，真正做到了突出沟通整理，建构完整的"知识链"，复习有深度，目标达成度高。突出表现在以下几个方面。

一是注重知识间的内在联系，有机整合。本课从"联系"出发，引领学生从圆柱圆锥的特征入手，感悟了认识图形的一般方法。通过师生之间的多维对话，一步步激发学生对原有知识的提取，把零散的知识点，通过教师经典的问题以及精心设计的板书，让学生在原来认知的基础上对知识点进行重新组织，形成新的知识架构，产生新思考，达到新认识。

二是注重方法引领，渗透重要的数学思想。引导学生进一步把长方体、正方体、圆柱的侧面积和表面积计算方法提炼成一个通用公式，使学生从更一般的层次上理解相关的计算方法。在交流体积计算的环节，通过长方体、正方体和圆柱体的体积为什么都能用底面积乘以高求得，引导学生感悟直柱体之间具有相同的体积计算方法的道理，渗透极限思想，把握知识的本质，感受数学知识的普遍适用性。

三是关注学生综合能力、数学素养的提升。选择有效的练习点将知识综合应用，结合单元知识的重难点，巧妙地设计了由浅入深，层层递进，扎实有效的综合性、开放性练习，取得了良好的教学实效！

【课例3】

"策略与方法——转化"整理与复习

【教学内容】青岛版《义务教育教科书（五·四学制）小学数学五年级下册》"回顾整理"总复习第135页。

【教学目标】

1.通过回顾计算和一些公式推导，使学生再次体会转化的思想方法，加深对转化思想方法的认识。

2.加深对所学知识的理解，感受转化的策略在解决实际问题中的作用，初步形成策略意识。

3.感受数学学习的应用价值，体会方法策略的重要性。

【教学重点】让学生通过运用转化的策略分析问题、解决问题，体会转化策略的价值。

【教学难点】要求学生能根据问题的特点确定具体的转化方法，初步形成策略意识。

【教学过程】

一、激活思维，初步回忆转化

（一）生活中的转化思想

同学们，我家住五楼，想自己把这一大桶纯净水送回家，很困难，确实扛不动！

（板书：大桶 自己扛不动 困难）

请大家帮我想办法，怎样才能顺利地把水送回家？

学生的想法：

1.用小车拉；这位同学想到了用小车拉。把我扛不动变成了拉得动。

（板书：拉）

2.两人抬。

（板书：两人抬）

3.分装到几个小桶里扛。

（板书：小桶）

小结：同学们想到的大桶变小桶、扛变拉、一人扛变多人抬的方法，可以用两个字来概括："转化"。（板书：转化）

转化的方法，不但帮我们解决生活中的问题，在数学学习中也有广泛的使用。

（二）数学中的转化思想

比较 $\frac{9}{10}$ 和 $\frac{4}{5}$ 的大小，请说一说我们如何比较这两个分数的大小？

（1）生：通分，把异分母分数转化成同分母分数，分子大的分数比原分数大。（板书：同分母）

师："转化"这个词用得好！

师：异分母分数转化成同分母分数用到了什么知识？

生：分数的基本性质。（板书：分数的基本性质）

师：看来也不是随便转化的，转化需要相应的知识！

（2）还可以怎样转化来比较它们的大小？

生：也可利用分数的基本性质转化为同分子分数来比较。（板书：同分子）

（3）利用分数与小数的互化，转化成小数来比较它们的大小。（具体的数字比较）

（4）利用这两个分数与1的差，比较它们的大小。

总结：转化的方法，帮我们解决了异分母分数的大小比较的问题。

二、整理交流，系统感受转化

（小学阶段数学学习中的转化）

（一）新知转化旧知

师：还有哪些数学知识的学习中也用到转化的方法？让我们一起来观察。

1. 数学运算中的转化

作业纸出示：仔细观察，你有什么发现？

1.2×1.5	→	$12 \times 15 \div 100$
$1.25 \div 0.5$	→	$12.5 \div 5$
$\frac{1}{2} + \frac{1}{3}$	→	$\frac{3}{6} + \frac{2}{6}$
$\frac{1}{2} \div \frac{2}{3}$	→	$\frac{1}{2} \times \frac{3}{2}$

我发现：

学生独立思考，同桌交流，班内汇报。

利用积的变化规律，小数乘法可以转化成整数乘法来计算。

根据商不变性质，小数除法可以转化为整数除法来计算。

分数除法转化成分数乘法来计算。……

转化

小 数 乘 法 ⟹ 整 数 乘 法

除数是小数的除法 ⟹ 除数是整数的除法

异分母分数加减法 ⟹ 同分母分数加减法

分 数 除 法 ⟹ 分 数 乘 法

小结发现：计算时经常用到转化的方法。

2. 学生整理其他数学学习中使用转化法的例子

师：想一想，学习哪些知识时还用到了转化的方法？

请同学们以小组为单位共同回顾、梳理一下。

（1）学生小组自主整理。

（2）汇报交流：学生语言描述，教师利用课件补充演示。

平面图形：播放课件。（平行四边形、三角形、梯形）

教师小结：推导平行四边形的面积计算公式时，把平行四边形转化为长方形来研究。形状发生改变，但是，面积的大小不变。

立体图形：播放课件。（圆柱的侧面、圆柱的体积）

教师小结：推导圆柱的侧面积把曲面转化为平面来研究。

解决问题：播放课件。（比的问题、等量代换、不规则的体积）

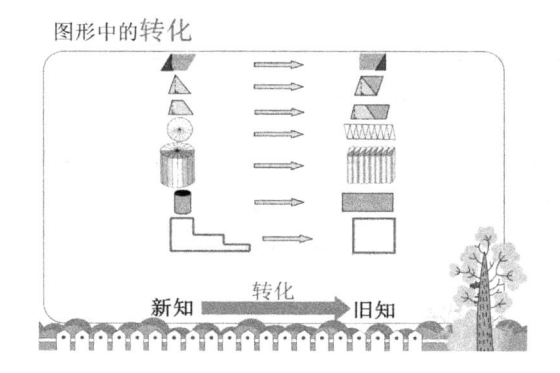

3. 思考

同学们，以上我们回顾、体验了转化法在数学学习中的应用。谁愿意谈一谈转化的方法在我们数学学习中有哪些作用？或者说一说，你对转化方法的认识有哪些？

生1：遇到不好解决的问题，可以考虑利用转化的方法来解决。

生2：已有的旧知识可以转化成新知识。

生3：新问题可以利用相关知识转化为已知问题。

4. 转化方法实践

出示直角三棱柱：

介绍：这是一个三棱柱，它的底面是直角三角形。我们称它为"直角三棱柱"，如果它的底面积是 S，高是 h。你能推导出它的体积计算公式吗？

生：受圆柱体积公式推导过程的启发，可以把两个这样的直角三棱柱拼成一个等高的长方体。把直角三棱柱体积的计算，转化成长方体体积的计算，用长方体的体积除以 2，就得到直角三棱柱的体积计算公式了。教师 PPT 演示：

长方体体积 V＝长方体底面积 S × 长方体高 h

    ＝直角三棱柱底面积 S×2 × 直角三棱柱高 h

直角三棱柱的体积 V＝长方体体积 V÷2

    ＝直角三棱柱底面积 S× 直角三棱柱高 h

生 2：也可以沿高的一半截成两个相同的直角三棱柱，再拼成一个长方体来推导。

生 3：也可以直接利用知识的类推，得到底面积乘以高的体积计算公式。

5.师小结：转化的思想，的的确确为我们提供了非常重要的解决问题的思考方向、途径，把新知转化为旧知是一种重要的方法。

（二）旧知识转化为新知识

同学们，遇到新问题我们可以转化为旧知识解决。那旧知识能转化为新知识吗？谁能举个例子？

教师出示：

被除数和除数同时乘以或除以相同的数（零除外），商不变。

根据除法与分数的关系，把被除数和除数转化成分子和分母，你能得到什么性质？

还能转化成什么？又能得到什么性质？

你又有什么新的感受？

师小结：旧知识也能转化为新知识，知识之间是互相联系的。

将来同学们进入中学、大学进行更深入的学习，或者将来做科学研究等，将会根据具体问题的特点，用到不同的转化策略。

三、生活运用，领悟转化本质

数学来自生活，服务于生活。

请思考：怎样求苹果的体积？你会想到哪些转化的方法？

学生独立思考，班内交流。

学生描述具体的转化方法，同学之间质疑、完善具体转化细节，突出转化的"等量"本质，保证转化结果的可靠性。

四、课堂总结，强化方法意识

同学们，这节课我们共同回顾、梳理了转化思想在数学学习和生活中解决问题的作用。其实，在我们的生活中，数学中还存在许多智慧的思想方法，帮助我们解决问题。

下节课，我们继续整理复习小学数学中的策略与方法。

希望同学们在生活中，多留意、多学习，试着发现新方法、新应用，并写成数学日记和同学交流。

【教学反思】

本节复习课是对小学阶段数学学习中使用"转化"法解决问题的梳理，重温运用转化思想解决问题的具体过程和具体策略。教学重点是让学生通过运用转化的策略分析问题、解决问题，体会转化策略的价值。教学难点是要求学生能根据问题的特点确定具体的转化方法，初步形成策略意识。教学活动中，教师目标意识强，重视了教学重难点突破，学生对转化思想体会感受更深刻。

一是借助每个知识点的梳理，再次让学生经历转化过程，体会解决不同的问题，需要不同的转化策略，形成转化技能。如圆形面积计算公式推导的过程，用到了"化圆为方"的策略，不规则图形的周长用到了"化曲为直"的策略，小数乘除法计算用到了"化难为易"的策略，立体图形公式推导要"等积"转化，等等。

二是通过重温转化的过程，引导学生进一步体会转化思想的本质特点——等量转化。如运算中使用转化时，算式的运算顺序改变，但结果不变；面积

（体积）计算公式推导使用转化法时，形状改变，但面积（体积）不变；不规则图形的周长计算中，形状改变，但长度不变。

三是实践运用中强化转化意识。通过创设新的问题情境，让学生自己独立推导三棱柱的体积计算公式和上浮苹果的体积问题，把学生转化的意识付诸行动，再次体会到转化法的重要作用和价值。无论是等式转化、等积转化还是等长转化，虽然具体策略不同，但都是在面对新问题时，把新问题转化为能用已有知识解决的问题，使学生体会数学学习的过程，就是不断利用转化的思想解决新问题的过程，就是把解决的新问题变成已有经验和能力，再去迎接新问题挑战的过程。使学生深刻体会转化思想是解决问题非常有效的途径。

在教学中，发现学生在回顾梳理时，明显存在策略方法不清楚、策略意识薄弱等问题。由此，反观数学教师的日常教学，还是过于重视基础知识、基本技能的教学和训练，忽视学生数学活动经验的积累，忽视数学思想方法的提炼和总结。

今后的教学中，教师要树立教给孩子"方法"比获得知识更重要的教学理念，不断提高自身对数学思想方法的学习和认识。自己心中有一片思想方法的"大海"，方能让学生在数学学习的大海中，汲取更多有价值的营养！

体验式教研

2.5 重返课堂体验学习教研课例及学习心得

一、活动概述

为帮助教师深入领会新课程标准要求，发现自身教学方式存在的问题，提高教师自我反思、自我觉醒意识，增强主动转变教学方式的紧迫感，主动提高课堂教学管理能力，将新教学理念落实到课堂教学实践中，在教研实践中，改变传统的教研方式，先后尝试组织开展了两个阶段三次"教师重返课堂体验学习"培训活动。

第一阶段培训：2013年3月12—13日，分别组织了低年级、中高年级全县小学新课程教材培训暨骨干教师专题研讨活动。首次以教师重返课堂体验学习培训形式，开展了课堂教学典型问题专项研讨。选取典型研究内容，指导王新红、陈玉华两位年轻骨干教师，为全县低年级教师分别执教《除数是两位数的除法》《平行线与垂线》研讨课，指导谢慧娟、李衍雯两位教师，分别为中高年级教师执教《比例尺》《正比例》研讨课，让参训教师按"听课教师"和"学生"角色分成两部分，一部分做常规教研活动中观评课的"听课教师"；另一部分做课堂学习的"学生"，聚焦课堂教学中"前置作业设计""小组合作学习实施""课堂提问与引导""教学评价"等教师教学中的困惑点、实施难点，进行重点体验与思考。

第二阶段培训：2015年3月17日，为加快推进我们的课题研究成果"多维合作·高效生成"课堂教学模式实施，落实新教学理念，引领全县小学数学教师课堂教学再上新台阶，以"复习课教学模式构建与实施策略"为研讨重点，亲自执教五年级《数的认识总复习》一课。全县每个镇、城区学校分别推荐2名教师，组成一个40人的教学班集体，由这些教师做"学生"，在笔者这位"教师"的带领下，进行重返课堂学习体验，克服教师平时"最愁、最怕上复习课"的畏难心理，亲身经历课堂，感受、思考复习课教学的实施策略。

两次重返课堂体验式培训，深深触动了教师的内心。他们学会"弯下身子""沉下心来"，去感受、去理解先进的教学理念，体验教学方法以及课堂教学管理策略的实施。

会后，继续组织了"重返课堂体验学习"心得交流。因为角色的换位，教师有了深刻的思考。教师间倾吐心声，交流对话，不再是空话、套话、大话，而是流露真情实感、接地气的思想碰撞。眼中有了"人"、思考入了"心"，是这次培训价值的体现。笔者作为"教师"，也被这群"学生"朴实、真诚、可爱、有趣的反思感动，反复读来，总能心生感慨，他们太有才了！沂源小学数学团队有人才！何其有幸，遇见这支有才华、肯吃苦、敢拼搏的小学数学团队。

重返课堂体验式培训，教研方式的一点改进，便让笔者和笔者的小学数学同伴们，彼此思维碰撞，智慧生成，彼此心生"爱意"，彼此更爱数学！使得教研培训效果大大增强。

二、教研课例

【课例1】

"平行线与垂线"

【教学内容】 青岛版《义务教育教科书（五·四学制）数学三年级下册》第116页。

【教学目标】

1. 复习有关直线、线段、射线的有关知识及同一平面内两条直线的位置关系。

2. 通过自主探究和合作交流，能用合适的方法作出一组平行线、垂线，能借助直尺和三角板画出已知直线的平行线、垂线，正确掌握画垂线和平行线的方法，了解平行线间的距离处处相等的性质。

3. 经过探索活动，发展观察、操作、想象能力，形成初步的空间观念。

【教学重点】正确运用直尺和三角板画平行线、垂线。

【教学难点】理解并掌握画平行线、垂线的方法。

【教具】三角板、直尺、多媒体课件。

【教学过程】

各位教师大家上午好，我是来自实验小学的陈玉华，很荣幸能有这个机会和大家一起交流学习，在座的各位教师有我的同龄人，也有我们教育上的老教师、老前辈，大家都有着丰富的教学经验，我相信大家当学生的经验也很丰富，今天请各位教师再当一回学生，体验体验我们的数学课堂。当然给这么大的学生上课我也是头一回，还请各位教师多提宝贵意见。

这堂课是一堂综合性的单元整合课，是在学习了直线、射线、线段，还有同一平面内两条直线间的位置关系的基础上学习这一单元剩余的部分——平行线与垂线的画法及平行线与垂线的性质。好，下面我们开始上课。

一、复习旧知，导入新课

前面我们已经学习了直线、射线、线段的相关知识，它们之间有怎样的联系与区别？

刚刚我们回顾了有关直线、射线、线段的知识，知道了它们的特点。在前面的学习中，我们还了解了同一平面内两条直线间的位置关系，同一平面内两条直线间有怎样的位置关系呢？

什么是平行？（课件出示两条平行线及概念）

什么是垂直？（课件出示垂直概念、垂足）

看来大家对前面的知识掌握得非常扎实，这节课我们就一起研究平行线和垂线的画法。（板书课题）

二、自主尝试，探究新知

教师给同学们带来了平行线与垂线的课堂小研究，请大家独立完成上面的题目，时间为3分钟。

大家没有三角板和直尺，教师也没有给大家准备，那就充分发挥你的聪明才智，利用你手中的材料想办法解决吧。

三、小组合作，组内交流

现在，我们就以座次为准，前后四人就近组成一个学习小组。请带着自己的小研究在小组内交流。

四、班内展示，总结深化

1. 交流平行线的画法

哪个小组愿意上前面来和大家交流平行线的画法？

看来大家都很谦虚，那下面我就请一个小组上来和大家交流平行线的画法。你们可以利用讲台上的直尺和三角板与大家交流。（指一组上台交流）

预设：可能出现运用直尺的一组对边，或是直尺的一条边贴住这条直线再往下移等方法来画。

（1）展示后讨论

大家都能利用手中现有的工具来画平行线，但是这样画出的平行线有什么问题？（有局限性，这种方法画出来的平行线，两条线之间宽度是有限的。像这样用直尺的一条边贴住这条直线再往下移，在移动过程中尺子歪掉）

这样画出来的两条直线保证一定平行吗？

（直尺移歪了，画出来的线就不平行了）

（2）总结

问问大家有没有愿意交流的，刚才同学们演示交流得非常到位，课前教师也整理了平行线的画法。

① 用三角板的一条直角边与已知直线重合。

② 用直尺紧靠三角板另一条直角边。

③ 沿着直尺平移三角板与已知直线重合的直角边通过已知点。

④ 沿着这条直角边画一条直线，所画直线与已知直线平行。

哪个同学愿意给大家读一读？请大家再读一读，看看哪几个字比较关键？我们可以把这四步简单地概括为"一贴、二靠、三移、四画"。

2. 交流垂线的画法

大家觉得这个小组交流得怎么样？那大家觉得这种交流方式怎么样？采访一下，当事人有什么感受？那有没有更好的交流方法？那就请你小组用你们喜欢的方式和大家交流垂线的画法。

（你如何确定你画的是垂线？）

总结：把三角板的一条直角边与已知直线重合，沿着另一条直角边画出的直线就是这条直线的垂线。（两条直线的交点叫垂足）

①用三角板的一条直角边与已知直线重合。

②沿着已知直线移动三角板，使另一条直角边紧靠已知点。

③沿着三角板的这条直角边画一条直线，这条直线就是已知直线的垂线。

直线通过已知点时，要考虑到笔画的粗细度，三角板的边与已知点之间可稍留一些空隙。最后标注上垂直符号。

3. 交流第二题

刚才我们交流了平行线与垂线的画法，大家表现得非常精彩，哪个小组愿意和大家交流第二题？你还知道关于平行线和垂线的哪些知识？你是怎样知道的？

平行线间的距离处处相等。
过直线外一点有且只有一条直线与已知直线平行。
过直线外一点有且只有一条直线与已知直线垂直。
直线外一点到这条直线的垂线段的长度，叫作点到直线的距离。
连接直线外一点与直线上各点的线段中垂线段最短。
如果两条直线都与第三条直线平行，那么这两条直线也平行。
在同一平面内，垂直于同一条直线的两直线平行。

我们来观察黑板上的两组平行线与垂线，你还发现了什么？

我们研究了平行线与垂线的画法及平行线与垂线的有关知识，本单元的内容你都学会了吗？那就请你大显身手吧！

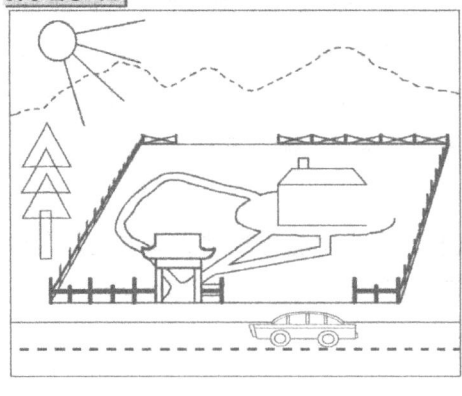

（1）你能接着完成这幅画吗？
（2）图中的哪些线可以看作线段和射线？
（3）哪两条线是互相平行的？哪两条线是互相垂直的？
（4）从小房子到院门口，哪条路最近呢？

三、课堂小结

今天我们一起学习了垂线与平行线的画法,还了解了很多关于平行线与垂线的知识,通过今天的课堂学习,希望能给大家带来不一样的收获。

【课例2】

"除数是两位数的除法"

【教学内容】 青岛版《义务教育教科书(五•四学制)数学三年级下册》第八单元。

【教学目标】

1.整合《除数是两位数的除法》单元内容,选取典型例题,让教师体验笔算除法教学中的重点、难点应如何把握。

2.反思课堂教学行为,体验前置作业设计、自主探究、合作交流等教学活动设计的价值与实施策略。

【教学过程】

一、复习导入,明确要求(课前)

1.复习

(1)同学们,下节课我们将向小学阶段最难的除法题发起挑战,你们害怕吗?(好,有魄力!)我们先做几道题来热热身!请大家拿出你的课前小探究看到第一部分(PPT出示),先算算这4道题,边算边回想:我们是怎样计算除数是一位数的除法的?计算时应注意什么?

(2)学生独立完成,指名订正。

(3)交流方法:谁来说说你是怎样计算的?计算时应注意什么?

(体验点:① 计算教学的课前小研究中是否有必要设计复习相关知识或方法的题目。② 如果设计了,是和学生一起完成后再进行新知探究合适,还是复习回顾与新知探究一并交由学生独立完成合适?)

挑战除法我最棒！

班级：　　　姓名：

【做一做　忆一忆】

1. 72÷6=　　　184÷8=　　　428÷4=　　　420÷3=

2. 想想说说：我们是怎样计算除数是一位数的除法的？

【试一试　探一探】

120÷30=　　　372÷62=　　　850÷17=

598÷18=　　　120÷24=　　　108÷36=

【理一理　写一写】

1. 我来总结：计算除数是两位数的除法时，_____
_____
_____

2. 我有话说：（窍门、提醒、困惑……）
_____
_____

2. 导入

通过刚才的活动，教师发现大家在计算除数是一位数的除法时不仅学会了方法，还积累了很多经验，课后请大家带着这些宝贵的学习经验试着来算算第二组的6道题，把自己的计算方法记录在"我来总结"一栏里。如果你还有其他的收获或困惑，如计算中的小窍门、小提醒、研究中的困惑等，都可以记在"我有话说"一栏里。

对于小探究，大家还有不明白的地方吗？

下面就开始行动吧！限时5分钟。

（体验点：① 感受限时的活动对学生的学习活动的影响，是激发潜能提高效率还是造成心理上的紧张？② 课前小探究的使用指导占用多长时间比较合适？）

学生自主完成小探究。教师巡视，了解情况。（完成的同学可举手示意）

二、组内互助，补充完善

同学们，这节课我们一起来学习除数是两位数的除法。课前同学们已经在"挑战除法我最棒！"的探究活动中开始了这方面的研究，你们一定有了不少收获！请大家带好你们的课前小探究，把自己的智慧和思索说给小组的同学听，如果能做到互相学习，互相补充那就更棒了！

组内交流，教师巡视指导。（3分钟后叫停）

（体验点：① 小组讨论时间不足对学生的心理、活动的效果及后续的全班交流带来哪些影响？② 没有指派小组长，小组活动是否会受影响，小组内是否能自发推选小组长？③ 教师的详细要求对小组活动的效果是积极促进的还是消极制约的？）

三、全班交流，总结方法

刚才同学们交流得都很投入，相信一定有了不少收获！哪个小组愿意第一个和大家交流？

第一组：4人同时上台交流。（规定交流方式）

（体验点：① 4人同台交流，怎样分工更合适？学生在交流时和等待时的心理活动及感受。② 什么样的交流方式更便捷、更高效？）

第二组：按自己喜欢的方式交流，由此引领互动切入内容的梳理。

1. 第一题处理要点：口算和笔算两个角度交流

预设：学生可能会直接口算。

应对：先请学生说结果。说说你是怎样算的。

教师错例：我有不同意见，120÷30=40，这样多好，算起来简单，看上去匀称！

这道题的竖式该怎么写呢？指名板书竖式，说说商为什么写在个位上。

（从除法意义方面理解：120里面有4个30，这里的4表示4个一，所以要写在个位上。从计算方法上理解：前两位比除数小，试除前三位，除到个位就把商写在个位的上面。）

小结：感谢你，不仅让我们明白了这类题的算理，还明晰了竖式的写法！

（体验点：教师在小组交流中的调控如何把握才算适度？）

2. 第二题处理要点：试商方法（四舍五入）

学生边板书竖式边介绍方法后，先引导其他同学质疑：对于这道题，大家还有需要向这位同学请教的问题吗？

问题扩充：

为什么要把62看成60试商？

举例说一说，除数是多少时，也可以用这样的方法来试商？

竖式中下方的372是哪来的？

3. 第三题处理要点：被除数末尾有0（且能整除时商不要漏写0）

引导：对这道题，大家还有要补充的吗？其他小组的同学还有问题吗？

问题补充：

你为什么不用前一位同学的方法？

下面的题目中还有哪道题也可以用这样的方法试商？

小结：同学们都很聪明，能结合学过的估算知识，根据除数的特点，把它估成最接近的整十数来试商，这种灵活处理问题的意识值得表扬！

4. 第五、第六题处理要点：试商方法（估成个位为5的数）

重点说说，在试商时遇到了什么困难？找到了什么好办法？为什么把它们估成个位是5的数？（与除数接近能减少试商次数且计算时相对简单）

反思梳理：请大家利用1分钟的时间静静梳理一下刚才的学习过程，结合你的课前探究，进一步总结计算除数是两位数的除法的计算方法。

第三组：请小组代表介绍整理的计算方法。

哪位同学能介绍一下你们小组总结的计算方法？其他同学还有补充吗？

PPT出示计算方法，自己小声读一读。

四、练习巩固，拓展提高

1. □里最小能填几

（1）商是一位数：□04÷32　7□6÷75

（2）商是两位数：□21÷82　3□9÷34

（先判断再计算，订正答案并请做得最快的同学介绍小窍门！）

或：出示四道计算题。

（3）商是几位数？我们的判断对吗？下面我们就算算看。

（4）比一比谁做得又对又快！订正答案并请做得最快的同学介绍小窍门！

2. 我当小教师

1998÷37=504

1998÷37=54

1998÷37=56

我们的推理是否正确，请大家用自己喜欢的方法检验一下，交流除法的验算方法。（商×除数＝被除数）

3. 考考你

根据 1998÷37=54 填一填：

1999÷37=□……□

2008÷37=□……□

1992÷37=□……□

用什么方法验证一下？（商×除数＋余数＝被除数）

五、总结回顾

请大家静静回想本节课的学习过程，谈谈你的收获。你还有哪些没有解决的困惑？

（体验点：谈收获，这个我们平时经常用到的环节，怎样调控会更有价值？）

【课例3】

"数的认识"总复习

课前谈话，明确任务。

教师们，今天让你们重返课堂做学生，你们可能会有很多想法，心理上可能会很复杂，在课堂上角色会混乱或纠结，这一切皆为正常。我们是刚刚组建的班集体，"同学"来自全县不同的学校：你们年龄不同，老中青都有；你们的学历层次、大学所学专业各不相同；现在任教的年级也有不同，有的互相认识,有的可能只是面熟而已……但有共同点,你们都是数学教师,都是能独立思考的个体。接下来,我们都要转变角色,我是你们的数学教师,我们共同来上一节五年级的复习课。在课堂上,我们要共同思考,共同成长。我对同学的要求只有一条:就是做一名"好学生"。

今天,我课堂上"好学生"的标准就是:有个性,不说假话,用心交流,能真诚、真实地表达自己的思考和心声!下面我们开始上课。

【教学过程】

一、谈话引入,明确目标(2分钟)

同学们,再过大约100天的时间,你们即将告别小学生活,而步入高一级的学校——初中去学习,这是你们在小学学习生活的最后一个学期。本学期,我们不但要学习一部分新知识,同时我们还要把小学五年以来所学的各类知识,进行回顾与整理,不仅要回忆梳理,记住相关的概念、公式、法则、运算定律等知识,弄清它们的联系与区别,更重要的是综合所学知识与方法,能够解决实际问题。

小学数学的课程内容包含数与代数、图形与几何、统计与概率、综合与实践四大领域。今天这节课,我们就从小学数学最基础、所占比重最大的数与代数领域开始,对内容进行系统的回顾与整理。

今天所整理的内容是关于数的概念的相关知识。请同学们先自主整理。

二、自主整理,知识再现(10分钟)

提示:我们在小学阶段学过了哪些数?你都知道了这些数哪些方面的知识?它们之间有怎样的联系与区别?

请选择你喜欢的方式,把这部分知识系统全面、清晰条理地整理出来。

三、交流讨论,建构网络(深化认识)(15分钟)

1. 小组交流(5分钟)

(体验小组交流的作用应该是什么?需要做什么工作,才能保证组内交流有效?)

2. 班内讨论

（体验班内交流的作用是什么？交流讨论的重点内容是什么？方式怎样有效？顺序怎样合理？如何依靠学生？如何把握生成促进深度思考？）

3. 总结提升（3分钟）

（体验教师如何促进学生认知升华？）

四、练习深化，提高能力

结合资料想一想，议一议："数"有怎样的作用？你对数又有哪些新的认识？

（体验复习课的练习与新授课、练习课有何不同，如何设计有价值的复习课练习，有哪些出题策略？）

神秘的南极

南极洲素有"寒极"之称，记录到的最低气温为－88.3℃。南极大陆98%的地域被一个直径约为4500千米的永久冰盖所覆盖，其平均厚度为2000米，最厚处达4750米。南极洲总储冰量为2930万立方千米，约占全球总量的90%。如果全部融化，全球海平面将上升大约60米。南极虽然储藏了全球72%的淡水资源，但因其是以永久固态方式存在的，所以南极又是异常干旱的大陆，素有"白色沙漠"之称。

（1）读一读，你找到了哪些数？说一说它们表示的意义。
（2）南极大陆未被永久冰盖覆盖的面积占南极大陆的百分之几？
（3）你还了解到哪些信息？

> 上面提供的信息中包含了哪些数？用负数和百分数描述有什么好处？

神秘的南极 课本第108页

五、评价反思，拓展创新

通过本节课的回顾与整理，你有哪些新的收获？有什么新的思考？

（体验该环节存在的作用是什么？如何实施？）

209

三、学习心得

【学习心得1】

我也要勇敢

今天的培训却与以往不同，不再是对教学用书、教科书一个单元一个单元地分析、说明，而是实实在在地展示了两节课。而上课的学生却是听课的教师，杜主任要求每个单位至少去一个当学生，我却吓得没敢上，不知道为什么，当了近二十年的教师，整天面对学生，今天却不敢去扮演学生的角色！

一开始我就想，当了多年的教师演学生，这不是难为人嘛，多不好意思啊，教师提的问题这些"学生"都会回答，这还用教师在台上讲吗？果然，李教师一上课揭示课题后，让"学生"自己先就近分组，并选出组长，结果大部分"同学"不好意思说话，毕竟教师之间几乎都不认识。然后问哪位"同学"起来给大家读读"温馨小提示"，没有一个好意思举手的，教师又问了一遍，全场静悄悄的，我心里想，算了吧，教师你自己念一念吧，这时最后一排的一位年轻的女教师站起来了，很认真地用普通话读了起来，全场好像才松了一口气。之后这些"学生"就渐渐地进入了角色，再也没有出现"冷场"的现象。我们这些旁听的也慢慢忘了听课的是教师而不是学生了。自主学习很认真、小组讨论很投入，全班交流时师生互动、生生互动都那么真实、投入和精彩，我都有些后悔没有勇敢地去当一次学生了！

我听课无数，而今天这种特别的课却还是第一次听，并让我终生难忘，如果有机会我会勇敢地去当一次学生或者这样的教师。

【学习心得2】

做"学生"不容易

在两位教师的课堂上，看着其他"同学"纷纷举手，讨论得积极又热烈，我置身其中，总有种不吐不快的欲望，屡次我都想鼓足勇气站起来把自己的想法跟大家分享，但是每次面对教师的提问时，我就又把头低下来了，我紧张、我忐忑，生怕被教师叫起来；我仿佛看见了那一次又一次被我批评不肯举手回答问题的学生；看来很多时候，是我错怪他们了，他们或许不是不会，而是更多地缺乏勇气而已，作为成年人的我，都会这样，何况那一个一个的学生呢！作为跟学生相处时间最长的教师，在今后的教学中应该更多地去了解学生的心理，更多地扑下身子来走进他们的内心中去，更多地关注他们的一言一行，把自己放低点，放低点，再放低点，放下自己一直端着的架子，做学生的好朋友、好长辈。

作为学生，尽管我也一直在努力认真地听讲，但是也有一不留神就跟不上节奏的时候；偶尔也有别人的回答从我耳边一晃而过的时候；看来做学生也是很不容易的；他们有时候课堂上走神，听不懂，或许未必就是故意的；个别的孩子偶尔走得慢了些，未必就是他们的错；对他们多一份宽容，多一份帮扶，少一些批评与指责，或许更利于他们更好地健康成长。

【学习心得3】

假如

假如你是体验式培训中"教师"的教师……

课前，你与他们一起学习课标、研讨教材，一起设计并使用课前小研究

课上，你与他们一起指点文字、迁移推理，一起携手合作探究成长历程

课后，你与他们一起反思教程、探究学法，一起共话课程达标的大容量

此时此刻，请不要漠视他们，因为你们是最幸福、最和谐的"师生"

假如你是体验式培训中"教师"的教师……

磨课时，他们尤其显得特别不善于抬头、特别不愿举手回答

合作时，他们还不习惯与组员间的讨论、优选互补式的交流

评价时，他们往往抓住些许问题的边角，甚或偶尔指短说长

此时此刻，请不要埋怨他们，因为你们是目标同、求同存异的"师生"

假如你是体验式培训中"教师"的教师……

独自时，自己就像个傻子，一个劲儿地钻研、再钻研，永不放心地预设、再预设，憨厚韧性中让人怜敬

面对面，他们就像个孩子，质疑互学的探究、再探究，逐见成效的汇报、再汇报，争辩议论中靠你的引导

反思时，你们就像好学者，教后知困的疑问、再疑问，越辩越明晰的交

流、再交流，教学实践中自反自强

此时此刻，请用心相互携手，因为你们是教学相长、进与共的"师生"

假如你是体验式培训中"教师"的"学生"……

体验前，以平常的心态按时参与，一无准备地自选课桌椅

体验时，变换座次让自己手足无措，培训方式让自己充满希冀；不是我不想回答，而是怕答非所问，因为我一直想回答得尽善尽美

体验末，从教师回到学生是个动程，言谈举止更有待多次地锤炼；不是我不愿举手，而是羞于抬起右手，因为有时感觉问题简单又疑惑

此时此刻，请不要自责，不要灰心，果敢有勇气地面对才算好学生

假如你是体验式培训中"教师"的"学生"……

体验始，快速浏览小研究，既感觉知识简单，又仿佛回答不全面

体验中，学生不再是单纯的学生，而是有着同讲者差不多经验基础的学生；角色转换快的回答问题积极主动，再现活泼好问的学生；心态变换慢的听到问题默不作声，恰如懒散后进的耳旁风

体验后，组长有自己的见解，组员也有自己的主张；小组主动合作需要一个过程，不是强制、不是形式，而是一种行为自立、一种意识自觉

此时此刻，请不要退缩，主动参与，好学上进的尝试才算好学生

假如不再假如

自信向上的心态让我们正确对待每次培训，快速适应每个角色

以生为本的理念让我们落实合作探究的方式，落实激励引导的策略

向体验式培训的师生道一声辛苦

假如不再假如

反思教之过，探究学之程，预设与精彩并行

分享你的成功，分享他的快乐，合作与成长相携

向体验式培训的师生道一声珍重

【学习心得4】

聆听课堂学习的心声，走进数学教学的春天

今年，我有幸参加了全县小学"多维合作·高效生成"课堂教学模式深

化研讨会暨立标观摩活动，会上县教研室杜春联老师为我们呈现了《数的认识总复习》这一节真实、新颖、典型、精彩的复习课。这是一节特殊的公开课，执教教师是县教研员，听课学生是"教师"。课前杜老师就给体验学习活动的教师提出了明确的要求：真诚、真实、有个性、积极，并用浅显的语言解释了要求的含义。这节课像一股清新的春风，沁人心脾，启人深思，令人回味。

2013年第一次重返课堂，作为参与体验的"学生"，听《正比例》一课，当教师第一次问："谁能起来将温馨提示读给大家听？"自己其实挺想举手，但又觉得有点不好意思。毕竟，角色的转变需要一定的时间。直到举生活中正比例的例子时，我才开始鼓足勇气举手。迈出了这重要的第一步，我开始逐渐进入角色，认真地去思考问题，积极表现，不再左顾右盼地观望别人有没有举手，或者担心回答错了别人怎么看。通过自己的这些心理变化，我发现在课堂上有些学生由于不自信而错失机会，久而久之，也就习惯于安静地坐在那里当"配角"。而自信心的丧失与当教师的有着很大的关系，我们总是急于进行自己的教学，一切都想按自己的计划发展，所以当学生回答得不够理想时没有耐心去关注学生的情绪，不能再给他们一点思考的时间和机会。没有一个学生不希望得到他人的关注，尤其是来自教师的殷切关怀，是学生心暖的关键。爱其师才能信其道！营造和谐愉悦的氛围，能有效地激发学生的学习兴趣，充分调动学生积极、快乐地参与学习，让数学课堂焕发出创造的生机与活力，从而切实提高数学课堂的教学质量。

培训回来我连续上了两节课，上课前我就想：这节课一定要让那些不举手的同学勇敢地站起来，帮他们一点点找回自信。课上，难度低的内容，他们不举手我也叫他们来试着回答。当他们表述不太正确时也并不批评或急于叫下一位同学，而是先赞扬他有自己的想法，再提示怎么回答才更准确。那几个同学看到回答错了也不要紧，就开始逐渐试探着把手举起来，尽管举得很低，但他们已经逐步在给自己鼓劲。其实，学生的自信心就是在不断的鼓励中培养起来的，而我们要有足够的耐心。

一个班级有各种各样的孩子，怎样调动所有学生积极参与的主动性也是一个很棘手的问题。我想，最重要的是教学活动要有趣味性，符合学生的年龄特点。要使我们的课堂像动画片一样吸引学生的目光，就需要我们在设计教学活动上下足功夫。

与上次不同，这次重返课堂，我的角色是观摩课堂教学"教师"，我坐在后排"学生"的旁边听。杜老师抛出问题：我们在小学阶段学过哪些数？你知道这些数的哪方面的知识？它们之间有怎样的联系与区别？请选择自己喜欢的方式，把这部分知识系统、全面、清晰、条理地整理出来。问题一出，我发现"学生"的反应各不相同，有的组已经开始行动，各抒己见，互相补充；有的组则是先独立整理，再交流汇总。诚然，关于数的知识有太多太多，最难的就是厘清各种数之间的关系，孤军奋战固然勇气可嘉，但总免不了丢三落四。虽是旁听者，但我仍自觉地把自己融入"学生"所做的事情，与前面参与体验的老师一起讨论、交流，有解决不了的问题时还与周边的小组开展活动。在这个环节中，我真正懂得了什么是小组合作和小组合作的意义。它并不是单纯的学生根据教师布置的内容去探究、讨论、交流，这种讨论应该是发自学生内心的需求，是当思维出现困难，认识上有拿不准的观点，或是对自己的解决方案感到很满意需要与他人分享时自然生成的，是不需要教师宣布小组讨论，学生就自觉进行的交流活动。明白了学生这样做的初衷，也让我对课堂上经常出现的一个现象：暂差生随便和同桌说话或是回头问学习好的同学，好学生之间也总是做完后就互相对答案感到了释然。因此，编排座位时采用一帮一的形式，在学生因为内心的需求而自觉讨论时给予理解，让需要帮助的暂差生得到同桌的引导，使他们感到自己是幸运的；让优秀的学生把自己的观点真实地绽放出来，启迪别人的思维，使他们感到骄傲与自豪，这是一件多么有情感意义、多么利于学生发展的和谐之举！

总之，课堂是教学的主阵地，作为一名教师，只有不断地学习、尝试、反思、改革，去聆听课堂学习的心声，才能走进数学教学的春天。

【学习心得5】

一次紧张的课堂体验

2015年3月17日，我参加了县教研室组织的小学数学复习课立标研讨活动。本次教研活动是我任教近20年来感触最深的一次，因为我很幸运地成为杜主任的"大"小学生，课堂上经历了自主整理、小组交流、班内交流、评价反思的数学课堂学习的过程。这一次当小学生的课堂体验，最大的感觉是紧张。

首先是时间的紧张。在自主整理环节，杜老师给了我们10分钟的时间，让我们整理小学阶段所学习的数的认识方面的知识，满以为10分钟就足够了，可是当真正按教师的要求，进行既全面又系统地整理的时候，感觉无从下手，满脑子是数的知识，却不知怎样安排才符合教师的要求，有的知识都不知放在哪儿更合适。当教师提醒我们还剩5分钟、3分钟的时候，就格外着急，更觉得不知所措。当10分钟时间到了，我还是没整理完，数之间的联系与区别还没来得及整理。通过这次的整理，我深深感受到现在小学生的不容易，今后要尽可能地理解学生，经常与学生换位思考。这样再布置自主整理这种家庭作业时，要考虑到学生现有的知识水平，一定要留给学生充分的整理时间，使学生能在自主整理的过程中胸有成竹、游刃有余，做出一份既全面又系统的答卷，为课堂教学的顺利进行和学生的有效学习做好充分的课前准备。俗话说"授之以鱼不如授之以渔"，所以在平时的教学中，还要注意指导学生自主整理和学习数学的方法，尽可能地让学生跟着自己轻松愉快地学习数学，来感受数学学习的快乐和数学的魅力。

其次是心理的紧张。在班内交流的环节，教师鼓励我们上台与同学交流，我们小组都不敢举手。在别的小组与我们组交流、自己有疑问或有不同意见时，虽然每次都听得很认真，但每次不是怕说得不好被同伴笑话，就是怕说错了被教师笑话，所以都没有举手，也不愿与同伴交流。在杜老师真诚而又友善的激励下，我终于举起了手谈了自己的看法，体会到了与同伴交流的快乐。通过这一次的交流体验，我才真正感受到我的学生是多么优秀，他们需要多大的勇气才能每节课都积极举手回答问题，与同伴交流。今后教学中我要学习杜老师，以学生为主体，积极创设亲切、和谐的课堂氛围，转变教师的角色，多运用激励性语言，不能吝啬对学生的表扬，做到适时恰当地表扬优秀学生，适时夸张地表扬暂时落后的学生，激发他们学习和探究数学的乐趣与勇气，让他们在课堂这个舞台上尽情地展现自我，这样学生的创造力才能得以发挥，教师方能轻松而又有效地教学。

总之，本次教研活动使我学到了很多知识，也体会到了很多，如果数学课上教师能轻松而又有效地教，学生能快乐而又有效地学，那我们何愁不能提高数学教学成绩，何愁不能彰显数学学科的魅力呢？

【学习心得6】
我要当个好教师

2015年3月17日上午，我参加了县小学数学教材培训活动。这次培训的主题是复习课结构模式。此次活动使我不仅对复习课结构模式有了更深刻的认识和把握，更重要的是杜主任的那节课让我感触颇深，体会良多。

一、教师要面向全体，关注那些安静、不举手的学生

在体验课上课之前，杜主任安排坐在桌上的教师要当学生，其他的要作为旁观者，而我恰巧坐在了最后一排桌上！我一听要当学生，心里很是紧张，很想挪地方，可是人太多，我实在没地方挪，于是就硬着头皮听下去。

没想到，临时组建的这个"班"的"学生"竟然很快地转变过角色来，自主整理时很安静，有的在思考，有的动笔写写、画画；到了小组交流环节，"学生们"竟然自发地就近组成小组，讨论交流自己的想法，我也和旁边与我一同来的李霞、李君老师交流起来。

全班交流展示开始了，"教师"鼓励大家积极展示自己或小组的整理成果。先是有两个年轻的女教师上台了，她们是把数分为整数、分数、小数三大类，整数又分为正整数、0、负整数，正整数和0都叫自然数，分数分为真分数、假分数，小数分为有限小数和无限小数，无限小数又包括循环小数和无限不循环小数。并用框架式（大括号）展示，清晰明白，我一看，与我们整理的基本上是一样的。教师问还有没有不同的时，没有举手的，我想，大多数是这样整理的吧。过了几秒钟有一个姓黄的男"同学"走上了讲台，他边板书边讲述。他把数分成了两类：整数和分数，认为小数和百分数都属于分数范围。并阐述了自己的理由，他的分类让全场一下惊呆了！并且黄同学还提出了一个疑问：该把无限不循环小数放在哪儿？黄同学一讲完，台下的同学们就七嘴八舌地在小组内议论开来，一两分钟后又自觉地安静下来，大家主要是针对小数、百分数是否可以归为分数和无限不循环小数放在哪儿展开了激烈的争论。课堂

显得积极、活跃、真实，气氛很好。

而我一直在静静地听"同学们"发表意见，却始终不好意思举手，特别是对后一个问题争论不休时，我很想站起来说：整数和分数统称为有理数，而无限不循环小数是属于无理数。这不是我们在初中时学的嘛！但我始终没有勇气，直到有人终于想起无限不循环小数是无理数。

原来像我这样的人当学生竟是如此难为情！这使我想起了我自己的课堂，想起了我班上的一些同学，他们平时性格内向，虽然遵守纪律，但缺少自信，刚才的我就如同他们，课堂上安安静静、老老实实，几乎不见他们举手回答问题，偶尔叫起来，也能答得八九不离十，而教师只关注那些积极举手的，那些活跃的分子，却往往忽视了这些安静的分子，所以，今后我们要面向全体，不要有遗忘的角落。

二、教师要有广博的知识

这节体验课是小学数学五年级下册总复习中的第一课时，回顾整理五年来在小学学过的数，作为小学数学教师当然都会，所以在别人看来教师当小学生简直是太简单了。然而这节体验课却给了我们意想不到的场景，出现了争论不休的情况。"百分数属不属于分数一类？小数若属于分数，那无限不循环小数也是分数吗？所有的分数都能化成小数吗？所有的小数都能化成分数吗？"等。为什么会出现这么多的问题？我觉得就是大家把以前学过的知识淡忘了，或者专业知识不够牢固造成的。还好，交流之后，"教师"给了我们很好的归纳总结，向我们明确了数的分类，对以上出现的问题一一解答，使我们对数有了更系统、更条理的认识。

于是我就在想，幸亏杜主任这位"教师"知识丰富，又准备充分，如果换作刚才起来质疑的教师执教这节课，那将会怎么样？任教近二十年的我，今天当了一回学生，才发现当教师的要求有多高，当教师的责任有多大！我们面对学生，传道、授业、解惑也。如果连自己都拿不准这样的问题，怎么向学生授业、解惑？人们常说，要给学生一杯水，教师必须有一桶水。然而，随着社会的发展、进步，教师仅有一桶水是远远不够的，得有源源不断的长流水。所以，身为教师的我们，还要继续学习，学习各方面的知识，更要学习专业知识，才能承担起教师的责任。

【学习心得7】

有趣的"换位"

七年的教学生涯，让我习惯了对学生指手画脚，习惯了把自己的想法强加于学生的身上，习惯了站着去看学生，三月十七日，我有幸参加教研室组织的"多维合作·高效生成"复习课研讨活动，教研员杜老师新颖的培训方式，给我的心灵带来了巨大的震撼，让我对以前的教学观念和方法有了新的反思，也让我产生了很多新奇的想法和意想不到的收获。两节课结束后，杜老师让我们针对有趣的"换位"谈一下感受或体会，大家各抒己见。现将收获体会整理如下。

一、小研究的设计

《数的认识总复习》前置性作业

1.小学阶段学过哪些数？你知道这些数哪些方面的知识？他们之间有怎样的联系和区别？

2.选择自己喜欢的方式，把这部分知识全面、清晰、有条理地整理出来。

体会：小研究的设计应具有很强的开放性，符合不同层次的学生的学习需求，从而让不同层次的学生都得到充分的发展，更容易激发学生求知的欲望。

由此可见，小研究的设计要深入浅出、简洁明了、条理清晰、开放性强。

二、小研究的使用

1.围绕小研究，小组合作交流、完善知识结构

不愧是教师，杜老师课前虽未分好小组，但参与活动的教师却能在最短的时间内自由组成了两人组、三人组、四人组、多人组等不同类型的小组形式，并且也能快速地选出组长带领小组成员展开讨论交流。

体会：由此可见在我们的课堂教学中合理地分化小组尤为重要，我个人认为小组的分配，把握好人数和人员知识层次的搭配是重中之重。

2.全班交流提炼，共筑知识网络

对数的分类，第一小组的同学分为整数、分数、小数、百分数非常符合最低层次学生的知识构建。第一小组的同学如同圆心固定好了学生交流的位

置，其他孩子围绕这一圆心去画大小不同的圆，在教师的适当引导下学生尽自己最大的努力把这个圆画大画好。

体会：由此可见对于全班的交流应找准交流的切入点，教师扮演好"领头羊"的角色，游刃有余地带领学生一步一步展开交流，必要时候可以打乱交流的顺序，最后要引导学生共建知识网络。

三、学生身份的意外惊喜

七年后再一次过一把当学生的瘾，课上我们也曾无数次受外界环境的影响而走神，也曾无数次在由于害怕自己的回答不够完美而在举手与不举之间徘徊，有了好的想法也曾无数次不想听其他人的交流而急于把自己的想法展示给教师——突然间才发现学生真不是好当的。

四、角色转化后的反思

1. 锤炼教师用语，让自己的语言时而儿童话激起学生听课的兴趣，如帮数找位置，时而高于学生能做好概括总结整理。

2. 教师的知识储备必须丰富、宽广、深刻。始终贯彻好"一桶水"教学原则。

3. 真正做到把评价纳入学生学习习惯的培养。崔老师从倾听、交流、合作、质疑四个方面对学生展开评价，值得我们深思和学习评价教学的有效性。

4. 当我们的学生在举手与不举之间徘徊时，说明他们缺乏自信，这时需要我们带上我们鼓励的笑容，借给学生一根自信的拐杖，让我们的学生一步一步自信起来。

5. 俗话说："己所不欲，勿施于人。"当学生不善于倾听时，我们问问自己，在平时的教学中我们有没有带着我们的耐心去倾听学生的想法？做好榜样的示范性，加上自己合理的引导语相信学生会慢慢学会去交流，学会去倾听。

6. 学生在交流时当他们的表达不够完美，语言不够精练时，不要对我们的学生太苛求，我们需要做的是做好自己的引导语，一步一步让我们的学生完美起来。

【学习心得8】
从"重做小学生"说起

在我校举行的数学教材培训活动别出心裁,县教研室的杜主任亲自上了一节复习课,让我们这些小学数学教师重新体验了一次做"小学生"。杜主任教学理念先进,课堂驾驭能力极是熟练老辣,整堂课如行云流水一般。在杜主任巧妙的启发诱导下,教师抛却羞涩,恍若回到小学,积极讨论,大胆发言,课堂气氛极是活跃。在杜主任的带领下,把《数的认识》复习得透彻明朗。通过这一节课我体验到在课堂中教师的引导是多么重要,学生智慧的火花需要我们机智恰当地点一下才会燃烧。这节体验课让我有以下收获。

一、小组合作要求清晰化

在第二环节自主整理—知识再现环节中,杜主任特别要求:"请选择你喜欢的方式把这部分知识系统全面、清晰、有条理地整理出来。"对这样的要求学生一看就明白,就知道自己该做什么。因此,合作要求一定要清晰化,切忌出现一些模棱两可的要求,让学生糊里糊涂的,不知道教师到底想让自己做什么。

二、班内交流人性化

"如何交流?老师想征求大家的意见,一个人、两个人或者是一个小组?""讲台交给你们,黑板交给你们,请你们用自己喜欢的方式和大家交流。""征求大家的意见,交流到这里还需要交流吗?还有问题吗?"杜主任的这些语言充分体现了人性化,让每个学生从心底感受到自己是学习的主人。

三、交流反思系统化

"交流完成后,根据自己整理的,结合刚才大家的交流,请进行反思、补充。"这一环节,让学生达到集思广益的目的。让自己的知识进一步系统化,形成较完整的知识网络。

通过杜主任的这一节课,我体会到学习中的交流应该是多维互动的,活动过程中,师生之间的关系应该是合作的,而不是权威性的命令或控制,教师应该做学生学习的引领者、促进者。

【学习心得9】

问得恰当　答得精彩

3月17日，我有幸参加了县教研室组织的教材培训。伴随着蒙蒙的春雨，杜老师给了我们一次"重返课堂·体验学习"的机会。执教者是教研室的杜老师，学生都是来自各所学校的教师。

课堂上有价值的问题是引导学生思维，打开学生智慧的钥匙。好的问题就像一盏指引学生前行的航灯，引导学生思考，启迪学生智慧。杜教师设计的每个点、每个问题都能引发思考，都能让这些特殊的学生有思考、交流、学习的空间。

在自主整理环节提出的：请大家根据教师的提示，自主整理在小学阶段我们学过哪些数？你知道这些数哪些方面的知识？它们之间有怎样的联系和区别？请你选择你喜欢的方式把这些知识系统全面清晰条理地整理出来。从表面看，问题很简单，但当真正按照教师的要求，系统全面清晰条理地整理出小学阶段学过的数以及它们的联系和区别时，教师给出的10分钟时间，感觉还是很紧张！在小学阶段，学过哪些数、碰到过哪些数，这些学生都能很轻松地解决。但是与这些数相关的知识以及它们之间的关系，作为不同层次的学生就会有不同的理解，不同的认识了。如百分数是分数吗？分数和小数之间又怎样的关系？学生在讨论时都非常热烈。在关键时候，杜老师适时的点拨、恰到好处的提示又给了我们茅塞顿开、豁然开朗的畅快感觉。

再如运用深化提高能力环节，杜教师提供了一段神秘的南极资料，让学生结合资料想一想，议一议"数有怎样的作用，你对数有哪些新的认识？"因为每个人都有自己不同的感受，所以在倾听别人的感受认识时，都有耳目一新、完善自己、提高认识的感觉。

另外，杜老师在这节课中，自始至终把课堂真正给了"学生"。每个环节的设置、处理，都用极少的语言讲明，用最少的语言表达更丰富的内容。因此，我们数学教师要不断锤炼我们的数学语言，提高数学教学的语言艺术。

【学习心得10】

反思教学，改进实践

2015年3月17日，教研室的杜主任执教了一节公开课——《数的认识》复习课。这是一节特殊的公开课，执教教师是教研室杜主任，听课学生是"教师"。我有幸成了本节课的一名学生，让我重返课堂，体验学习。整堂课精彩热烈，形式新颖，令人回味。通过这堂课的体验，我深深地反思了自己的课堂。让我意识到，我在以后的课堂教学中应注意以下几个问题。

一、要充分认识课前准备的重要性

在本节课的开始，杜老师就给了大家一个小任务，用10分钟的时间自主去整理关于数的认识的知识，大家开始紧张而认真地整理起来，时间过得真快，每个小组差不多也就刚刚整理完。于是我就在想，教师整理起来都得需要一定的时间，何况是学生呢？由此可见，课前的准备就落在了每堂课前置性作业的设计和完成上。

前置性作业的完成会让学生感到有备而来，提前做好了思想上和知识上的一些准备，这样能够轻松愉悦地走进课堂，课上就能够更加集中精力投入学习，在很大程度上会调动学生学习的积极性，课堂上交流探讨的气氛也会更加活跃，学习效果自然也就更好。

二、要充分关注学生，构建学生交流的平台

在这次体验活动中，让我感触最深的就是，现在我的班中还有多少孩子没有勇气站在全班同学面前和大家交流呢？

在这个交流环节，当杜老师提出哪个小组愿意和大家交流时，我的心里就一直在打鼓，我想和大家交流，但又怕自己整理得不够全面，就在我犹豫不决时，已经有小组勇敢地走到了台前，看完他们的整理，我发现自己整理的内容其实比他们更全面。我们的课堂中是不是也存在着同样的问题？学生参与学习的程度差异是很明显的：一小部分学生争先恐后地应答，表现得很出众，很活跃；但更多的学生或缺乏勇气，或不善言辞，或没有机会，而成为听众或观众。

我认为"交流"应涵盖两个层面：一是表述自己的想法，二是倾听别人的意见。所以，在以后的课堂上我会更加充分地去关注每个有想法的学生，引导和鼓励他们说出自己的看法。力求达到学生在课堂上,学习氛围活起来、空间广起来、个性张扬起来、思维活跃起来。

三、要提高拓展的艺术性

杜老师在拓展环节给我们上了非常生动的一课,让我们认识到数字不仅可以准确表达真实情况,而且在语言表达中也有不可代替的作用和妙处,并让我们感受到了数字的趣味和作用,单调平淡、枯燥乏味的数字,原来也可以这么神奇有魅力。拓展是知识的升华,是对课堂知识的延伸,可以有效提高学生的发散思维能力,所以我在以后的课堂教学中,要努力把数学学习拓展到更为广阔的空间去。

体验学习、反思教学、改进教学,我要把课堂变成学生释放能量的磁场,施展才艺的舞台,让学生释放激情,燃烧思维!

【学习心得11】
复习也精彩!

一、让每个学生在复习中成长

孔子曰:"温故而知新。"可见,复习课有巩固知识和为学习新知做铺垫的作用。然而,也正因为是"学过的东西",复习课的教学往往因重复练习,而缺少新意。由于学生的水平参差不齐,而复习课中我们讲解的内容和所做的题目往往是同样的,也就导致了学优生"吃不饱",而学困生"吃不了"。记得有一次听张齐华老师的讲座,他说:"在我们现如今的学校教学中,有太多太多的学生是在'陪太子读书'。"这种状况在复习课中尤为明显。怎样改变这样的状况呢?杜主任的课给了我很大的启发——重视课堂生成,碰撞思维才能产生火花。在杜主任的课上有两位参与的教师对"数"的分类产生了分歧,杜主任没有急于给出最后的答案,也没有轻易否定任何一位同学的观点,而是问其他同学有什么看法,支持谁的观点,有没有补充。经过几位参与"学生"思维的碰撞,最后不仅解决了问题,而且让每个人都有所收获。而我在平时的教学中,由于个人水平的限制,把控课堂的能力较差,有了这样的情况,就比较急躁地处理,白白浪费了机会。以后我在上课中,要多放手给学生,让每个学生在我的课堂中获得成长。

二、选用合适的练习，减轻学生的负担

由于复习课承担着复习旧知识的任务，而练习是巩固知识、强化知识点的一种手段，所以练习必不可少。然而现阶段多数教师在数学复习课上，练习层层递进，密度不断加大，角度依次变换，难度随之增加，造成了学生"谈复习课色变"的情况。但在杜主任的课上，杜主任只是选用了一道题——一篇关于南极情况的资料报道，题目是以文章和图画配合的形式展现，涵盖了小学阶段所有有关"数的认识"的知识。学生既兴趣浓厚，又在不知不觉中复习巩固了数学知识。既起到了练习的作用，又减轻了学生的负担。以后我在上复习课的时候，也要尽量减少"题海战术"，多选用一些高质量的练习题，以点概面，减轻学生的负担。

【学习心得12】

数学中也有"形容词"

时间从指间划过，不曾留下脚印。转眼间，踏入三尺讲台已近三年，回想三年的时间自惭形秽。总想寻找留下的足迹，听听还未消逝的回声，捡拾落下的果实。第一年半路出家，带了一年语文，感触最深的就是语文太委婉，没有数学来得痛快，所以按捺不住转回数学的坚定信念。所以，第二年我如愿以偿地回归"数学"这个大家庭。我想终于可以施展自己的专长了，殊不知，自己还沉浸在"演课"的自我陶醉当中。第一次数学展示课我以失败告终，评课中我收获甚多，我只按自己的想法牵着学生走，没有体现学生的主体地位，更没有体现教师只是引导者的角色，自己一味滔滔不绝地讲，学生也就只能是听众了。自此，我一直迷茫着、徘徊着、摸索着教学。

杜老师的重返课堂体验学习《数的认识》复习课，让我重新认识了数学课堂，有了深入的感触。

孔子曰："温故而知新，可以为师矣！"意为通过复习旧知识，能学到新的东西。从杜老师的课上真的在复习的过程中解决了很多有疑问、不明白的问题。综观当前的复习课，无论是阶段性的复习，还是总复习，我们通常的做法是简单地复习旧知识，进而布置大量的练习。最终，只要学生会做题就可以了，丧失了复习课应有的意义。杜老师的复习课不仅是让学生对旧知识的简单

回顾，更重要的是在复习旧知识的过程中，让学生找到知识间的联系，形成简单的知识系统，从而领悟到复习的重要性，把复习当成学习的重要手段和方法。

徐长青老师曾说过："数学课堂迫切需要从冗繁走向凝练，从紧张走向舒缓，从杂乱走向清晰，从肤浅走向深邃。"杜老师的复习课正是如此。听完课后，感触最深的是教学的简洁、学科间的整合，我顿时领悟到数学中也有"形容词"。一直以为描述一个人或物体只能用语文中华丽的形容词才能达到想要的效果，所以一直觉得形容词跟数学绝无交集。一堂《数的认识》复习课，让我找到了数学中的"形容词"。杜老师出示了数学课本中一则小资料，印象最深的是让学生读出材料中的大数，北冰洋冰覆盖面积为526万平方千米，绝大多数冰山的直径大于5米的巨大冰体，大型的桌状冰山的厚度一般可达300米，冰层平均厚度达到2300米，让学生用自己的语言描述这些大数。学生便借助已有的生活经验来描述，如冰层平均厚度达到2300米，借助能看得见的10多米的大楼，有这样的大楼20多座，学生在脑海里就有了深刻的印象。语文中描述一个物体的厚度用形容词"最""极""非常"，那数学中就可以用数字说话。"数字"也能形象地描述物体，数学中也有形容词了。

以前常听说各学科间有密切的联系，从没有过深入的感受。当杜老师提到，语文写作中就有列数字这一写作手法时，一语惊醒梦中人，原来数学中的"数"一直在语文中充当形容词的角色。

学习返校后，我一直深受感触，我时不时地留意数学中的"形容词"与语文中形容词的联系。观看徐长青老师的《重复》一课，让我更深刻地领略到了数学与语文的联系。在课中徐老师把"重复"这一现象用语文中关联词"既……又……""只……没……""既不……又不……"解释清楚了。课原来可以这样上？课原来可以这样设计？我发现自己就是一只刚育雏的小鸟，姗姗学步，嘤嘤学语，想要成长就要学习，一次次学习的心灵碰撞，一次次的心灵感悟，哪怕是一次批评，对我都是莫大的鼓舞，激励我从教要虚心请教，扎实学习，尽快成长为合格而优秀的数学教师。

【学习心得13】

走进课堂，你准备好了吗？

3月17日，全县小学"多维合作·高效生成"课堂教学模式研讨会暨立标观摩活动（复习课专题）如期举行。感触最深的莫过于杜主任执教的《数的认识》体验课。县教研员当教师，数学教师当学生，知识源于教材又高于教材，尽管已经是第二次参加了，但我的内心依旧充满了期待。这次把当学生的机会给了学校里几个年轻教师，自己选择做了一个旁听生。尽管身为旁听生，我仍然认真地全程参与了教学活动，与邻近小组成员合作整理了单元知识点，亲身感受到了课堂上的限时活动带来丰富的内心感受——兴奋和紧张；面对同伴提出的"新奇"观点时，自己内心的茫然和酸涩……短短的一节课，留给我长长的思考，引发我对师生课前准备方面等内容的反思。现撷取几朵心海里翻腾的小浪花与大家分享。

一、对"课前准备"的新思考

这次的体验活动给我上了深刻的一课，让我对学生课前准备的重要性有了切身体会。课堂上，杜老师始终温柔地笑着，一开始，我并不紧张，觉得教师留出的时间足够用了，但当教师提示还有2分钟时，我发现课堂上时间过得明显比平时要快，看看还没完成的结构图，紧张在心里蔓延开来，于是我便急速地画字（因为太着急，这时候已经开始龙飞凤舞，不能称作写字了），心里一个劲儿后悔：如果课前先打个草稿，课上就不用这么局促和紧张了。其实后悔的事情远不止这一件：面对黄同学的浓缩版知识结构图，杜老师把黄同学的疑问抛给了大家："无限不循环小数该放在哪儿呢？"杜老师笑眯眯地看着我们，意图很明显：互动释疑吧！那一刻我无法参与释疑，面对教师抛出来的问题，我一脸的茫然，这样分可以吗？小数和分数、百分数合成一块？以前怎么没见过？感觉自己就像是个马大哈学生没有做好准备，就两手空空冒冒失失闯进课堂。那一刻的后悔无以复加！

最后在杜老师的帮助下，我明白了其中的道理。因为杜老师对黄同学知识结构图的完善，以及在此处详尽的解释，让我茅塞顿开，对杜老师的崇拜自然又浓了几分。杜老师借助自己丰厚的知识储备，面对课堂生成调控得得心应手，超额完成教学任务的同时赢得了学生的敬重！

感谢黄同学，让我明白了课前准备对课上学习的重要性。就像在篮球场上，队友把球传过来，如果队员没做好接球准备，那就白白浪费了一次好机会。那一刻我深刻地感受到，在现有的教学方式下，习得知识需要自己的独立思考，更需要生生、师生的多维互动。但以前从未意识到的是，这样的互动是有条件的，是需要储备的。储备知识、储备对问题的思考过程等，储备越充裕，越全面，在教师和同学抛出问题时你才有能力参与其中，并快速做出反应。这堂课，面对黄同学的作品，举手互动的同学很少，当然，我也没举手。如果说上回参与体验活动时没举手是因为羞怯，这次没举手完全是因为自己心里没有令自己信服的答案，怀揣着连自己都不确定的想法，要做出举手的动作实在很困难。

由此想到了我的课堂，有时候一个问题抛出去，举手的学生寥寥无几，有时候会忍不住来上一句："×××就是听讲认真，总会在第一时间举手！其他同学怎么回事？你们坐得这么老实，就等着听答案了？"表扬了一个，打击了一大片。通过今天的研讨，我才意识到，不举手可能另有原因，也许是因为他们对问题的理解能力、思考解决问题的能力明显弱一些，步调自然也就慢了半拍，甚至一拍，当他们的思考刚刚起步，这几个聪明的学生就已经找到答案了。以后要学会尊重学生的差异，表扬先进可以，但不能再打击后进了。再出现这样的情况，我会从两个方面调整自己的教学：反思自己的问题是不是太难了，如果是，则快速加个小问题铺垫一下；反思自己的问法是否不易理解，如果是，就快速换个说法。由此可见，面对学生，多几手准备，就多几条出路。

二、作业布置科学合理，为学生课前准备减负提效

课堂上，当10分钟的自由整理时间被我挥霍一空时，本子上留下的还仅仅是几经调整后只有我自己才能读懂的草稿。如果再重新誊写一遍，达到干净整洁的要求还需要5分钟左右。由此，我想到了每个单元都让学生整理的知识结构图，这绝对是个大工程：读课本梳理知识点，知识点整理好后设计呈现形式（树形结构图？表格？大括号？）。接下来就该思考杜老师提的经典问题：把数（知识点）放哪儿合适？如果要美观些，还需要设计图案、画好、涂色，快的至少2小时，慢的3～4小时，这也是为什么学生听到这类作业就"嗨

哟"的原因了。为防止学生应付了事，这样的作业我都是放在周末时间宽裕的时候布置。如果再加上课本练习题，这样的作业量，对学生来说确实有点多了，以后再布置知识整理作业的时候，会免掉课本习题，让学生专心完成《单元知识我整理》，为课上的讨论交流提供像模像样的、有思维含量的作品。

学生放学后的时间是有限的，精力也是有限的，除了要把坚持综合性、实践性等占用精力较多的作业尽量放在周末外，还要注意处理好课前探究作业和课后练习作业的关系，作业内容类型应做到二选一，防止出现两类作业同时布置时，学生根据自己喜好避重就轻、草草应付的情况出现。总之，教学中严格遵循家庭作业"减量提质"的思路，作业尽量做到少而精，真正发挥家庭作业在巩固知识和为新课学习做准备的作用。

俗话说："有备方能无患！" 教师和学生做好充分的课前准备对提高课堂教学的灵活性和高效性意义重大。让我们在以后的教学中，重视课前准备的作用，把握好课前准备的重点，师生一起努力，让我们的课堂高效、精彩！

走进课堂，你准备好了吗？

科研式教研

2.6 基于问题解决 实施精准教研

——小学数学低年级教学策略研究概述

一、问题提出

2011年11月28日，教育部下发教基二〔2011〕8号文件《教育部关于规范幼儿园保育教育工作 防止和纠正"小学化"现象的通知》。2018年8月24日，为配合做好幼儿园小学化倾向治理工作，切实减轻学生课业负担，省教育厅要求自2018年秋季入学起，做好小学一年级"零起点"教学工作，同时下发小学一年级语文、数学"零起点"教学标准。

为改进小学低年级数学教学，我们组织了现状调研。访谈了县、镇学前教研员，到部分公办幼儿园、私立幼儿园实地调研，重点了解幼儿园教学活动组织形式，幼儿大班孩子入学前在幼儿园的生活学习状态，以及当前幼儿园防止"小学化"现象的实际执行情况。调研发现，公办园与私立园，城区园与村镇园之间，对幼儿的教育管理理念及落实保教教育要求等方面存在明显的差异。公办幼儿园落实防止幼儿园教学"小学化"倾向比较规范，私立幼儿园则不同程度存在"小学化"倾向，幼儿园以游戏为主的教学活动组织实效，与高要求之间还存在不小差距。

在小学，低年级教学面临诸多困难：一是课堂管理难度大，教师投入课堂组织教学的精力远大于其他年级；二是一年级新生，因来自不同幼儿园，学习习惯参差不齐，对班级授课制形式下的课堂教学管理带来很大挑战；三是学校、教师对幼小衔接教学重视程度有限，关注度不高，特别是对一年级新生入学后的学习管理策略不足，方法单一，课堂管理效益低，直接影响教学质量；四是受各种条件制约，学校对一年级班主任及学科教师的调配难度大。老教师有管理学生的经验和耐心，但多数嫌太劳累，带班意愿差。年轻教师有活力，思维活跃，精力充沛，但管理学生经验不足，往往带的班级习惯养成不好，学校家长有顾虑。

二、问题解决

基于低年级教学中面临的真实困难，为科学落实省教育厅关于做好小学一年级"零起点"教学工作的通知要求，同时又能契合小学阶段数学课程教学目标的达成，从2019年秋季开始，我们以学科教学为切入点，启动了小学数学低年级教学策略探索与实践。试图从找准教学真实的"零起点"入手，从一年级入学新生学情评估、数学实践活动开展、数学亲子游戏开发等方面，探索创新低年级教学的实践策略，把小学数学课堂内外的教学，与学生学习习惯养成、学习兴趣培养及核心素养目标达成等深度融合。

从数学可以"玩"起来，数学可以"写"下来等实践角度，创新了学生学数学的途径。依据学生年段心理、认知特点，遵循教育规律，制定了学习规范，并把学习习惯和能力的培养，作为实施低年级有效教学的基本前提。从入学第一天起，在每节数学课上，由教师有意识地进行课堂学习训练，主动做好小学教学和幼儿教育的衔接，帮助孩子尽快适应课堂学习，顺利开启小学学校生活，为小学阶段乃至后继的学习打下良好基础。

主要实践策略有以下几个方面。

1. 建立课堂学习规范，指导学生学会学习

著名幼儿教育学家蒙台梭利把儿童从幼儿园进入小学称为儿童成长的新纪元。从幼儿园升入小学一年级，儿童即站在课堂学习的出发点。学会学习是其完成的首要而基本的任务。基于对相关教育教学理论的学习，制定了基于新课标要求的学生课堂学习规范。结合具体学习内容，指导和训练学生做到会听、会说、会读、会问、会交流、会做。持之以恒训练，让低年级学生逐步习得良好习惯，具有自主学习的能力。

会听：是指在课堂上要注意力集中，会听教师讲；尊重同学，会听同学说，会倾听小组内同学的发言；要谦虚耐心，能认真听取别人不同的意见和建议，并产生自己的想法。

会说：是指在课堂上要敢说，能积极主动回答问题；能用自己的语言简单描述别人的回答，能较有条理地说出自己的想法；能有条理地、逻辑清楚地描述数学学习的过程、思路和方法，有较强的抽象性和概括性；会辩论、会修正补充别人的意见，敢于发表自己独特的见解。

会读：是指能读懂数学课本上各种形式（如情境图、统计图、统计表、文本等）呈现的数学信息，能用自己的语言把主要的、有用的数学信息，用简洁、准确的数学语言进行描述；会用自己喜欢的阅读符号对主要内容做出标记，能读出自己不明白的问题；会阅读有关的数学资料。

会问：是指课堂上要敢于提问，能积极主动地提问题；要学会善于提问，针对别人的回答进行提问、质疑；能逐步提出合理的、有价值的、有创意的数学问题，有较强的问题意识。

会交流：是指敢于和别人交流，能在学习小组内对不懂的地方或不同的观点提出疑问，发现错误能及时改正；会进行组间交流，乐于接受同学们的意见；在独立思考的基础上，积极参与对数学问题的讨论，能从交流之中获得收益。

会做：是指根据教师的要求和示范，逐步达到正确的、规范的动手操作；能根据学习要求，认真规范书写作业和练习，达到一定的速度；会写数学日记；会设计有创意的数学专题活动方案；等等。

2. 开展专题案例式培训，促进策略落地

2019 年 9 月 11 日，第一次全县小学数学低年级教学策略研讨会在鲁阳小学召开，全县小学一二年级数学任课教师、各镇学科教研员共 200 余人参加。研讨会将研、训相结合，展示研讨课，介绍阶段研究成果（口算技能培养、拓展课程、学情评估方法等），同时对教师进行策略应用指导。

指导教师执教《0 的认识》一课，面对 45 个刚刚从幼儿园升入鲁阳小学 5 天的新生，凭借精心设计的教学活动、灵活多样的课堂细节管理，让一群稚气未脱的学生，在注意力集中、充满童趣的思考和有序回答中，完成了课堂学习，丰富了对数概念 0 的认识。指导另一位教师执教二年级《角的认识》一课，既体现了对学生学习课堂规范的指导和训练，同时充分体现了低年级运用教具实施教学时，应该怎样指导学生动手操作，怎样在动手、动脑、动口活动中发展思维能力。通过案例式培训，对教师怎样实施衔接教学，怎样落实课堂学习规范，给予了最直接、最直观、可复制实践的示范指导。使低年级教学在理念和实践上有了更明确的方向。

一是科学认识"零起点"。数学知识的"零起点"教学，并不是忽视学生已有的生活经验、知识经验、学习能力，真正地从"没有"、从"无"开始，学生不是一张"白纸"。而是基于对学龄前儿童学情的准确评估和了解，指导学生学习新知识时，真正存在的、新的、真实的"零"起点。如展示课《认识0》，结合课程标准的教学要求，进一步明确学生能力提升点，构建、发展学生对于"0"认识的知识体系，同时，依托教学内容，找到学生学习习惯的训练点，从而使这节课的执教，凸显出对学生认知水平提高的价值，凸显出教师准确把握课堂教学起点的必要性。有效的教学，教师就必须尊重学生的原生状态，智慧应对课堂生成的挑战，而不是为了"零起点"，而低水平、低层次地实施重复教学。

二是科学落实学习规范。使教师明确，课堂学习规范的训练，不是机械重复的强制性要求，要以具体的学习内容为载体，把课堂学习规范转化为具体的学习行为，贯穿于课堂学习管理的细节之中。要结合具体的学习活动，在良好的课堂环境和氛围中，完成对课堂学习基本习惯、基本行为规范的引领、指导与训练。让学生逐步做到自觉、自律，在与同伴合作交往中，学会模仿并养成好习惯，发展自主学习能力。如在《0的认识》这节课中，执教教师结合教学活动进程，适时指导入学学生要保持正确的坐姿、站姿、执笔姿势，通过指导怎样举手回答问题，怎样倾听教师讲课、同学发言等细节入手，教会学生适应课堂学习。

2021年3月4日在振华实验学校举行了全县小学数学低年级概念教学专题研讨。选取一二年级图形与几何领域《认识图形》《毫米和分米的认识》两节概念课，从如何准确把握课标要求，精准摸清学情，找准教学起点、知识生长点，如何结合年段特点恰当选择使用教具学具，合理设计组织教学活动等方面反复研究打磨，帮助教师把握低年级概念教学规律，以概念教学为载体，探索低年级课堂教学管理策略。

3. 开展课题指导，强化教学策略研究

把全县小学数学教师立项的各级课题研究，特别是小课题研究纳入教研指导内容。通过课题指导，研究解决数学教学中遇到的小问题、真问题，把教学策略在课堂上的落实，作为教研指导和课堂教学研讨的重点。以课题研究任务为驱动，激发教师主动学习积累教育教学理论，主动借鉴有效教学策略，提高关注课堂细节、培养学生良好习惯的能力，提高低年级教学实效。

  2021年3月31日，笔者带领团队教师以《数学可以这样学——小学数学低年级教学策略探索与实践》为专题，在淄博市小学数学网络教研会上，向全市同行做了专题分享。基于问题解决的科研式教研，用做课题研究的路径方法开展教学研究，实现了深度教研、精准教研，为提高全县小学数学低年级教学效益引领了方向，提供了策略支持。

2.7　科学评估　找准教学的"零起点"

为全面了解一年级入学新生的学情，便于教师因材施教，使一年级新生更快地适应小学学习，研究制定了《一年级新生学情评估纲要》。通过几年来的不断探索与实践，修改完善，形成比较成熟的认识和做法。

一、评估的意义

美国著名的认知心理学家奥苏贝尔在他的《教育心理学：认知观点》一书的扉页上写道："如果我不得不把教育心理学还原为一条原理的话，我将会说，影响学习最重要的因素是学习者已经知道了什么。"

学情评估是因材施教的需要。了解学生发展的需要，教师才能提供更加适宜的帮助和指导。

二、评估的内容及方式

《幼儿园教育指导纲要（试行）》（简称《纲要》）明确指出：幼儿园教育内容可以相对划分为健康、语言、社会、科学、艺术五个领域。各领域的内容相互渗透，从不同的角度促进幼儿情感、态度、能力、知识、技能等方面的发展。结合《纲要》要求和一年级新生的年龄特点，制定评估内容、形式。

形式：主要采用谈话问答的方式进行。

方法：任课教师 3～5 人共同协作，流水完成。

评估主要分为两部分：一是基本信息；二是能力评估。其中能力评估又分为生活表达、学科表达、动手操作三部分。

1. 基本信息

姓名：_____

出生年月：____年____月

性别：_____

爱好（特长）：_____

学前经历：_____幼儿园

幼儿园性质：（公办、私立）

问答式进行。

目的是了解孩子的基本信息，评估学生的倾听、语言表达能力。

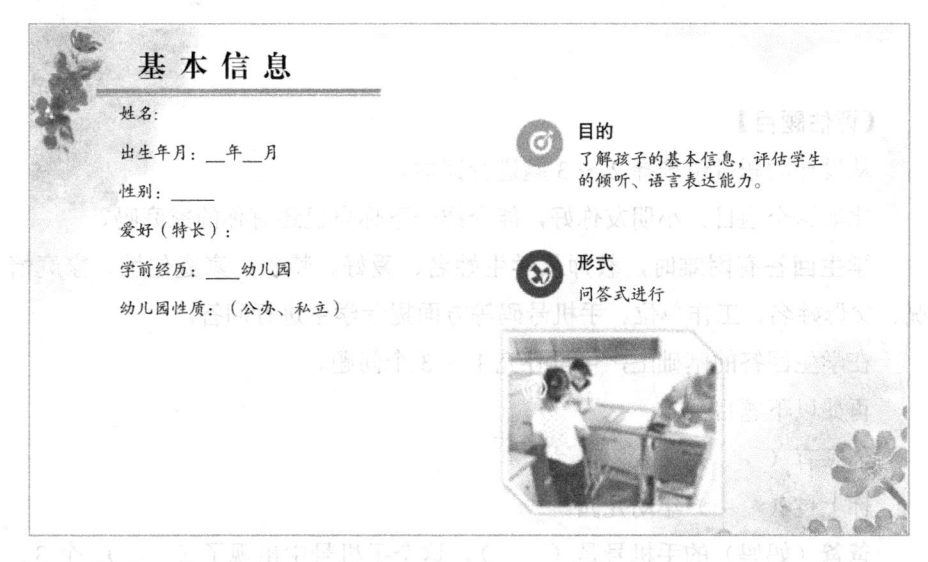

基 本 信 息

姓名：

出生年月：__年__月

性别：____

爱好（特长）：

学前经历：____幼儿园

幼儿园性质：（公办、私立）

目的
了解孩子的基本信息，评估学生的倾听、语言表达能力。

形式
问答式进行

2. 能力评估

（1）生活表达

【评估要点】

学生的语言表达能力、倾听能力、生活常识、学习习惯、性格特点、反应能力等。

> **生活表达**
>
> （1）小朋友你好，能介绍一下你自己还有你的家庭吗？
>
> 回答要点：姓名、年龄、爱好、特长、家庭住址、家庭情况、父母工作单位、手机号码等。
>
> （2）在学生回答的基础上，教师再补充问答1～3个。
>
> A.你家有（　　）口人。
> B.你上过（　　）年幼儿园。
> C.爸爸（妈妈）的手机号是（　　　），这个手机号中出现了（　　）个3。
> （或5、6、7、9等）。【让学生看着号码说】
>
> **目的**
> 学生的语言表达能力、倾听能力、生活常识、学习习惯、性格特点、反应能力等。
>
> **补充题目**
> ①幼儿园里，你的老师是谁？你帮助过她吗？都帮她做什么？
> ②你和小朋友打过架吗？后来怎样了？
> ③你看见过别的小朋友打架吗？看见别的小朋友打架你怎么办？

【评估题目】

从设计的题目中选择2～3题进行评估。

比如这个题目：小朋友你好，能介绍一下你自己还有你的家庭吗？

学生回答有困难时，教师从学生姓名、爱好、特长、家庭住址、家庭情况、父母姓名、工作单位、手机号码等方面提示学生进行回答。

在学生回答的基础上，可再补充1～3个问题。

再如以下题目：

你家有（　　）口人。

你上过（　　）年幼儿园。

爸爸（妈妈）的手机号是（　　），这个手机号中出现了（　　）个3。（或5、6、7、9等）

在幼儿园里，你的教师是谁？你帮助过她吗？都帮她做过什么？

你和小朋友打过架吗？后来怎样了？

你看见过别的小朋友打架吗？看见别的小朋友打架你怎么办？

【评价标准】

优秀：注意倾听、吐字清晰、表达流畅、信息准确，能自己说出三条以上有价值的信息。

良好：表达清楚、准确，在教师提示下流利回答。

一般：表达较清楚、准确，在教师提示下基本回答。

不适应：表达不清、不准确。

评价标准

给予学生一个综合评价外，要记录学生表现突出的能力。

良好
表达清楚、准确，在教师提示下流利回答

优秀
注意倾听、吐字清晰、表达流畅、信息准确，能自己说出三条以上有价值的信息

注意倾听、吐字清晰、表达流畅、信息准确，能自己说出三条以上有价值的信息

一般
表达较清楚、准确，在教师提示下基本回答

不适应
表达不清、不准确

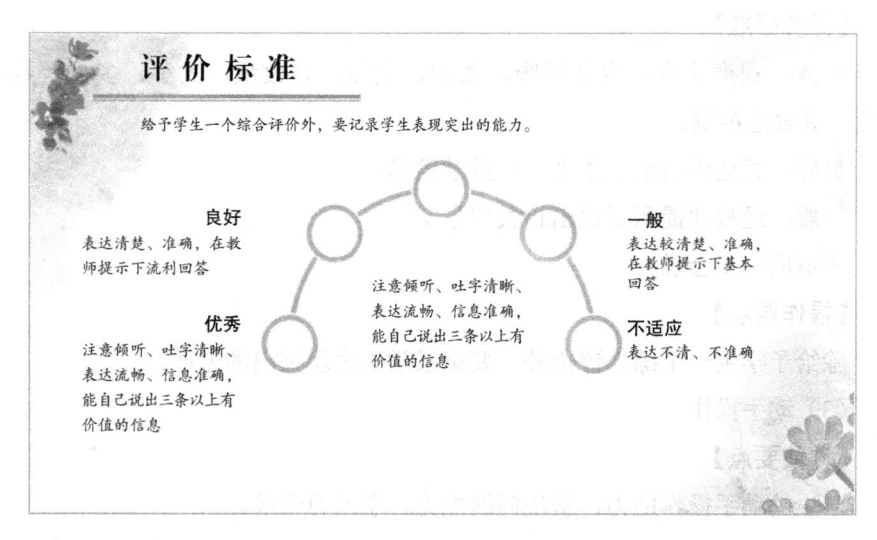

【操作要点】

除给予学生一个综合评价外，要记录学生表现突出的方面。

（2）学科表达

让学生从提前准备的图画中选择一幅，看一看，数一数，说一说。主要选择贴近生活实际的图片。

学科表达

【评估要点】：
学生的观察能力

语言表达能力

237

【评估要点】

学生的观察能力、语言表达能力。

【评价标准】

优秀：观察认真，表达清晰、条理、全面。有数量、大小、多少等数学语言，并表达准确。

良好：表达较清晰、条理，有数学信息。

一般：经教师提示后说出相关信息。

不适应：不会说。

【操作要点】

除给予学生一个综合评价外，要记录学生表现突出的方面。

（3）动手操作

【评估要点】

学生的动手操作能力，解决问题能力，学习习惯等。

题目1：小朋友，你很聪明，我们来做个游戏好不好？你喜欢玩小棒还是玩乒乓球？

小朋友，你能用这三根小棒摆一个三角形吗？你能用四根小棒摆两个吗？试一试。

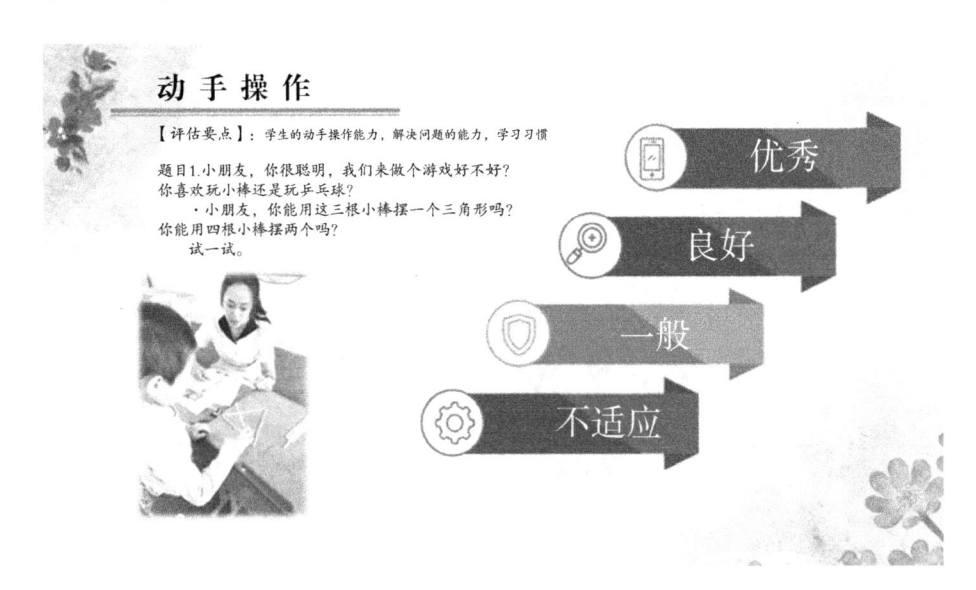

【评价标准 1】

优秀：在 1 分钟之内用 4 根小棒摆出两个三角形。

良好：能摆出但用时较多。

一般：只能摆出 1 个三角形。

不适应：不能摆出。

题目 2：第一个盒子里有 9 个乒乓球，你数一数第二个盒子里有几个？你能想办法让两个盒子里的乒乓球一样多吗？还有别的方法吗？

【评价标准 2】

优秀：两种方法使两边乒乓球一样多。

良好：一种方法。

一般：只能正确数数。

不适应：都不会。

题目 3：小朋友，你喜欢读书吗？你能将现在这些书分一分，整理一下吗？

三、评估的结果及运用

对学生的四部分内容进行综合评价，主要依据是得优秀的次数。结合评估过程记录学生的表现，对学生表现出来的主要性格特点、学习习惯、突出的能力、待发展和培养的能力进行重点记录。做到一生一案，存入学生成长档案袋。对全班学生的评估进行分析，形成书面报告，为进一步教学打好基础。

结果的运用：一是分组的依据。依据学生学情评估结果，选择性格开朗，能力强，有责任心的同学作为组长，合理搭配小组成员，为小组合作学习的实施打好基础。二是教学策略实施的依据。三是记入学生成长档案，关注学生的成长过程。

四、反思与收获

小学生新生学情评估实施以来，对学情评估有了更加全面和深刻的认识。学情具有开放性、客观性、可知性、多元性、动态性等特点，所以要客观公正地看待学生，用发展的眼光看待每位学生，不能因为评估给学生传达"不行""不好"等信息，戴上所谓"后进生"的帽子，影响学生学习的兴趣，给学生施加过大的压力。依据维果茨基的"最近发展理论"，在教学中发挥学生的特长，激发学生学习兴趣，解决学习中存在困难，努力将学生发展到应有的水平。

对学生学情评估是一项复杂的工程，当前国内外的研究也不成熟，学生学情评估的研究有待于结合学生认知规律、成长规律做进一步实践探索和系统性研究。

附件：

小学一年级新生能力评估（面试样题）

基本信息

  姓名：_____ 出生年月：____年____月 性别：_____
  学前经历：_____幼儿园 幼儿园性质：_____（公办、私立）

1. 生活表达

（1）小朋友你好，能介绍一下你自己还有你的家庭吗？

回答要点：姓名、年龄、爱好、特长、家庭住址、家庭情况、父母工作单位、手机号码等。

（2）在学生回答的基础上，教师再补充问答1～3个。

  A. 你家有（　　）口人

  B. 你上过（　　）年幼儿园

  C. 爸爸（妈妈）的手机号是（　　），这个手机号中出现了（　　）个3（或5、6、7、9等）

【评价标准】

  A. 注意倾听、吐字清晰、表达流畅、信息准确，能自己说出三条以上有价值的信息

  B. 表达清楚、准确，在教师提示下流利回答

  C. 表达较清楚、准确，在教师提示下基本回答

D. 表达不清、不准确

2. 学科表达

小朋友，请你从三幅图中任选一幅，讲一个小故事，好吗？

（也可选择一年级上册课本中与之信息量相近、不含文字信息的彩色情境图代替）

图1　　　　　　　图2

图3

【评价标准】

A. 观察认真，表达清晰、条理、全面。有数量、大小、多少等数学语言，并表达准确

B. 表达较清晰、条理，有数学信息

C. 经教师提示说出相关信息

D. 不会说

3. 动手操作（任选一个）

小朋友，你很聪明，我们来做个游戏好不好？你喜欢玩小棒还是乒乓球？

① 小朋友，你能用这3根小棒摆1个三角形吗？你能用4根小棒摆两个吗？试一试。

241

【评价标准】

A. 在1分钟之内用4根小棒摆出两个三角形

B. 能摆出但用时较多

C. 只能摆出1个三角形

D. 不能摆出

② 第一个盒子里有9个乒乓球，你数一数第二个盒子里有几个？（5）你能想办法让两个盒子里的乒乓球一样多吗？还有别的方法吗？

【评价标准】

A. 两种方法使两边乒乓球一样多

B. 一种方法

C. 只能正确数数

D. 都不会

小学一年级新生能力评估（笔试样题）

学校_____ 姓名_____ 班级_____

1. 数一数，写一写

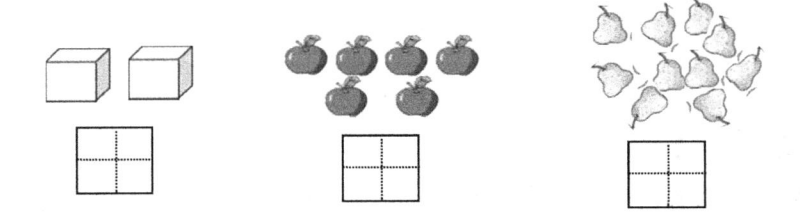

2. 算一算

3+4=　　9+1=　　10-7=　　2+5=　　5+5=

5-5=　　9-4=　　10-5=　　4-1=　　1+5=

3. 填一填

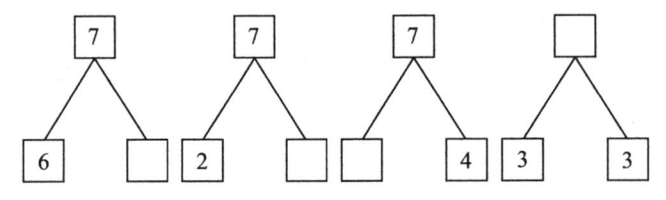

4. 接着画

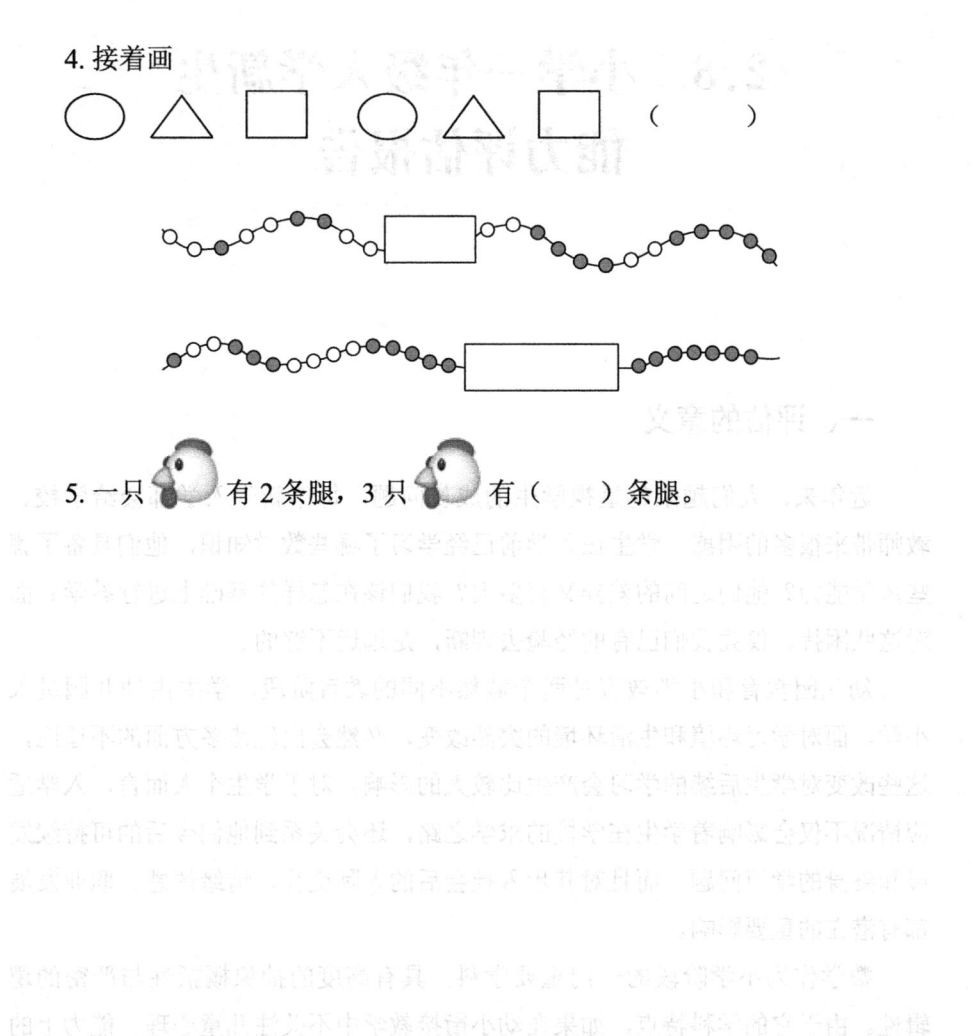

○ △ □ ○ △ □ （   ）

5. 一只 🐔 有2条腿，3只 🐔 有（   ）条腿。

2.8 小学一年级入学新生能力评估报告

一、评估的意义

近年来，人们越来越重视学生的成长问题。每年新生入学都会给学校、教师带来很多的困惑：学生在入学前已经学习了哪些数学知识，他们具备了哪些数学能力？他们之间的差异又有多大？我们该在怎样的基础上进行教学？面对这些困扰，仅凭我们已有的经验去判断，是远远不够的。

幼儿园教育和小学教育是两个截然不同的教育阶段，学生由幼儿园进入小学，面对学习环境和生活环境的突然改变，必然会出现诸多方面的不适应，这些改变对学生后续的学习会产生比较大的影响。对于学生个人而言，入学适应情况不仅会影响着学生在学校的求学之路，还会关系到他们今后的可持续发展和终身的学习问题，而且对其步入社会后的人际交往、情绪情感、职业发展都有潜在的重要影响。

数学作为小学阶段的一门重要学科，具有高度的抽象概括性与严密的逻辑性。由于它的学科特点，如果在幼小衔接教学中不关注儿童心理、能力上的适应性，很容易对学生将来的学习产生负面影响。奥苏伯尔说过："你想把学生引领到你想叫他去的地方，你首先要知道他现在在哪里。"为寻求切合农村小学一年级学生实际的教育立足点，使一年级教学工作顺利、有序开展，我们对燕崖镇中心小学一年级刚入学的 80 位新生进行了一次能力评估，并对一年级的 3 位数学教师以及部分管理人员、教师进行了访谈。希望通过本次测评分析，能为探索一年级教育教学实施策略，提供可以参考的理论依据。

二、评估时间、对象、方法及内容

1. 评估时间、对象

时间：2019年9月6日（新生入学第3天）；

对象：农村一年级学生。

2. 评估方法

问卷调查（笔试）、访谈（面试）。

3. 评估内容

学生基本信息、生活表达、学科表达、动手操作、能力测试等。

三、评估结果及分析

包括面试、笔试两部分。

A 面试题型：生活表达、学科表达、动手操作。

B 笔试题型：数一数、写一写、算一算、填一填、接着画。

学生分两组各40人同时进行，面试由3位一年级的数学教师共同担任，评估时间为25分钟。

A：面试部分

学生基本信息，鉴于一年级的孩子年龄小，不会写字等原因，基本信息由评委教师询问并进行填写。

小学一年级新生入学测评（面试部分）
基本信息

姓名：_____　　出生年月：____年____月　　性别：_____

学前经历：_____幼儿园　　幼儿园性质：_____　（公办、私立）

收回的40份调查问卷数据显示，我校一年级学生对于自己的姓名、性别、年龄基本信息表达得比较清晰，占总人数的100%，对于自己的出生年月能准确说出的只有5人，占总人数的12.5%，大多数学生能够记得自己的生日，但对于自己的出生年份比较模糊；幼儿园入学40人，占总人数的

100%，幼儿园性质均为公办。从面试情况来看，基本符合农村地区的办学特点。

1. 生活表达

本环节主要评估学生与人交流时的倾听能力、表达能力以及交流信息的准确性。评价标准：表述是否清楚、准确、信息交流是否完整、吐字是否清晰。

（1）小朋友你好，能介绍一下你自己还有你的家庭吗？

回答要点：姓名、年龄、爱好、特长、家庭住址、家庭情况、父母工作单位、手机号码等。

（2）在学生回答的基础上，教师再补充问答1～3个。

A.你家有（　　）口人

B.你上过（　　）年幼儿园

C.爸爸（妈妈）的手机号是（　　　），这个手机号中出现了（　　）个3（或5、6、7、9等）

【评价标准】

A.注意倾听、吐字清晰、表达流畅、信息准确，能自己说出三条以上有价值的信息

B.表达清楚、准确，在教师提示下流利回答

C.表达较清楚、准确，在教师提示下基本回答

D.表达不清、不准确

在我们的交谈中，学生对于自己的爱好特长等方面的回答不够清晰，考虑到农村生活条件限制，学生特长方面缺乏培养；家庭住址可以描述到镇、村一级的学生有32人，占总人数的80%；家庭情况介绍，能够较完整地介绍出家庭所有成员信息（父母姓名、手机号等信息）的孩子只有12人，占总人数的30%；在补充问答中，有35人可以比较准确地说出家庭成员总数，只有15人可以清晰地说出上幼儿园的年限，9人可以说出爸爸或妈妈的手机号码，并能指出号码中出现的数字个数，比如3。

等级	A	B	C	D
人数/人	12	18	8	2
占比/%	30	45	20	5

从面试情况来看，大多数学生能理解教师提出的问题，并能根据教师的提问做出回应，但是表达得不够大方，语言表达能力有待进一步提高。

2. 学科表达

本次评估总共提供了 3 幅图片，3 幅图片的选择上贴近学生的生活实际，要求学生任选一幅，讲个小故事。本环节主要考查学生能否通过仔细的观察，然后尝试用数学语言描述出看到的图片信息。

评价标准：表达是否准确、清晰、条理、全面，以及能否使用一些数学语言进行描述，如数量、大小等。

小朋友，请你从 3 幅图中任选一幅，讲一个小故事，好吗？

（也可选择一年级上册课本中与之信息量相近、不含文字信息的彩色情境图代替）

图 1　　　　图 2

图 3

【评价标准】

A.观察认真，表达清晰、条理、全面，有数量、大小、多少等数学语言

B.表达较清晰、条理

C.经教师提示说出相关信息

D.不会说

三幅图片的信息量由简到繁有所不同，测评时评委将图片一字排开，结果学生的选择上差异比较大。选第一幅图的有 10 人，选第二幅图的有 19 人，选第三幅图的有 11 人。第一幅图信息量并不大，但是选择的学生比较少，分析原因是学生区分不开图片中的活动——"抱走"和"抱来"，而且编一个有连续性的数学故事有难度，C 级居多；第二幅图难易适中，学生表达的也比较理想，A 级居多。第三幅图信息量较大，学生在信息的梳理上欠缺一定的条理性，表达得比较凌乱，C 级居多。

图片	A	B	C	D	合计
图①	2	1	7	0	10
图②	9	6	4	0	19
图③	2	3	6	0	11

总的来说，学生有一定的分析决策能力，能根据自己的理解做出相应的选择，但是学生的识图能力、梳理数学信息的能力以及语言的表达能力等方面表现不足，在接下来的一年级教学中要注意方法的指导和训练。

3.动手操作

本环节提供了两组操作，一组是用 3 根小棒摆出一个三角形，在此基础上引导学生思考用 4 根小棒能摆出两个三角形吗？另外一组是提供了 14 个乒乓球（用小棒代替）分别装在两个盒子中，一个盒子装 9 个，问另一个装了多少？在答对的基础上继续追问"如何使两边的乒乓球一样多？"

评价标准：引导学生在动脑思考的过程中，加强动手操作能力的考查，以及解决问题时不同策略的思考。

小朋友，你很聪明，我们来做个游戏好不好？你喜欢玩小棒还是乒乓球？

① 小朋友，你能用这三根小棒摆一个三角形吗？你能用 4 根小棒摆两个吗？试一试。

【评价标准】

A. 在 1 分钟之内用 4 根小棒摆出两个三角形

B. 能摆出但用时较多

C. 只能摆出 1 个三角形

D. 不能摆出

② 第一个盒子里有 9 个乒乓球，你数一数第二个盒子里有几个？你能想办法让两个盒子里的乒乓球一样多吗？还有别的方法吗？

【评价标准】

A. 两种方法使两边乒乓球一样多

B. 一种方法

C. 只能正确数数

D. 都不会

从反馈情况来看，有 25 人选择了第一个操作题摆三角形，其中摆三角形答对人数占 100%，第二问摆两个三角形答对人数 3 人，占 12%。有 15 人选择了第二个操作题，数个数答对人数 100%，第二问有 5 人想到 1 种方法，3 人想到两种方法，剩余 7 人只完成了第一问。

活动	A	B	C	D
操作①	3	5	17	0
操作②	3	5	7	0

本环节学生的差异立刻凸显出来，有些学生的思维非常活跃，立刻想到了解决问题的方法，并能根据教师的提示进行思维的发散，寻找解决问题的新思路，也有个别学生在不断尝试中，探索出解决问题的方法。由此发现，学生的思维水平和动手操作能力带有明显的个性差异。提示在教学中，要关注、正视学生的差异，注意优化教学方法，面向全体与因材施教相结合，确保每个学生在数学学习中都能获得新发展。

B：笔试部分

1.数一数，写一写。从数数测试中看出，绝大部分学生对数 10 以内的数是没有问题的。从回收的试卷来看，其中有错误的 10 位学生，问题均出现在数字的书写上，因此，这需要我们一年级的教师上课时，在认数和数数时可以适当减少教学时间，把数的规范书写作为教学的重点突破。

2.算一算。从数据来看，对 10 以内数（包括 10）的加减计算大部分学生没有问题，40 人中 25 人全部做对，占 62.5%，10 人错 1～2 题，其中 3 人未做，2 人错误题数超过总题数的一半。主要是学生粗心以及书写不规范造成。

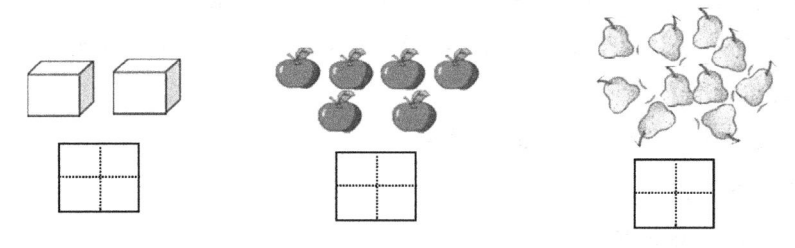

3.填一填。本题主要考查数的组成，33 人全部做对，占 82.5%，7 人出错，其中 2 人未做，3 人错 1 道，2 人错 2 道。

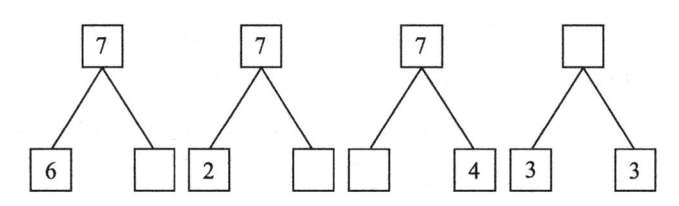

4.接着画。考查找规律，从收回的 40 份答卷来看，第一题 39 人做对，占 97.5%；第二题 13 人做对，占 32.5%；第三题 15 人做对，占 37.5%。

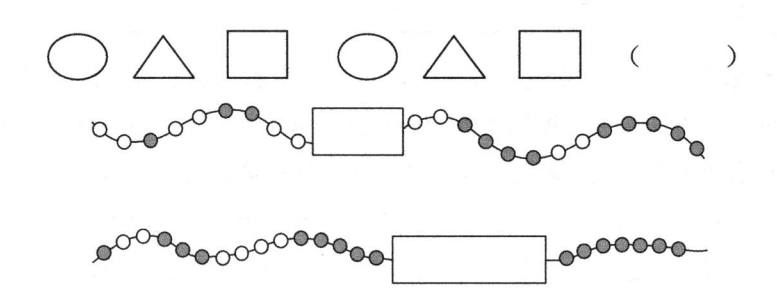

四、问题分析及几点建议

结合学生面试问卷来看,首先,题目的选取上充分考虑到了学生语言表达、数学素养、识图能力、动手操作、思维能力等方面,但是部分面试题目的选择上也超出了多数一年级新生的知识、能力范围。对"发掘出那些个人特点比较突出,综合能力较强的学生"方面,本次评估具有较强的参考价值。另外,由于学校地处农村,大多数家长以在家务农或者外出务工为主,日常对于学生的引导以及在知识、能力等非智力因素的开发有限,所以对于在农村经历三年幼儿园教育的学生而言,所接受的教育也仅限于书本上的知识,因此在语言表达、动手操作等方面明显不足。

小学阶段是一个孩子语言表达、思维能力、行为习惯形成的黄金时期,他们正处在发育成长时期,行为方式还没有定型。尤其一年级是小学的起始阶段,更是良好行为习惯培养的关键时期,他们喜欢模仿,可塑性很强,加强小学一年级的行为习惯养成教育具有很重要的意义。这需要任课教师在今后的教学中加强引导和示范作用,引导一年级的新生尽快提高,从而适应小学的数学学习生活。

结合学生笔试来看,前三道题目属于基础知识考查,由于学生在幼儿园做过此类训练(幼儿园中班、大班教材内容),总体效果不错。第四道题目,找规律对于没有做过专项训练的学生而言,难度还是挺大的,很多学生在观察、分析、操作等方面的能力还远远不够,但是欣喜的一点是有7人准确完成了这三问的解答,这部分学生的综合能力还是比较强的。给我们的教学启示:一年级学生对规律的发现、简单直观的图形排列,易于发现,正确率高,随着图形排列中隐含的思维要素增加,思维难度加大,对学生的观察、思考水平提出了挑战。教师教学要遵循儿童认知规律,循序渐进,由易到难,学生的思维训练要在具体教学中逐步训练、进阶。希望通过小学阶段的培养,各类学生未来应该可以表现得更加出色。

通过对燕崖镇中心小学一年级入学新生的评估分析,我们认为,影响小学低年级数学教学的因素,对小学教师而言,主要体现在:一是低年级教学理论基础薄弱,低年级教学特点研究关注度不高;二是对幼儿园阶段数学教育目标不清楚，对幼儿园教学与小学教学方式、课堂组织形式等差异不了解；三是忽视了一年级学生的心理特点及学习规律。

由此，对担任一年级新入学班级教学任务的教师提出以下建议。

（1）加强对低年级教育教学理论的学习与研究，思想上重视，提高关注度。

（2）要有明确的衔接教学计划。增强衔接教学意识，教学中，多考虑学生学习的延续性，在一年级新生入学之初，应注意提前了解学生在幼儿园阶段的表现，了解学生已有的生活经验、知识水平等起点，了解学生学习心理、兴趣，合理进行衔接过渡期的教学活动设计。

（3）主动加强与幼儿园、家庭的沟通，树立对学生进行数学教育的统一思想观念。

2.9　低年级教学实践课例

【课例1】

"0的认识"

【教学内容】 青岛版义务教育教科书一年级上册。

【教学目标】

1. 在具体情境中体会从有到无的变化过程,知道一个也没有,用0表示,理解0的含义。

2. 经过独立思考,合作探索的过程,提高思维能力,充分理解0的含义,借助情境了解0的不同含义,如表示起点、比分等。

3. 在具体数学活动中增进对数学的理解和学好数学的信心,激发学习数学的兴趣和欲望,体验成功的乐趣。

【教学重难点】

知道一个也没有时,用数字0表示,会正确书写数字0。

【教学用具】 PPT课件、练习纸。

【课前准备】 打开的田字格本子、铅笔、橡皮。

【教学过程】

一、情境导入

师:同学们,你们喜欢吃苹果吗?苹果有非常丰富的营养,每天吃一个苹果有利于我们的身体健康。

师:现在正是苹果成熟的季节,今天让我们一起去摘苹果吧。同学们看到了什么数学信息?也就是树上有几个苹果?(引导用语,可以不说)(教师准备一棵苹果树,树上结了5个红红的苹果。)

生:树上有5个苹果。

253

师：树上有5个苹果我们可以用哪个数字表示呢？

生：用数字5表示。

师：为什么用数字5表示？

生：树上有5个苹果我们可以用数字5表示。

师：这位同学回答问题全面，老师奖励他摘一个苹果。（教师准备可移动的苹果树，激发孩子的学习兴趣。）

师：用你善于发现的小眼睛，看看苹果个数发生了什么变化？

生：有5个苹果，小朋友摘了1个，还剩4个。

师：这位同学说得很清晰，很完整。（奖励这位同学摘1个苹果）谁能像他这样说一说？

生：有4个苹果，小朋友摘了1个，还剩3个。

（依次按照上面的步骤完成数字3、2、1意义的复习）

师：这是我们前面学习的1～5的认识，伸出小手跟老师空写1～5。

（教师板书：1、2、3、4、5）

二、探究新知

（一）认识0

师：老师找一位坐姿最端正的同学摘掉最后1个苹果。

师：同学们有什么发现？

生：树上有1个苹果，摘下1个，1个也没有了。

师：树上1个苹果也没有了，用哪个数字来表示呢？

生：用0表示。

师：看来同学们的生活经验非常丰富，当1个苹果也没有时，用0来表示。跟老师一起写一写0。（师在黑板板书，学生空写）这节课，我们一起来认识0。（板书：0的认识）齐读课题，0的认识。

师：一个也没有的时候用数字0表示。老师用数字0来给大家讲个数学故事吧。

师：原来盘子里有3个梨，把3个梨都拿走，盘子里1个梨也没有了，就用数字0来表示。

师：你能用数字0给大家讲个数学故事吗？

生：吊椅上2个人，走了2个，1个人也没有，用0表示。

师：这位同学表达得真全面，奖励他1朵红花。

生：花瓶里有3枝花，拿走3枝，1枝花也没有了，用0表示。

（二）找生活中的0

师：同学们都会用0来讲数学故事了，真了不起。让我们找找生活中哪里有0？

生：车牌号码上有0，计算机上有0，电话、手机上有0……

师：同学们都长了一双善于观察的小眼睛，观察到了这么多的0，那我们一起来整理生活中的0吧。

1.认识尺子上的0

师：出示尺子，找一找，尺子上的0在哪里呢？

师：调皮的小蟋蟀来考考大家了，小蟋蟀问大家，它从数字几跳到了数字几？

师：蟋蟀从0开始跳到了5，跳几格？

生：数一数，跳了5格。

师：你是怎么数的？

生：从开始0～1是1个大格，1～2，是1个大格，依次一共5个大格。（PPT演示）

师：在这里的0表示什么意思？

生：0表示开始、起点的意思。

师：这位同学真是善于动脑筋的好学生，表现得很优秀，老师奖励你1朵红花。

2.认识温度计上的0

师：出示温度计，温度计是帮助我们测温度的。温度计上也有0，温度计上的0表示什么呢？

师：温度在0度以下时给人的感觉是这样的 ，还是怎样的？

生：很冷。

师：对，温度在0度以上时给人的感觉是这样的 。这幅图又给你怎样的感觉？

生：很热。

师：对的。温度在0度以下越往下会越冷，温度在0度以上越往上会越热，大家说一说，0在这里表示什么呢？

生：0在这里表示分界点。

师：是的，0在这里表示分界点。这位同学真是善于总结的好学生，老师为你点赞。

3.认识奥运会的比分牌上的0

师：这里的0表示得分，说明这个队伍得了多少分？

生：得了0分。

师：同学们说得很好，0在这里表示得分的意思。

4.渗透0的占位作用

师：请同学们看这个电话号码。（屏幕呈现110）在什么情况下拨打这个电话？

生：有小偷时。

师：对，有坏人时，我们可以拨打110。这里的0能不能去掉？为什么？

生：不能。去掉0，电话就打不通了。

师：看来0还有其他的作用。请同学们课下再去找一找生活中哪里还有0，各表示什么意义。

师：大家表现得很好，老师奖励大家玩个拍手的游戏。听好游戏规则：请全体起立，看到数字几就拍几下手。要求，老师说小手拍拍，大家说我就拍拍，说完拍拍后开始边数数，边拍。

师举例：如看到2，教师说小手拍拍。

生：我就拍拍，1、2。

师：同学们认真的样子真可爱。

（三）正确书写0

师：0无处不在，说明0是非常重要的，那你想不想写出一个漂亮的0？

1. 初步感知0的写法

师：我们先来学学书法家是怎么写的0。

师：老师发现，数字0像鸡蛋，上下长，左右扁，要想把0写好看，接口之处是关键。

师：老师先给大家写一写。0应该放在哪里呢？

生：1的前面。

2. 教师示范0的写法

师边示范边说0写在田字格的左半部分，从左上中线起笔，向左下画弧，碰左线，碰下线，向右上画弧，碰右线，向上接起笔处。

3. 学生自己写0

师：下面请同学们在自己的田字格本上写2个0。写前先找到正确的书写姿势和握笔姿势。

4. 评价书写的0

找到同桌写的漂亮的0，夸夸他。

三、练习

师：同学们认识了0，会写0，下面，用我们今天学习的知识开启闯关之旅吧。

第一关，我会说，请同学们一起来说一说每盘有几个苹果，用数字几表示？

第二关，我会写，鱼缸里有几条小鱼，就在田字格里写几。

第三关，帮数字宝宝排排坐。（教师给大家准备0～5，6个数字宝宝，从小到大排，再从大到小排）

四、总结

你学会了什么？咱们来评一评自己的表现吧。谁先来说一说？

【教学反思】

按照零起点教学要求，小学一年级新生入学后，教师应严格按照课程标准从"零起点"开展教学，不得随意拔高教学要求或加快教学进度。通过学前评估，我们确立了基本教学观："零起点"不是清空大脑的"零准备"，不是简单地把学生定义为一张白纸，而是允许学生有自己的生活体验，引导学生以一种新的状态接受新知识、发展新能力。

《0的认识》一课，在备课时，重点思考和关注了三个方面的问题：《0的认识》教学要构建的学生知识体系是什么？《0的认识》给予学生的能力提升点是什么？在"零起点"的数学课堂上，一年级学生的哪些习惯是应持久训练的？基于对这些问题的思考，本节课主要做法有以下几方面。

一是重视保持学生对数学学习的兴趣。根据学生学习注意力持续时间短的特点，学习活动安排有趣而紧凑，每个环节层层相扣，让学生在不停的操作、思考中学习着，学生没有多余的时间去做小动作，思想不会开小差，始终在注意力集中的状态下，积极参与学习。课中，教师引导学生在摘苹果的情境中，体验从有到无的过程，引导学生得出，当树上没有苹果的时候用数字0表示，初步认识0的含义。引导学生用完整条理的语言，讲一讲生活中关于0的数学故事，将知识的生长点伸向日常生活的方方面面，既加深对0意义的进一步理解，也是对0的意义的拓展延伸。借助小蟋蟀跳一跳、比赛场地上的比分、温度计上的0、电话号码110等情境中的素材，了解0的不同含义，引导学生发现0不仅表示没有，还表示起点、比分、分界点、占位等，拓展对0意义的认识。同时，使学生感受0在生活中的重要性。

二是用好学生的生活经验。学生的生活经验储备对零起点教学的学生来说是一笔宝贵的财富，因此，在教学设计的每个环节，都需要去考虑学生的生活经验是什么。怎样处理每个环节，学生才能全方面地理解知识，是在0的认识一节课设计中想得最多的问题。

0表示起点和分界线这两个内容的设计。选择学生感兴趣的小蟋蟀跳一跳，借助形象直观的动画，引导学生观察，谈自己的发现，学生就会发现，0在尺子上表示开始的意思。以0度以下时和0度以上时直观的动画，引导学生感受到0度越往下越冷，0度越往上越热，进而引导学生总结出0在温度计上表示分界线的含义。真实的课堂生成背后，是教师尊重学生的生活基础，准确把握了真正的零起点。

三是找准学生能力发展的生长点。在实施零起点教学的过程中，除了要求在教学内容上要进行深入浅出的解读外，在学习过程中，还应特别强化学习能力的培养。借助0的认识，如在引导学生摘苹果和找生活中哪里见过数字0这两个环节时，着重训练学生的观察能力，在看看苹果个数发生了什么变化和讲讲生活中0的数学故事等活动中，指导学生会用完整、规范的数学语言描述苹果的变化情况，训练数学语言表达能力。引导学生课下"找一找生活中哪里还有0，各表示什么意义？"对数学知识的学习探究，由此开始生根发芽。

四是确定学生数学学习习惯的训练点。数学课程标准指出"认真听讲、积极思考、动手实践、自主探索、合作交流等，都是学习数学的重要方式"。因此，上课专心听讲、注意力集中是学生进行有效数学学习的重要保证，也是数学学习所需的良好习惯。低年级"零起点教学"重视学生愿意倾听、善于倾听习惯的训练显得很重要。在课堂教学中，教师针对低年级学生的特点，充分调动了学生倾听的兴趣。如下面的引导语，师：这位同学说得很清晰，很完整！奖励这位同学摘1个苹果。谁能像他这样说一说？"有4个苹果，小朋友摘了1个，还剩3个"。既有语言的引导，又有行动的奖励，让学生在认真倾听中感受成功的乐趣。

零起点教学对数学教师提出了更高的要求，一方面要正确定位零起点下的数学教学，是立足于数学思维的教学，而不只是数学知识的累积；另一方面在减轻学生学习负担的同时，要提高学生的数学学习能力，帮助学生养成好的数学学习习惯。

【课例2】

"角的初步认识"

【教学内容】 青岛版《义务教育教科书（五·四学制）数学二年级上册》第17～21页。

【教学目标】

1. 结合具体情境，初步认识角，知道角各部分的名称，能辨认直角、锐角和钝角，能用简洁的语言准确地描述直角、锐角和钝角的特征，理解角的大小与两边张开的程度有关。

2. 经历观察、操作、分析、比较等活动，建立角的空间观念，发展动手能力、逻辑思维能力以及有序的语言表达能力。

3. 在活动中，感受角与生活的密切联系，获得学习数学的信心与乐趣。

【教学重点】

形成角的正确表象，知道角的各部分名称，能辨认直角、锐角和钝角；理解角的大小与两边张开的程度有关。

【教学难点】

建立角的空间观念，培养学生的逻辑思维能力以及有序的语言表达能力。

【教学准备】

多媒体课件、三角板、吸管、图钉、两个硬纸条、练习纸等。

【教学过程】

活动一：初步认识角

1.今天我们一起来学习新知识，齐读课题。

你认识角吗？生活中哪里有角？你能举个例子说一说吗？（你讲得真清楚）这么多地方都有角，教师带来的三角板上有角吗？谁来指一指？

我把其中一个角描在黑板上，同学们同意吗？这是个什么？（点）可是刚刚大家就是这样指的呀！到底怎样才是角呢？

教师画一个图形，看看与你头脑中的角一样吗？（在黑板上画出一个正确的角）

这个图形就是角，这个点就是角的顶点，这两条直直的线就是角的边。

现在你能完整地说一说，角是由什么组成的吗？

（三角板）谁能来指一指这个角的顶点和边？注意边指边介绍给大家。

这两条边有什么特点？（直直的、平平的）

看这个图形是角吗？为什么？（边是弯的）

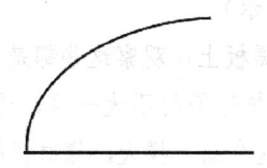

2.生活中的角无处不在，只要你细心，就能发现。现在请同学们找一找我们身边的角，并且介绍给同桌听。

（展示几组，课桌上几个角？课本上几个角？）

3.教师也带来了几张图片。仔细看看，这些物体上有角吗？谁能来指一指？（指角，抽象出实物图形上的角）

4.仔细观察（从实物图形中抽象出的角），这所有的角都是由什么组成的？（一个顶点和两条直直的边）这些角有什么不同的地方呢？

预设：（1）大小不一样（你指的是哪里的大小？也就是两条边之间的空不一样大，在这里我们说是角的开口大小不一样）哪个角的开口最大？哪个角的开口最小？

（2）方向不一样。（你能指一下什么方向不一样吗？）（开口方向）

（3）边的长短不一样。

（4）样子都不一样，但它们都是角。

5.我们认识了角，教师想考考你的眼力，看看谁长着一双火眼金睛？

判断图形是不是角，为什么？

活动二：进一步认识角

1．我们认识了角，你会画角吗？大胆试一试。

（视频示范，学生画，展示）

2.选有代表性的角贴在黑板上，观察这些都是角吗？为什么？

3.教师也画了一个角，与你们的不大一样，看，这个角是一个非常特殊的角，它和我们三角板上的这个角一样大，像这样的角，我们叫它直角。

（再来看直角）直角通常用这样的符号来表示，现在我把这个直角标上直角符号，请同学们用手指在空中试着和教师一起标。

我们周围有很多的直角，你能找一找吗？（直角是非常漂亮的角，它不仅藏在我们教室中，还藏在我们生活中的角角落落。希望同学们课下用发现美的眼睛找一找，介绍给同学，介绍给家长）

4.同学们来看，刚刚我们画的这些角，它们开口与直角的开口相比较怎样？在数学上，比直角开口小的角叫锐角，还有比直角开口大的角吗？

教师给大家画一个，像这样开口比直角大的角叫钝角。

钝角与锐角都是与谁来做比较的？比直角大的角是？比直角小的角是？

5.活动角，我们认识了三种角，你能用手中的学具作出一个角吗？动手试一试。（注意制作中的安全）

把手中的活动角举起来，同学们互相看看。角的顶点在哪儿？边呢？

请你把它变成直角，怎样判断你变成的角是不是直角呢？（用三角尺上的直角比一比，动手将三角尺放在活动角上比一比）

请你把角变成一个锐角，锐角什么特点？请你把角变成钝角，钝角什么特点？（加快速度，看反应）

同学们的反应非常快，都是聪明的学生。

6. 你能给直角、锐角、钝角排出大小关系吗？

锐角、直角、钝角是角家族中的三兄弟，在以后的学习中，我们还会认识到另外的角。

活动三：巩固认识

1. 同学们都是非常好学的学生，老师这里有两个角吵架了，你想帮帮他们吗？他们都是什么角？这两个角有什么不同的地方？这两个角本来是好朋友，最近他们吵架了，想知道怎么回事吗？（视频）他们为什么吵架？又为什么和好了？（角的大小与边的长短无关，与开口有关）

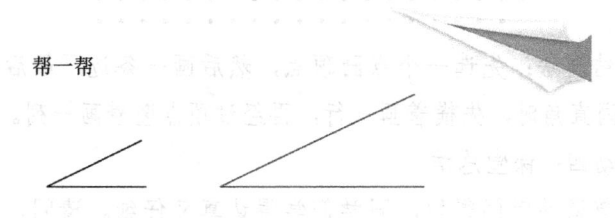

帮一帮

角的大小与边的长短无关，与开口大小有关。

2. 帮助了两个吵架的角，老师这里有一些迷路的角，你愿意帮他们找到家吗？（活动单）

第一个角是什么角？光用眼看准确吗？怎样准确来判断？学会用数学工具，现在请同学们完成活动单第一题。

第一题，送角回家。（填序号，是直角的，标上直角符号）

送角回家

直角	锐角	钝角

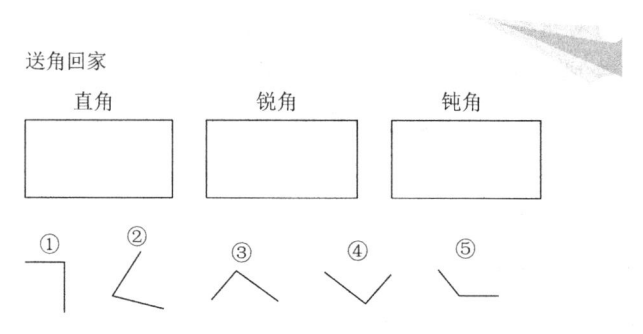

① ② ③ ④ ⑤

第二题，在点子图上画角。

我们认识了角，你能在点子图上画角吗？你是怎样画的？试一试。

请你在点子图上分别画出锐角、直角、钝角。

总结画法：先选一个点画顶点，然后画一条边，最后斜着穿过点画另一条边。画直角时，先横着画一行，再经过顶点竖着画一列。

活动四：课堂总结

一节课的时间很短，同学们学得认真又仔细。请问，你在这节课上有什么收获呢？

课下请你用智慧的双眼，寻找生活中的角，说给爸爸妈妈听。

【教学反思】

《角的初步认识》是在学生已经初步认识长方形、正方形、三角形的基础上教学的。二年级的学生对角的认识大多还停留在"尖尖的一点"这一个层面上，对角的认识是模糊的。因此，本节课的重点就放在帮助学生建立起"角"的正确表象，通过设计有层次的学习活动，让学生正确理解角的内涵，再扩展到外延。

活动一，初步认识角，通过指角先给学生一个角的明确定义，再从生活中的角，抽象出多个看似形状不同的角，直观感知角的开口是有大有小的，开口的方向不一样，边的长短也不一样，通过找相同点与不同点，使学生直观建立角的正确表象，初步感知角的本质属性。

活动二，进一步认识角，通过画角、认识直角、锐角、钝角，并通过开放性的操作活动，使学生在操作中进一步巩固角的特征，以及感悟角的大小和变化特点，加深对角这一平面图形的认识。

活动三，通过趣味活动，红角蓝角吵架，送角回家，点子图画角等多形式、多角度的实践运用，帮助学生进一步深入理解角的本质属性。

总之，本节课通过实施系列趣味性的数学活动，加强动手操作，利用实物直观，图形直观，在教师细致指导、学生积极思考中，扎实形成了对角的正确认识，学生的学习习惯和能力也同时得到发展。

【课例3】

"用表格列举法解决问题"

【教学内容】青岛版《义务教育教科书（五•四学制）数学一年级下册》第75～76页。

【教学目标】

1. 经历解决递增递减问题的过程，学会有序思考，体验表格列举法解决问题的优越性。

2. 会用表格列举的方法分析、解决数学问题。

3. 在分析数量关系解决问题的过程中，初步形成符号意识、推理意识，发展思维能力。

【教学重点】学会用表格列举法解决问题。

【教学难点】学会用表格列举法分析理解数量关系。

【教学准备】课件、学习单。

【教学过程】

一、创设情境，激发兴趣

故事欣赏：小鸡捉迷藏。（播放录音）

> 第一片草丛里藏着1只小鸡,以后每片草丛比前一片多藏着1只小鸡。
>
> 藏猫猫
>
> 小提示

这4片草丛里一共藏着几只小鸡?

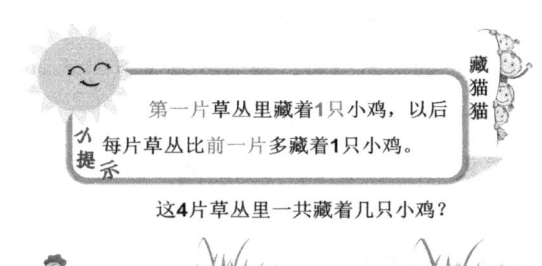

夏天来了,草地上热闹起来!瞧,鸡妈妈带着她的小宝宝出来散步啦!可是,走着走着,小鸡们就和妈妈玩起了藏猫猫,小鸡们都去哪儿了呢?快来听听太阳公公的提示吧!"第一片草丛里藏着1只小鸡,以后每片草丛里多藏着1只!"4片草丛里一共藏着几只小鸡呢?课前老师请同学们帮鸡妈妈算一算草丛里一共藏着几只小鸡,你们有收获了吗?

二、组内交流,补充完善

赶快和小组的同学分享一下你的收获吧!

【理一理】

用自己喜欢的方法表示出每片草丛里藏着几只小鸡。

【算一算】

草丛里一共藏着几只小鸡?

三、集体交流,梳理方法

1. 摆一摆,算一算

谁是用摆一摆的方法进行研究的?你能摆给大家看吗?(出示草丛和小鸡图片,指名摆一摆)

追问:对于这位同学的方法,你们有疑问吗?第一片草丛里藏着1只小鸡,第二片草丛里的2只是从哪儿冒出来的呢?第三片草丛的3只呢?原来是这样啊?

过渡:这位同学是用先摆一摆再算一算的方法来研究的,大家还有不同的方法吗?

2.画一画，算一算

这位同学的方法大家看懂了吗？还可以怎么画？

3.写一写，算一算

指名板书，编号调整。及时表扬：这位同学直接用数字代替小鸡，理出了题目中藏着的信息，真了不起！

4.验证

到底有几只小鸡？一起来验证一下吧？

四、对比优化，提炼方法

同学们真了不起，先用自己喜欢的方式整理信息，再列式计算，解决问题的过程有条不紊！现在我们一起梳理一下。

1.方法比较：请大家仔细观察这些方法，比一比看，哪种方法用起来更方便？（指名交流）

2.体验感受：看来在解决这道题上画图、写数这两种方法很难分出高下。如果有更多的小鸡藏起来，画图和写数哪种方法会更方便呢？让我们一起回到草地上，继续陪小鸡玩躲猫猫吧！

小鸡们的笑声引来了更多的鸡宝宝，他们按刚才的方法躲进了10片草丛里，这次你们还能算出草丛里有几只小鸡吗？拿出题卡1，选择你喜欢的方法理一理。（时间2分钟）开始吧！

3.小结：看来，数量很多的时候，用数代替小鸡的方法更方便，为了看得更清楚，我们可以按顺序排好，加上表格。谈谈你的感受！

像这样在表格里，用数把小鸡的数量有顺序列出来的方法，在数学称为表格列举法。（板书，齐读）

怎么根据表格中列举的信息，算出"10片草丛一共有多少只小鸡？"这么长的算式你们是怎么计算的？有没有小窍门？

五、练习巩固，加深认识

1.基础性练习

（1）你们愿意用新学的方法帮助维尼解决几个问题吗？百亩森林边有一片小山坡，维尼准备在这里种些果树，第一天他栽了2棵树，朋友们听说后陆续来帮忙，于是在朋友们的帮助下，以后每天都比前一天多栽3棵树，请你帮维尼算算，3天一共栽了几棵树？

请你先运用表格列举法整理信息，再算一算，集体交流。

（2）果树栽好后，勤劳的维尼经常给果树浇水、施肥，不久，果树开花了，后来啊结出了红红的果子。维尼准备请朋友们来分享劳动的果实，可是摘果子的时候，维尼又犯难了。（指名读第一盘放5个苹果，以后每盘比前一盘多放2个，维尼需要摘多少个苹果呢？）

请你自己理一理，算一算，集体交流。

2.拓展练习

同学们，你瞧我们多了不起，运用新学的方法解决了这么多数学问题。听说同学们很厉害，林场的伐木工人想考考大家，你们敢接受挑战吗？

小结：请你读一读题目，找一找看，它们有什么共同的特点？

像这样的，一个比一个多的问题，我们统一称为递增问题（板书），通过学习我们已经明显地感受到，在解决递增问题时，用表格列举法梳理信息既清楚又方便。其实，咱们大家熟练掌握了表格列举法后，我们甚至可以不画表格，像这样一一对应列举出来，直接列式计算。

六、回顾总结，提高认识

这节课我们我们从小鸡捉迷藏的游戏开始，研究了一种新的解决问题的方法——表格列举法，并运用新学的知识解决了递增和递减问题，生活中还有哪些问题可以用表格列举法来解决呢？请你找一找，算一算，下节课我们再一起交流。

【教学反思】

1.认真分析学情是备好课的前提。课前备课从知识基础、能力储备等方面进行分析，精准把握学生的学习基础。在第一学期的学习中，学生初步认识了列举法，掌握了两位数加一位数和整十数的计算方法，具备了初步的计算、分析、比较和抽象概括能力，但知识经验和生活经验不足，对递增类问题理解能力有限。基于此，设计了创设情境，激发兴趣；交流补充，梳理方法；体验优化，提炼方法；练习巩固，深化认识；回顾总结，拓展思路五个教学环节。在有序的活动中，让学生学会获得解决问题的方法，发展解决问题的能力。

2.选择适当的教学方式，有助于目标的达成。通过小鸡捉迷藏的故事，激发学生的探究兴趣。课件中有 4 片草丛提示，提醒学生借助原有的数数和生活经验，理解题意，寻找 4 个加数。摆一摆、画一画、写一写等直观方法，适合学生年龄特点。通过方法交流，感受符号化的简洁性，在引导比较各种方法特点的同时，引导学生体会共同点，都是有顺序列举出每片草丛里小鸡的只数，锻炼有序思考问题的能力。在解决问题过程中感受表格列举法的优越性，感受学习的快乐，体验数学的价值。对照学习单，带领学生回顾整个学习过程，回想知识的来龙去脉，感受学习的价值。同时，鼓励学生用数学的眼光审视生活，学用结合感受数学的价值。

3.整节课趣味化、生活化，抓住学生的注意力，在体验感悟中实现了方法的内化，小步子原则分散了教学难点。由于学生年龄小，课堂信息量过大，对学生思维过程的数学表达带来不小的挑战，学生数学表达的能力，需要在教师日常教学中有意识地加强训练和指导。

【课例 4】

"找规律"

【教学内容】 青岛版《义务教育教科书（五·四学制）数学一年级上册》第 60～62 页数学广场。

【教学目标】

1.结合现实场景，发现事物中隐含的规律，对数字、图形、物体等的排列规律有初步的了解。

2.经历探索发现规律的过程，初步获得寻找事物规律的思考方法，发展观察、分析问题的能力。

3.能用简单的规律解释现实中的现象，感受学数学用数学的乐趣。

【教学重难点】 掌握数字、图形、物体等的排列规律。

【教学过程】

活动一：创设情境，导入新课

师：同学们喜欢做游戏吗？

生：喜欢。

师：这节课我们一起来做排队的游戏，好吗？

生：好。

师：大家请看。

师：陈政宇（男）、徐铭婧（女）、崔恒元（男）、崔毓其（女）、叶林睿（男）、董胜悦（女）、孙浩芝（男）……

师：同学们，你有什么发现？

生：老师叫了一名男生，又叫了一名女生；叫了一名男生，又叫了一名女生。

师：谁再来说说你的发现？

生：老师是按照一男一女的方法叫的！

师：你很棒！你是个善于发现问题的孩子！

师：老师用三角形代表男生，用圆形代表女生，用这些符号在黑板上记录刚才的排队方法。可以吗？

△○△○△○

师：我们继续来排队好吗？

师：陈政宇（男）、徐铭婧（女）、崔丽萍（女）、崔恒元（男）、崔毓其（女）、崔健琳（女）、叶林睿（男）、董胜悦（女）、梁国卉（女）、孙浩芝（男）……

师：同学们，你有什么发现？

生：老师是按照一男两女的方法来排队的！

师：你很棒！用简洁的语言概括出了教师的排队方法。

师：老师还是用三角形代表男生，用圆形代表女生，用这些符号在黑板上记录刚才的排队方法。可以吗？

△○○△○○△○○

活动二：学生实践（排队游戏）

（第一组）

师：以同桌为单位来商量方案，如果让你们来排队，你们会怎么排？

生：（同桌讨论交流）

师：有谁愿意汇报一下你们的结果？

师：请你到台前把你的排队方案展示给大家看！

生代表1台前展示。

生：陈枷凯（男）、郭凯源（男）、崔怡静（女）、邹知涵（女）、崔宇浩（男）、崔宝玺（男）、王先智麦（女）、刘铠宁（女）……

生：台下的同学你有什么发现？

生：两男两女。

师：因为空间的关系，我们不再继续往下排了，请同桌之间说一说接下来怎么排。

师：请你用你喜欢的符号或图形代替小朋友来记录你排队的方案。

生：（学生用自己喜欢的符号代替小朋友来记录）

△△△○○△△△○○△△△○○

（其他符号表示）……

（第二组）

师：还有不同的排法吗？有的请举手。

师：请你到台前把你的排队方案展示给大家看！

生代表2台前展示。

生：陈枷凯（男）、崔怡静（女）、邹知涵（女）、王先智麦（女）、崔宇浩（男）、崔成林（女）、崔夏晴（女）、梁国卉（女）、李俊达（男）、徐铭婧（女）、崔毓萁（女）、董胜悦（女）……

生：台下的同学你有什么发现？

师：空间的关系，我们不继续往下排了，请同桌说一说接下来怎么排。

师：请你用你喜欢的符号代替小朋友来记录你排队的方案。

生：（学生用自己喜欢的符号代替小朋友来记录）

△○○○△○○○△○○○

活动三：新知运用（排队游戏）

（第一组）

师：你还有不同的排列方法吗？

生代表3：一名男生一名女生这么排；第一个男生拍一下手，第一个女生拍两下手，第二个男生拍三下手，第二个女生拍四下手……

师：请生代表3到台前来排队，展示给大家看！

生代表3台前展示。

师：空间的关系，我们不继续往下排了，同桌两个说一说接下来怎么排。

（同桌交流）

生代表3：台下的同学有什么发现？

生：我发现了是按照1男1女排的队；男生拍掌的次数是1、3、5、7、9……女生拍掌的次数是2、4、6、8、10……

师：请你用你喜欢的符号记录排队的方案。

生：学生用自己喜欢的符号记录排队的方案。

① 图形记录

② 数字记录

（第二组）

师：你还有不同的排列方法吗？

生代表4：我的排队方法是：一名男生一名女生这么排；并且男生站着，女生蹲着；男生拍一下手，女生拍两下手。

师：请生代表4到台前来排队，展示给大家看！

生代表4台前展示。

……

生代表4：台下的同学你有什么发现？

生：一男一女排；站着、蹲着排；声音是1下、2下！

师：你的发现真多！刚才这名同学在排队的时候既涉及了声音、性别，还想到了姿势。真聪明！

师：好了，把刚才的排队方案，用你喜欢的符号也记录在练习本上吧！

生：学生用自己喜欢的符号记录排队的方案。

①声音记录　②性别记录　③姿势记录

师：像刚才这样，我们按照一男一女（一男两女）……这样一组一组重复出现，我们叫有规律排列。（板书规律）

活动四：课堂练习

师：大家开动你聪明的脑瓜，想想除了排队，我们还可以排些什么啊？

生：图片、数字……

生：还有声音。（拍手、跺脚）

师：跟着美妙的音乐，我们可以用灵巧的双手拍出有规律的声音，我们可以做出优美的律动……

活动五：课堂小结

师：今天这节课你学得开心吗？

生：开心！

师：为什么这么开心啊？你又学到了哪些新知识？

生：在排队中学到找规律的知识！

师：其实，在我们生活中有许多有规律的事物在美化着我们的生活，我们要用自己的智慧去发现它、运用它，将来把我们的环境装扮得更美丽！

【教学反思】

"兴趣是最好的老师。"只有让学生对数学有好奇心，有浓厚的学习兴趣，他们才能积极主动地参与学习活动，成为学习的主人，在参与中获得进步与发展。

一、借助"排队"经验直观感受规律，符合儿童认知特点

选择了与儿童生活紧密联系的排队为教学素材，将教材静态呈现的内容，设计成以排队为主线的开放性实践活动，搭建学习探究平台。学生现场排队展示，规律直观，学生容易理解，当学生借助生活排队经验，对规律认识有了一定的基础后，再去找其他的排列规律，会更简单易懂一些，直到学生创造出不同的排列规律，并能用不同的符号、图形表示时，达到预期教学目标。

二、将"排队"活动进行到底，学生思维得到有序发展

一系列的排队游戏活动，内容和要求层层深入，一年级学生很快融入其中。趣味盎然的活动，促使他们主动思考、创造与实践，充分展示了自己的创

新思维。在展示创造的规律后,要求他们用符号、图形、数字等形式记录排队现象中创造的规律,体现了数学学习由直观到抽象的过程,由生活化到数学化的过程,学生的思维水平在活动进行中得到发展提升。

三、合作开放的教学氛围,发展了学生对数学积极的情感

开心的游戏、开放的问题解决、愉快的师生合作、宽松愉悦的情绪,是本节课的亮点。教师引导学生在开展排队的实践活动中,在做数学中,体验规律、感悟规律、应用规律,获得思想方法和积极的情感体验,丰富对数学的认识,感受数学的价值。持续进行的合作交流,鼓励学生从不同的角度去观察、思考问题,增进了师生间、学生间的情感沟通和信息交流,有利于思维的碰撞,有利于激发学生潜在的创造力。学生参与其中,兴趣浓厚,学习思考真实地发生,学生强烈地感受到学数学、用数学的乐趣。

2.10 低年级课外拓展实践案例

【案例1】

精选素材，数学可以"玩"起来

低年级是小学的起始阶段，是幼小过渡的关键时期。在入学前，学生的学习是在游戏和生活中进行的，主要通过直接感知、实际操作和亲身体验来获取经验。进入小学后，低年级学生的思维依然是以直观形象思维为主的，而课本上的数学知识则显得抽象、枯燥。教师如果照本宣科地讲、单调重复地练，数学学习就会变得索然无味，学生在课堂上很容易分散注意力，降低学习的效率，甚至失去学数学的兴趣。怎样加点"作料"，巧妙"烹调"才能让枯燥的数学知识符合小学生爱玩儿的"胃口"呢？

教学实践中，发现低年级学生对数学实践类活动很感兴趣，在实践活动实施方面有得天独厚的的优势：首先，小学低年级学生活泼好动，以直观形象思维为主，故事化、游戏化、操作化的数学实践活动更符合儿童的心理特点和认知水平，能有效提高学生参与学习的积极性；其次，低年级学生每天的学习任务少，活动时间充裕，科学的数学实践活动为亲子互动提供了机会，让时间过得更充实更有意义；最后，受年龄特点限制，低年级学生家长对学生的陪伴时间较多，在实践活动中能得到更多的关注，更容易把知识转化成技能，在家长和教师的共同指导下，学生的实践效果会更好。为此，结合教材，精选素材，组织了多样化的数学实践活动，带领学生在"玩"中学，以此提高数学学习的趣味性和有效性。

对于数学实践活动的内涵，泉州师范大学教授苏明强认为：数学实践活动，一般是指在数学教学过程中，在教师指导下，由学生自主进行的学习数学、应用数学解决问题的实践活动。广义上理解：包括活动主体（学生）的思维和行为两个方面的活动。狭义上理解：仅指活动主体（学生）的操作性活动。2011年版《义务教育数学课程标准》明确指出："综合与实践"一类是以问题为载体，以学生自主参与为主的学习活动。在教学中组织的数学实践活动是基于广义上的理解进行的，主要包含三类：教材中提供的数学综合与实践活动（每册2个）、学习过程中学生亲身参与的数学主题实践活动，以及结合学习内容和学生生活实际自主设计的综合实践活动。

结合数学课程标准对第一学段的数学实践活动要求及实施建议，在数学实践活动实施方面向这两个方面努力：帮助学生巩固知识、培养兴趣；协助学生拓宽视野、发展能力。为提高活动实效主要做了三个方面的工作：精心选择活动素材、细化活动过程指导、强化活动评价与反思。以此提高数学实践活动的实效性。

一、素材精选

在素材的选择方面，坚持两个原则：用好教材和就地取材。

1. 用好教材

青岛版五四制一二年级教材图文并茂，情境创设生动活泼，其中蕴含着很多有趣味、有层次的活动情境，为我们提供了很好的数学实践活动素材，尤其是课后练习中，资源更加丰富。为了更好地利用好这些宝贵的资源，认真研究教材，根据活动形式和价值的不同，把教材中涉及的数学活动分为六大类，结合教学内容先后组织了71个主题的活动，这些活动或短小精悍或复杂综合。根据不同类型的实践活动特点和功能，尽量细化了活动流程和方法，以便更好地促进学生知识的深化和能力的发展。

每类活动都有自己的价值，如观察类活动不仅可以帮学生积累学习素材和学习经验，让学习变得轻松有趣，也能在观察中让学生感受到数学在生活中的价值。如在认识钟表后通过实践活动《我的一天》，引导学生观察自己的生活，记录自己一天的作息时间，既巩固了读时间的方法，又让学生感受到了时间的宝贵，也让知识的学习和情商的培养润物无声。

操作类活动很好践行了知行合一的理念，侧重于通过量一量、测一测、画一画、摆一摆、拓一拓、拼一拼等活动，学生在操作中巩固方法，让知识的习得更加牢固和鲜活。如在认识乘法时，让学生用自己喜欢的方法表示出心目中的3×5，在学生的作品反馈中，学生的形式不同，方法多样：有的选择了摆小棒的方法表示，有的则想到了用画图的方法表示；有的画出了3个5，有的则画出了5个3，还有的同学更厉害，用一幅图既表示出了3个5，也表示出了5个3。这类操作活动是对数形结合的思想的运用，能很好地展现了学生的思维过程，精准地反馈出了学生对知识的掌握情况。

游戏类活动主要采用互动性的活动方式把枯燥的练习变得趣味十足；故事类活动重在训练学生用数学的眼光去观察，用数学的语言去表达；拓展类则给学有余力、喜欢探究的同学提供了一方舞台。教材中综合与实践活动，重在培养学生综合运用有关的知识与方法解决实际问题，培养学生的问题意识、应用意识和创新意识，积累学生的活动经验，提高学生解决现实问题的能力。

根据各类活动的特点，在活动实施中采用"小"处着手，"大"处提升的策略。

"小"处指分散在教材角角落落的内容相对单一的前五类活动，这些活动块头小，教参上的教法指导也很简略，为提高活动效果，每项活动前我都会从实践活动主题、场地、活动内容和价值以及活动目标等方面进行全面的思考，在活动中注意做到以下几点：首先，主题尽量充满童趣；其次，场地选择要灵活，操作简单的活动作为课中游戏放在课内进行，过程复杂活动放在课外由借助同伴互助或教师、家长协助完成；再次，活动过程中步骤清晰，借助问题引领实践；最后，活动评价要及时，以激励性评价让学生感受到成功的喜悦，保护学生参与活动的积极性和自信心。

"大"处指每册教材提供的2个综合实践活动，这类活动是帮助学生积累数学活动经验，培养学生应用意识和创新意识的重要和有效的载体。参照教材和教参上详尽的方法指导，扎实开展相关活动。

2. 就地取材

在用好教材的基础上，还根据学生的年龄特点和生活经验，选取学生身边熟悉的、感兴趣的内容为活动素材，开展实践活动，引导学生认识自己、认识家人、认识社会，使学生通过实践活动感受数学与生活的密切联系，增强学生学习数学的愿望。

就地取材时主要坚持以下几个原则。

(1)生活化原则：教学中从儿童的视角、用数学的眼光观察生活，选择学生感兴趣的生活素材作为学习的载体，设计实践活动，激发学生运用所学知识解决问题的热情，潜移默化中让学生体会到数学与生活之间的紧密联系。如学习了《米的认识》后，开展了《一米线的秘密》主题活动，（活动图片）组织学生寻找生活中的1米，通过交流生活中的"1米线"的资料，让学生了解银行、医院、地铁站、飞机场等公共场所设置1米线的原因，不仅把"1米"这一抽象的概念形象化、生活化，更借机对学生进行了遵守社会规则的思想教育；在数水果游戏中学习统计方法（视频），在猜红包的游戏中巩固人民币的认识等。

同时，结合季节和特点组织了《有趣的树叶画》《红红火火过大年》《种蒜苗》等综合实践活动，不仅帮学生巩固了分类、人民币、长度单位等知识，也引导学生加强对自然、社会的关注。借助生活化的活动情境，不仅能更好地激发学生的探究兴趣，也便于学生从自身经验出发，寻求解决问题的方法，学生在学习知识的同时，感受到数学在生活中的价值，更锻炼了解决生活问题的能力。

(2)生长性原则：数学综合实践活动是数学学习的补充和拓展，因此选材要注意选择有促进学生向前迈一步的潜质的素材，帮助学生拓宽视野、开阔思路、发展能力。如在认识了长度和质量单位后，设计了《我和我的一家》实践活动，在家长的协助下，让学生测量家庭成员的身高和体重，让厘米、米、千克等抽象的计量单位变得鲜活；学习了《方向和位置》后，带领学生画出从家到学校的线路图，要完成任务，学生不仅要熟知方位的知识，还需要了解县城主要公路的名称、途经的小区和主要建筑物的名称等，在锻炼能力的同时，增进了对周围环境的了解。

(3)普适性原则：实践活动的设计要面向全体，因此，素材的选择要考虑学生整体的接受水平，活动的材料准备到过程实施都简便易行，避免学生因条件受限而放弃。

二、过程指导

过程指导主要侧重于从学生层面和家长层面进行。

1. 学生层面

在教学中总结出了数学实践活动指导的"三四五"模式，以此来细化过程指导，提高活动实效。

(1)"三四五"模式

"三"是三个突出：一是突出活动的实践性，指结合具体的操作活动，给学生提供充分的积累活动体验的机会，发展学生动手能力和解决问题的能力；二是突出活动的应用性，指活动内容与数学知识及现实生活紧密相关，鼓励学生运用所学知识解决问题，发展学生的应用意识和能力；三是突出学生的自主性，指活动中以学生自主活动、合作交流为主，给学生提供尽可能多的锻炼和展示自我的机会，发展学生的探究能力和合作能力。这是该模式建构的基本理念，贯穿课堂始终。

"四"是四个重点：指在活动中重点从"读""思""做""评"四个方面对学生进行数学能力的培养。"读"是指学生对活动内容和活动目标的准确解读的能力；"思"是指学生根据活动提示，梳理思路的能力；"做"是指综合运用所学的知识解决问题的能力。"评"是指学生对自己和他人的活动做出客观评价的能力。

"五"是小学数学综合实践指导模式中的五个环节。

(2)"三四五"综合与应用教学模式的具体环节

"三四五"综合与应用教学模式包括五个环节。根据不同学段学生的能力和特点，采用不同操作方法。

环节一：情境导入，激发兴趣（活动前）

教师结合活动内容，尽可能采用图片、视频、活动、表演、设疑等方式，引出活动内容，紧扣小学低年级学生喜欢直观、好动、好奇心强等特点，激发学生的探究兴趣，调动学生参与探究的热情。

环节二：聚焦问题，明确方法（活动前）

活动前和学生一起梳理活动的目的，聚焦问题，通过小组讨论厘清探究的思路和方法。比较复杂的问题可以先进行细化或分解，培养学生做事严谨的态度以及制订活动计划的能力。需要课后进行的部分，下发《实践活动解读单》，便于学生有条不紊地开展活动。

环节三：自主活动，激发个性（活动中）

本环节学生按照既定的计划，结合自己的学习和生活经验，自主开展活动。因学生年龄较小，探究能力有限，在这个过程中，离不开周围人的帮助。教师可以教给学生遇到困难求助的方法，课内遇到困难可以向教师求助，和同学讨论，在课外遇到困难可以查阅资料或向家长求助，在多样化的学习过程中，结合自己的思考，自主解决问题，充分积累教学活动经验。

环节四：展示交流，总结评价（活动后）

交流：交流作品、困惑、发现（知识层面）、感受（精神层面）。

交流形式：在自主学习的基础上，开展同伴交流，交流方式根据活动内容和活动成果体现方式灵活选择。结论性的成果可开展组内、班内交流，作品类成果可开展年级组和校内的展示交流。在多样化的交流中，引导学生对比反思，找出自己的优势和不足，在互相学习、互相借鉴中开阔思路，促进解决问题能力进一步提升。

评价：自我评价、同伴评价、家长评价、教师评价等。

环节五：深化内容，延伸拓展

结合活动内容向学生介绍拓展类知识，引导有能力的同学开展更深层次的思考和探究，以此促进不同层次学生的梯度发展。

2.家长层面

为了让每次实践活动都能在学生的手里顺利"生根、开花、结果"，给每项活动都配备了实践活动解读单，让家长和学生对活动目的、步骤、要求和成果提交方式做到心中有数。一张小小的解读单，不仅能提醒学生有计划地扎实开展活动，也能增进家校沟通，最大限度争取到家长的支持，保障了活动的顺利开展。

《实践活动解读单》包含五项内容：活动主题、活动目标、活动过程、成果要求、提交时间。

在组织原创类数学综合实践活动前，详细设计《实践活动方案》（文档链接），依据活动方案设计《实践活动解读单》。因学生年龄小理解力有限，家长能力不一，为保证效果，设计需格外用心，力争实现三个要求。(以《红红火火过大年》活动解读单加以说明)

（1）目标全——有用（既要有知识目标，又要有能力目标，还要有情感态度目标，让学生和家长明白活动是有价值的，提高大家参与的积极性。）

（2）问题细——有效（善于对问题进行分解和细化，任务较多的实践活动尽量分成若干个小板块由易到难逐级实施；每个板块采用问题引领的方式，使活动易于操作，方法提示需清晰具体，让活动的开展有实效。）

（3）要求宽——有信心

要求宽主要指时间要求宽裕些（受年龄特点限制，低年级学生行为比较慢；有些家长工作忙，协助有心无力；对低年级学生来说，大部分成果的呈现比较费时，因此要给学生留出充足的完成活动的时间。所以，一般选择节假日、双休日、寒暑假进行。）

要求宽还指质量要求宽容些（尊重学生在发展水平、能力、经验、学习方式等方面的个体差异，对学生活动作品的质量要宽容以待，让每个学生都能感受到参与的快乐，保护其参与活动的积极性和自信心。）

另外，在成果提交上，以提纲式列出常规性要求，鼓励学生进行过程性材料的积累，用富有个性的形式展现成果。

3. 活动组织注意事项

（1）面向全体：活动指导面向全体；活动交流面向全体；成果展示面向全体。让参与者有收获，让旁观者有发现。

（2）自主自愿：带领有愿景，有能力的学生向前走一步或几步。

三、评价反思

（一）评价

评价是导向，每项活动结束后，带领学生对活动的过程和结果进行评价交流，积累经验改正不足，促进实践能力的提高。

1. 评价主体多元化

将评价的主体"自评""互评""师评""家长评"相结合可以让评价更有效。

通过"自评"，培养学生自我检查与监督的能力，鼓励学生找到自己的优点和不足，增强交流学习的针对性，从而实现自我教育、自我调节、主动发展。"互评"是指同伴之间的互相评价，而同伴间的"互评"不仅可以让学生互相学习、共同进步，也可以让学生发现问题、互相指正。而"家长评"更可以增加家长对学生学习的关注，可以增加学生学习的内在动力。打破单一的师对生评价，采用生生评价、家校评价相结合的方式，全方位多角度地对学生的活动过程进行评价，保证评价的科学性和准确性，更好地帮助学生积累经验、反思改进，继而促进学生核心素养的全面发展。

"师评",教师从发展的角度,以客观全面的语言评价学生,也可以提高学生客观评价自己的能力,有助于学生自我反思。学生的发展是一个持续、渐进的过程。每个学生在沿着相似进程发展的过程中,各自的发展速度和到达某一水平的时间不完全相同。要充分理解和尊重学生发展进程中的个别差异,支持和引导他们从原有水平向更高水平发展,按照自身的速度和方式前进。在尊重学生发展的个体差异,对学生活动成果的评价标准要多元,努力使每个学生都能体验到满足和成功。尊重学生在发展水平、能力、经验、学习方式等方面的个体差异,因人施教,努力使每个学生都能获得满足和成功。

2. 评价内容全面化

青岛版教材中"积极""会问""合作""会想""会评"这10个字评价标准简洁、概括性强。能比较全面地反映出学生在活动中各方面的表现:参与态度是否积极、能否在生活或学习中提出有价值的问题并进行实践探究、能否与同伴或教师家长进行有效的合作、能否进行有价值的思考、能否对自己或同伴的表现进行客观的评价等。

为了克服学生评价找不到内容依托、具体操作困难的现象,采用评价记录单的方式,实现了评价针对性、改进方向性、指导目的性,真正把评价落到了实处。具体做法是:在评定内容上,把评价内容与学生的学习目标、学习活动、具体问题挂钩,设计学生课堂活动评价内容细化表和学生课堂活动评价记录表。

3. 评价形式多样化

(1)自评和互评相结合:利用2~5分钟进行组内的自评和互评,小组长做好积分记录,一月一次汇总分析,依据学生和各组表现评选实践小明星,利用实践活动课集中表彰奖励。对出现的问题及时查找原因并采取适当的方法进行改正,使之逐步完善。

(2)定期举行家长开放活动,让家长参与活动,对学生的表现和成果予以评价,评价以激励性评价为主,提高学生的自信心。同时,也增强了家校沟通,使家长对综合实践活动更加重视和支持。

(3)开展校级实践小明星评选活动,在班级和级部展评的基础上推荐优秀作品参加校级评选,学校统一印发喜报,分班级进行表彰。

（二）反思

在活动中，及时记录研究过程，填写活动记录单，并撰写活动反思，以便更好地总结经验查找不足。帮助自己在教学过程和策略的不断优化中，促进学生更好地发展。

总之，通过此类综合实践活动的开展，把学生的视野由课内拓宽到课外，拓宽了学习渠道，引导学生关注生活，鼓励学生从生活中，从周围人的身上学到书本上没有的知识，锻炼学生收集和整理信息、与人沟通合作、活学活用知识等重要的学习能力，学生从身边的鲜活事例中体会数学的价值，促进了学生数学核心素养的发展。

【案例2】

巧设主题，数学亲子游戏"写"下来

课程标准明确提出，学生的学习应当是一个生动活泼的、主动的和富有个性的过程。除接受学习外，动手实践、自主探索与合作交流同样是学习数学的重要方式。为了培养学生主动发现生活中的数学问题，强化"用数学"意识，启迪学生的数学思维，追寻促进学生智慧成长的"生活化""游戏化"的数学，开设数学亲子游戏活动，更好地调动学生学习数学的兴趣，引发学生的数学思考，培养良好的数学学习习惯。

一、开展数学亲子游戏的意义

教育部下发的《3—6岁儿童学习与发展指南》明确提出，幼儿的学习是以直接经验为基础，在游戏和日常生活中进行的。要珍视游戏和生活的独特价值，创设丰富的教育环境，最大限度地支持和满足幼儿通过直接感知、实际操作和亲身体验获取经验的需要。多年的教育实践中，笔者研究团队发现刚刚入学的一年级学生与幼儿园大班幼儿在思维发展水平方面并无明显差异，都处于具体形象思维占主导的阶段，单纯讲授枯燥的数学知识很容易让学生产生厌学思想，久而久之就畏惧数学学习。而开展数学亲子游戏很好地解决学生在数学学习上可能产生的畏难情绪，为低年级学生更顺利地适应小学数学学习架起了桥梁。

数学亲子游戏就是让学生和父母在一起游戏的过程中，把发现的数学问

题，提出的解决方案用写日记的形式记录下来。课上进行交流汇报，在汇报交流的过程中探索发现新知识。把生活中丰富的学习资料纳入课程内容，建立开放的课堂教学，开展综合性的数学实践活动，激发学习数学的兴趣，使学生真正地动起来，在游戏中学习数学。

二、遵循原则

1. 知识性与趣味性相结合

以游戏为载体，充分挖掘数学知识本身的趣味因素，将抽象的数学知识融入生动活泼的数学游戏，让学生带着乐趣参与游戏，在游戏中学习知识、理解知识、掌握知识，引发学生的深度思考。

2. 探索性与创新性相结合

探索性是游戏的重要特征。培养学生的创新精神与实践能力是实施素质教育的核心任务，而游戏则是二者完美结合的产物。游戏让学生在动手操作中引发认知冲突，边玩耍边探索，在玩中学，在学中玩，通过探索操作沟通新、旧知识间的联系，感受数学的奇妙，培养创新思维。

3. 人文性与生活性相结合

数学来源于生活，更应用于生活。数学除了固有的知识性、工具性、客观性等特征以外，本身还具有极其重要的文化性、思想性和情感性。数学游戏就是从学生实际出发，设计学生喜欢玩、愿意做的游戏，发掘生活中的数学课程资源，将数学知识的人文性与生活性有机融合，让学生在轻松快乐的游戏中学习知识，增长智慧。

三、主题设计

遵循课标对小学数学教学实施的具体要求与小学第一学段学生的年龄特点，把教材中的数学和生活中的数学结合起来，借助生活经验来理解抽象的数学，从点滴入手培养学生的数学意识。教会学生把身边的事情，玩成数学游戏，融入生活，让学生从接触数学开始，就学会用数学的眼光看待周围的世界。

结合一二年级课程标准中规定的四大领域教学内容，开发设计了45个亲子游戏活动主题。

第二部分 教研指导

【一年级上册】

所属领域	游戏主题	游戏内容与要求
数与代数领域动动	找找身边的数字数一数	找找身边 10 以内的数，完整地说给爸爸妈妈听
	看算式讲故事	根据算式给爸爸妈妈讲故事，画出故事内容
	有趣的排队	和家人一起玩一次排队游戏，能叙述出自己排第几个，后面还有几人等
	跳绳比赛	和父母进行一分钟跳绳比赛
图形与几何领域	趣味拼搭	和父母一起用废旧包装盒、易拉罐、小瓶子等立体图形进行拼搭，感受各种立体图形的特征
	兔子舞	通过和父母跳兔子舞游戏，根据游戏口令"前前后后、左左右右、上上下下"等模仿小兔子跳舞
统计与概率领域	整理我的小衣橱	妈妈指导孩子整理自己的衣橱，感受分类在生活中的应用
综合与实践领域	趣味拼摆	和父母用火柴棒或者棉棒等粘贴一幅画，复习图形的认识及数的大小比较

【一年级下册】

所属领域	游戏主题	游戏内容与要求
数与代数领域	数一数（一）	数一数家里的物品，记录下来，感受数学就在自己身边
	写算式讲故事	通过父母写算式，孩子讲数学故事的形式，加深理解加减法的意义
	数一数（二）	通过和父母玩抓瓜子、花生游戏，用多一些、多得多等数学语言描述怎么比大小
	用时间记录一天的生活	在生活中认识整时和半时，加深对钟表的认识
	我和父母去购物	借助实际购物活动学习如何花钱、找零钱，积累数学活动经验
	吹气球比赛	通过比较规定时间内谁吹得气球个数多，多多少个，理解求一个数比另一个数多（少）几的数的计算方法
	踢毽子比赛	和父母进行一分钟踢毽子比赛，进行比多少
	画乘法	和父母比赛画同一种水果，比一比谁画得多，感受同数连加，发现规律，学习乘法

续表

所属领域	游戏主题	游戏内容与要求
图形与几何领域	画图形	用认识的平面图形画一幅漂亮的图案，按要求涂色。同一种图形涂一种颜色，不同的图形分别涂色
	身上的小尺子	和父母进行一次量体大比拼，认识直尺、米尺，会测量
统计与概率领域	我是小小记录员	和父母一起选择离家最近的十字路口，统计5分钟内通过该路口的各种车辆，感受统计在生活中的应用
综合与实践领域	玩百数表游戏	通过和父母制作百数表，玩盖数游戏，探索数的规律
	我跟着父母去工作	综合运用所学知识解决实际问题

【二年级上册】

所属领域	游戏主题	游戏内容与要求
数与代数领域	数蛤蟆	续编儿歌，发现蛤蟆的只数与嘴巴、眼睛、腿的变化规律
	再玩百数表	通过和父母制作百数表，圈出9的倍数游戏，探索9的乘法口诀的规律
	计算大比拼	和父母进行规定时间内计算大比拼活动，提高口算水平
	分一分（一）	抓一把黄豆和父母进行分组比赛，记录各种分法发现规律，认识平均分
	画除法	用画图的方式理解除法的意义，建立除法与减法之间的联系
	分一分（二）	和父母进行分花生比赛，每人18个，每组个数不同，观察分组数与余数的关系
	我和爸爸摆围棋	通过摆一摆、议一议等活动，发现生活中的周期现象，会用余数的除法解决实际问题
图形与几何领域	有趣的活动角	和父母分别制作一个活动角，比较观察角的大小变化规律
	绘制我家的平面图	和父母合作制作客厅平面图，理解上北下南左西右东，认识东西南北四个方向
	我给宠物画幅画	选择自己喜欢的宠物，和父母从不同的位置观察发现奥秘

续表

所属领域	游戏主题	游戏内容与要求
综合与实践领域	旅游中的数学	全家外出旅游时记录出行的时间、游玩的时间以及尝试计算各种费用等，综合运用数学知识
	神奇的小棒	和父母用火柴棒或者棉棒等粘贴几幅相同的作品，复习图形的认识及乘法的运用
	八月十五"数"团圆	全家共同庆祝八月十五团圆节时发现其中的数学信息以及尝试计算各种费用等，综合运用数学知识

【二年级下册】

所属领域	游戏主题	游戏内容与要求
数与代数领域	再玩计数器	借助计数器认读千以内的数，感受大数的意义
	制作数位顺序表	通过和父母一起制作数位顺序表，识别各数位上数字的意义，经历数位顺序表的产生过程
	数千粒米	通过数1000，体会生活中有大数，感受学习大数的必要性
	旧游戏，新玩法	和父母进行骰子游戏，用看到的三个数字任意组成不同的三位数，然后进行加减计算，发现奥秘
	神奇的弹簧秤	和父母一起进行掂一掂、估一估、称一称等操作活动，感受1克、1千克实际有多重
	防"疫"在家，动手我最棒	和父母比赛折幸运星，发现并解决比多少问题
统计与概率领域	玩转数学小调查	和父母进行一次调查活动，获得初步的实践活动经验
	我是推理小能手	和父母进行探索算式中的"数字谜"小游戏，获得简单推理的经验
图形与几何领域	测量新玩法	和父母进行一次测量大比拼，体会长度单位在实际生活中的运用
综合与实践领域	小粽子，大学问	和父母一起包粽子，综合运用所学知识解决实际问题
	特殊的寒假，永恒的记忆	综合运用所学知识解决实际问题

287

四、实施路径

1. 开好两级培训会

一是召开家长培训会。新生入学后一个月，召开家长培训会。和家长讲清楚玩数学游戏的目的，怎样和孩子玩游戏，玩游戏的过程中家长的角色定位，等。

二是开展学生培训会。第一次数学游戏是在教室里进行的，教师充当父母的角色，和孩子讲清楚怎样玩游戏，游戏完成后怎样叙述游戏过程，怎样撰写数学日记，等。

2. 亲子游戏"四步走"

随时与家长沟通明确游戏内容与具体活动要求以确保活动开展的效果。做到"一同玩""二互说""三共写""四分享"。即一是爸爸或妈妈和孩子一起参与游戏全过程；二是互相说一说参与游戏的感受以及发现的数学问题，怎么解决的；三是父母指导孩子撰写数学日记，也可以父母和孩子共同撰写数学日记；四是孩子写完日记后读给父母听，如果父母也撰写了日记也要读给孩子听一听，共同分享，修改完善。

3. "数学日记"写什么

"数学日记"把父母和孩子一起玩游戏的过程，以日记的形式，记述自己在游戏过程中的感受和体会。数学日记不仅真实地反映了孩子参与游戏情况，更重要的是它能客观地再现在游戏中发现的数学问题以及提出和解决问题的过程，让孩子经历知识的产生过程。数学日记要写的是自己对数学的发现、思考、感受以及采用的数学方法等，具体可以写以下四类。

一是写数学认知：孩子在游戏过程中发现了什么，学到了什么，理解了什么，掌握了什么，还有哪些困惑等都可以写，家长不要太过干涉孩子，完全放手让孩子自由发挥即可。通过写，激发孩子对玩数学游戏的兴趣，加深对暗含的数学知识的理解与掌握，以实现数学知识的内化。

二是写数学活动：孩子在写数学日记时，可以记录在游戏中是怎样思考的，怎样动手操作的；在和父母交流过程中是怎样说的，怎样想的；爸爸妈妈怎么做的，怎么说的；等等。写数学活动实际上就是锻炼孩子自我总结的能力，也是知识自我内化的过程。

三是写数学思考：写数学思考，是孩子写数学日记的主要内容，可以写反思，如参与游戏的态度、用到了哪些学习方法；还可以写解决问题的方式，以及自己参与游戏的感受；等等。这样可以很好地架起亲子交流的桥梁，可以让父母更全面、更深入地了解孩子的学习状况，同时也为教师开辟了一条与孩子心灵交流的绿色通道，通过阅读孩子的数学日记，及时掌握孩子的学习动态，更好地服务课堂教学。

四是写数学应用：随着年级的增长，可以指导孩子写应用型的数学日记，开阔孩子的视野，拓展孩子数学能力，提高孩子解决日常实际问题的能力。

4. 撰写日记"走台阶"

撰写日记经历了四层台阶：第一层，孩子画出参与游戏的过程，提出发现的数学问题，列式解决；第二层，孩子口述，家长代写；第三层，家长指导孩子撰写加画图；第四层，孩子完全独立撰写。

5. 日记评价"三加一"

评价方式采用"三加一"策略：固定的自评＋父母评＋教师评，外加每周班级交流时同学评。即孩子撰写数学日记后进行争星自评，分为优秀 5 颗星、良好 4 颗星、一般 3 颗星；父母根据孩子参与活动的具体情况进行"爸爸妈妈有话说"口头加等级评价；每周的校本课为固定"亲子游戏"数学日记分享交流会，根据学号依次进行，每周 5～6 人，学生交流完成后，进行"同学有话说"和"老师有话说"讨论交流，教师及时梳理孩子们发现的数学问题，进行全班交流，根据教材内容，适当进行讲解。分享会完成后，收齐所有孩子的作品，教师阅读完后进行等级加评语评价。

写数学日记是一种重要的学习方式，数学日记不仅记录着孩子们和父母一起玩亲子游戏的瞬间灵动，更在他们内心深处留下数学的烙印，能使孩子更广泛地接触生活，更细致地观察，有效地实现数学生活化、生活数学化的有机融合。实现了学科间的整合，缩短师生之间、亲子之间、家校之间的心灵距离，让更多的孩子喜欢数学、爱上数学。

观评课指导

2.11 活学活用 践行新理念[①]

在认真观摩了南麻五小唐美玲老师执教的简单的分数加减法计算后，谈一谈对这节课几点认识，这节课最突出的特点是把学习洋思课堂教学模式与新课程倡导的教学理念有机结合起来，做到学习借鉴、求实创新，取得了良好的课堂教学效果。可概括为"准确、灵活、效果好"。

一、准确

1. 课堂教学目标把握准

有关分数的教学，在小学分为两个学习阶段，三年级是初步认识，要求是使学生通过直观、具体的学习活动，理解分数的含义，理解同分母分数加减法的算理，会正确计算。在本节课中，只要学生通过具体例子，能够认识、体会到同分母分数相加减的道理，知道算法，并用自己理解的语言表达出来，就达到了教学要求。如果只是教给算法，而不突出算理的理解，就是要求的降低；如果教师只是抽象地概括法则，则是教学要求的拔高，这样的教学都不利于学生的后继学习。本节课中，教师准确地理解并落实了教学目标。

2. 知识生长点找得准

同分母分数加减法的实质同整数一样，都是相同计数（分数）单位的数直接相加减。所以，理解算理的关键是能够正确理解分数的含义，也就是能熟练地说出一个分数是由几个分数单位组成的，这个知识点解决好了，下面的学习也就扫平了障碍。因此，复习环节设置很有必要，并且复习题的设计很有针对性，突出了数学知识之间的逻辑联系。

[①] 本文为笔者 2005 年 12 月 10 日在全县举行的学习洋思教学经验现场会上指导教师上示范课并评课。

3.学习重点、疑点找得准

重点是理解算理，会计算，得到充分体现。对学习过程中的疑点，$\frac{1}{2}+\frac{1}{2}=\frac{2}{2}=1$，教师能够及时给予指导、点拨，达到解疑释惑的目的，教师主导作用充分发挥。

二、灵活

1.结构模式运用合理灵活

本节课课堂教学环节的设计安排，学习洋思课堂教学模式，而不简单模仿、套用。教师充分借鉴洋思先学后教的理念，根据学生特点、教材特点、认识规律，合理灵活地安排教学过程。

（1）复习旧知、情境引入。突出对学生发现数学信息、提出数学问题能力的培养。

（2）了解目标、明确自学要求。目标交代简洁清晰，自学要求具体明确。

（3）依据提示自学。自学提示具体，指导性强。组织自学方法灵活，学生参与程度高。

（4）师生交流，理解算理、深化认识。面向全体，师生互动；突出自主，由算理到算法，升华认识。

（5）当堂练习测评。试题设计体现三原则：针对性、量力性、层次性。

2.教学方法选择运用灵活。

教师的教，如引导（细致、恰当）、提问（有价值）、总结（升华认识）等及时得当。

学生的学，如自己看书学、同桌说一说、自己做一做、给同学评一评等形式灵活多样。

3.教学评价恰当灵活

评价不空洞，具体得当，激励性强。课堂环境气氛和谐。

三、效果好

1. 教学手段运用效果好

在认知难点处用多媒体辅助教学,变静为动,直观形象,体现用的价值,效果好。

2. 学习效果好

不但完成了知识学习任务,而且学习能力(如会看书、会交流、会表达)、思维能力(说理训练)、学习习惯(书写认真、规范)、学习情感(积极评价)等得到一定的培养、训练。即知识是基础,更是培养学生全面发展的载体。

2.12 由"入格"到"出格"[1]

宋老师执教的《圆的认识》一课，突出体现了洋思教学经验与新课改理念的有机融合。其突出特点笔者认为可以概括为"两个灵活，三个到位。"

一、两个灵活

1. 教学结构合理灵活

不机械照搬洋思"先学后教当堂训练"模式，而是根据小学生年龄特点和认知规律科学设置教学环节：情境引入—明确目标—获得方法—自主学习—交流总结—深化认识—当堂训练。时间分配合理，教学过程自然流畅。

2. 教学方法灵活恰当

新课标指出"有效的数学学习活动不能单纯依赖记忆与模仿，自主学习、合作、交流、观察、操作应该是学生学习数学的重要方式"。本节课教师通过学案导引，设计了学生自学课本勾画概念、动手操作理解概念、集体交流总结深化等活动，学习方式灵活有效。同时，设计猜一猜、比一比游戏活动，激发兴趣，调动学生学习积极性。

二、三个到位

1. 教材处理运用到位

体现在学习目标要全面、准确、具体、恰当。例如，显性目标：知道圆各部分的名称，理解掌握圆的特征，会用圆规画圆；隐性目标：发展学生的观

---

[1] 本文为笔者 2006 年 8 月 24 日在全县初中小学教学工作会议上，指导悦庄镇中心小学宋维华教师执教《圆的认识》一课，为全县教干教师示范学习洋思经验课堂教学成果，做限时 5 分钟评课。

察、动手操作能力，语言表达能力和逻辑思维能力，感受图形的美。

学习提示设计适合学生自学。依据教材内容呈现特点，做到自学内容、方法，要求简洁明确，指导性强。

练习的设计，体现基础性、针对性、层次性、开放性。

2. 学生主体参与到位

表现在自主学习时间充分（8分钟独立学习时间），交流时间（同伴交流、全班师生共同交流10分钟左右）、交流空间充分，做到了生生交流、师生交流，形成了多维互动的学习氛围。

3. 教师引导总结到位

（1）自学前的学法指导，具体有针对性；

（2）自学过程中教师巡视进行的个体引导、自学后的概念梳理总结、学习重点的突出强调（半径、直径的准确理解）、认知难点的突破（无数条）等，体现出教师作为教学活动组织者、指导者、参与者的作用，体现了教师较强的驾驭课堂能力。

另外，和谐教学氛围的营造，现代化教学手段的恰当运用，也进一步增强了学习效果、提高了教学效益。

当然，任何一节课都不会完美无缺，都有值得再探讨研究的问题：一是评价的激励导向性作用发挥不够好；二是课堂的生成性还不够；三是培养学生良好的学习习惯和自学能力要从细节做起。

2.13 展现课题成果，助推学生素养发展[①]

李校长[②]执教的《圆的周长》这节课充分体现了沂源县实验小学的"小学数学问题式教学与合作交流性学习实验的课堂教学模式"。该实验是李校长带领他的课题组成员，从 2002 年开始实施的，经过 6 年多的实践、探索，已逐步形成了独具特色的课堂教学模式，主要包括五个环节：（1）激情引趣、导入新课；（2）创设情境、提出问题；（3）合作交流、探究问题；（4）交流评价、归纳总结；（5）巩固练习、拓展应用。整节课以知识为载体、以问题为主线，通过灵活多样的学习方式，高效完成了学习目标。我认为，整节课突出表现出三个特点。

一、创设了有价值的教学情境

1. 创设生动的问题情境，激发学习兴趣

课程一开始教师利用生动形象的课件创设了"蚂蚁和七星瓢虫两只可爱的小动物赛跑，谁跑得快？"的教学情境。通过思考交流，自然地将情境中的问题转化为"求圆的周长是多少"的数学问题，从而引出要学习的新知识。该问题情境的选择与创设，充分关注了小学生的学习心理：如小动物比赛的童话素材、多媒体课件生动形象的展示、生活问题到数学问题的逐步抽象，符合学生的认知规律，激发了学生学习思考的兴趣，也使他们兴趣盎然地进入了下面的学习。

[①] 本文为 2009 年 6 月 1 日笔者受邀为李同升执教《圆的周长》市级公开课评课。
[②] 沂源县实验小学李同升，市特级教师，淄博首届名师，主持省重点课题《小学数学问题式教学与合作交流性学习实验》，课题成果获山东省教科研成果一等奖。

2.提供丰富的素材情境，培养学生问题意识

物理学家爱因斯坦说过，提出一个问题比解决一个问题更重要。新课程标准也强调要"在呈现作为知识与技能的数学结果的同时，使学生体验从实际背景中抽象出数学问题的过程"。培养学生的问题意识，是数学教学的目标之一，也是李校长"数学问题式教学与合作交流性学习实验"的前提，所以在每节课上他们都尽可能地结合教学内容特点，有意识地培养学生提出合理、有价值数学问题的能力。本节课，教师通过动画展示大小不同的汽车轮胎、钟表指针运动引发学生思考，提出不同的数学问题，并加以筛选，使问题更清晰、更明确，使学生从中体会如何提出有价值、有层次的数学问题。

课中的关于"地球赤道素材"、练习中的"自行车牙盘问题"等情境素材的创设和选用，都是在不断地引发新的数学问题，使学生产生新的思考。

学生数学的眼光和数学意识在这些问题情境中得到不断的强化，从而使培养学生的问题意识不再是一句空话。

二、精心设计了数学问题

"问题是数学的心脏"，问题在数学学科中具有重要的价值。数学知识、思想、方法、观念都是在解决数学问题的过程中形成和发展起来的。因此，数学教学设计的本质就是数学问题的设计。

本节课从什么是圆的周长初始问题入手，层层推进，逻辑严密地设计了一系列数学问题，如学习新知过程中的问题有：怎样知道圆形纸片的周长？是不是所有圆的周长都可以用尺子量出来？圆的直径和周长有怎样的关系？什么是圆周率？怎样计算圆的周长？再如运用知识解决的问题：蚂蚁和七星瓢虫谁跑得快？自行车为什么跑得比较快？如果让自行车跑得更快，你会怎么办？直至课的结束提出：已知圆的周长如何求圆的直径和半径？

全课以问题为主线，为学生的思维活动建立了明确的学习方向，为学习活动找到了一个好的载体，也使数学课建立了好的结构，使数学课堂成为解决问题、发展学生思维的主阵地。

三、学习方式灵活高效

课程标准指出:"除接受性学习外,动手实践、自主探索与合作交流也是学生学习数学的重要方式。学生应当有足够的时间和空间经历观察、实验、猜测、计算、推理、验证等活动过程。"本节课李校长在测量圆形纸片的周长、探究发现圆的直径与周长关系等重点环节,根据问题的特点,合理选择了不同的学习方式,取得良好教学效果。表现在:

1. 适时提供如圆形纸片、软尺、剪刀、实验报告单等丰富的活动材料,保证了活动的实效性。

2. 探究、交流活动时间、空间充分,学生充分参与活动过程,体验深刻,并获得了一些初步的活动经验。

3. 教师适时进行演示、引导、归纳、总结,提升了学生的认识。在课堂上真正落实了"学生是学习的主人,是教学活动的主体,教师是教学活动的组织者、指导者、参与者"这一新课程理念。

总之,李校长这节课理念新、方法活,让我们感受到了师生积极参与、交往互动、勇于探究的激情,感受了数学教学的艺术和魅力,也看到了什么才是扎实高效的课堂,给我们每位数学教师带来极为有益的启示。

2.14 感受学习乐趣 让思考真正发生[①]

本节课是在学生学习了连续进位和连续退位的三位数加减法的基础上进行教学的，其重点是引导学生经历解决"求比一个数多（少）几的数"的过程，使学生体会用画图的方法分析数量关系，解决问题的策略，并以此突出教学重点，突破教学难点。教师在认真研究和领悟教材设计意图之后，根据学生的特点设计并实施了此次教学活动，主要特点如下。

一、用好教材，信息窗运用适当后移

在比多少问题中，分析数量之间的关系一直是学生学习的难点，在本节课能力前测中，我们发现，学生只是凭借直观感受或生活经验列出了算式，在分析题意时，思维却仅仅停留在见多就加、见少就减的层面，对题目中的数量关系分析并未走向深入，因此本节课的重点是引导学生学会借助直观手段，分析并理解题目中的数量关系。

另外，对小学低年级学生来说，在方法探究中，数据越大，学生探究难度就越大，会对方法的探究产生干扰。考虑到二年级学生的思维水平，为了更好地完成教学任务，教师对教材信息窗的运用做了调整，教材信息窗的运用适当后移。用好教材主要表现在两个方面。

1. 创设学生熟知的"吃水饺"的情境，侧重问题解决方法的探讨

以学生熟知的小数据的生活素材为依托，突出引导学生探寻分析数量关系的方法，在解决问题过程中，培养学生观察分析、比较、抽象概括能力。

[①] 本文为笔者对沂源县沂河源学校王新红执教的《求比一个数多（少）几的数是多少》课程的指导评析。

2. 充分发挥课本情境图信息丰富的优势,强化练习形成能力

发挥教材信息丰富的优势,创设"我当小裁判"的练习情境,此情境侧重于方法的巩固运用。让学生经历梳理信息、提出问题、解决问题的全过程。与"吃水饺"的情境相比,"树林医生"信息窗,更加新颖有趣且数据量略大,有利于考查学生是否真正理解和掌握了数量关系和分析方法。

信息窗在运用策略上的后移不是对教材资源的漠视,而是对素材运用最优化的一次大胆而有效的尝试。

二、合理设计,"四基"目标达成度高

1. 课前"比一比"活动,简单有趣,效果好

教师紧扣本节课的教学内容展开,充分关注了学生已有的生活经验和认知水平。在两人比手掌大小的活动中,学生初步感受到比较的标准不同、比较的结果不同;在进一步的三个人比高矮活动中,学生感受到比较标准的变化将直接影响比较的结果,比较结果具有相对性。简单而有层次的比大小、比高矮活动,使学生明白要确定比较的结果,弄清标准是前提。为本节课乃至后面继续学习反叙类比多少问题,突破了难点、扫清了障碍。

2. 探一探解决问题活动,层层推进,重点突出

(1)创设"吃水饺"问题情境,趣味盎然。从学生熟知的吃饺子和教师的生活情境引入,学生好奇心浓厚,加之数据较小,便于不同层次的学生,从自身经验出发,寻求解决问题、分析数量关系的方法。此环节重在抓住学生理解上的难点,以"为什么用加法算?"把学生的思考引向深入。

(2)在解决"妈妈吃了几个水饺?"问题的过程中,摆摆、画画的活动,适合低段学生学习特点,要求起点低而开放,学生基于各自思维水平,全部积极主动参与,注意力集中,自主学习有效。对用画线段图解决问题的教学,引入自然、流畅,及时因势利导,水到渠成。数量关系的分析教学与画图解决问题的方法渗透,两条主线有机融合,恰到好处,课堂教学效果好!

(3)设置"吃水饺"情境中的问题串,分别算一算妈妈、爸爸、弟弟吃了多少个水饺?使学生对数量关系的理解与描述,越来越清晰,问题解决能力得以逐步形成。

3. 理一理活动，清晰条理，提升了认识

（1）摆摆、画画活动交流之后，教师对学生自主思考结果的有序有层次的比较梳理，由饺子图、符号图、长条图到线段图，由繁及简，由直观到抽象，培养了学生的思维能力，使学生感受数学的简洁之美。

（2）本节课回顾反思环节，通过引导学生从积极、合作、会问、会想、会用几个方面全面回顾梳理和自我评价，既完成了对方法的总结，也提高了学生对知识之外，能力和方法的关注。本环节是落实培养学生爱思考、会反思等良好学习习惯的重要渠道。

4. 用一用活动，有层次、针对性强

（1）借助教材信息窗创设问题情境，让学生经历发现信息、提出问题、解决问题的全过程，培养解决问题的能力。

（2）合理利用自主练习，设计了给图片配音的形式，把练习化静为动，在创设轻松愉快的游戏氛围之余，为同桌间的猜数游戏提供了方法指导，从而提高了练习的实效。

总之，本节课教师本着尊重学生、用好教材的教学理念，努力落实新课标要求，以活动实施贯穿课堂，引导学生积极主动地参与经历数学学习的全过程，以知识技能的学习掌握为载体，获得思想方法、活动经验，课堂教学目标达成度高。

2.15 满足学生需要，落实有效教学[①]

一、情境朴实有用

本节课教师创设的教学情境，情境自然，信手拈来，朴实简洁，毫无为情境而创设情境，矫揉造作，铺张华丽，珍惜课堂的一分一秒，引领学生进入有意义的数学学习，引起了学生的共鸣，使学生产生了积极的学习欲望。

二、找准学生"真实"的认知难点，实施有效教学

自实施课改以来，为了追求课堂教学的"色彩"，教师把大量的教学时间和精力用于创设情境，却忽视了备教材、备教法，特别是备学生。对于计算教学，大多数教师重形式、轻过程，很多教师在课堂上丢弃了计算教学的优良传统——理解算理，总结算法，多数学生对算法无所适从了。本节课在设计上充分尊重和考虑了学生已有的知识经验和能力，通过多次面对不同学生的"试讲"，发现了绝大多数学生，特别是中下游学生的"真实"的认知难点在"满几十进几"，为此，教师创造性地运用教材，改教材的一道例题为两个层次，先让学生利用知识迁移，大胆尝试笔算积满十进一的乘法，理解进位道理，然后再利用知识迁移，充分发挥学生学习主动性，采取独立学习、交流讨论等方式，在关键处采取"迂回战术"，让充分经历理解算理、总结算法过程，突破认知难点"满几十进几"，从而扎扎实实地完成了教学任务。

[①] 本文为笔者对沂源县土门芦芽小学周君教师执教的《笔算乘法教学》课程的指导评析。本文发表于《小学数学教育》（2008.10）。

三、学习方式灵活多样，为需要而选择

数学课程标准指出：有效的数学学习活动，不能单纯依赖模仿与记忆，动手实践、自主探索与合作交流是学生解决问题的重要方式。当学科内容走向学生经验时，学生的学习就不只是"文本学习"，而应是"体验学习"。教学过程中，教师的讲解、点拨、引导、演示、总结，学生的独立尝试、组内交流、质疑等教与学的方式根据学生认知需要，灵活运用。所谓"听过不如看过，看过不如做过"，这样的教学，教师为学生搭建了一个"体验学习"的"平台"， 整个教学过程，听、看、说、做"多法"融合并用，大大提高了学习效率。

四、学以致用，体会数学与生活的密切联系

运用所学知识解决生活中的实际问题，感受数学知识在生活中的应用价值，激发学生对数学的兴趣和爱好，是数学教学的重要任务。本节课始终贯穿这样的主题，从导入到新知教学，再到练习的设计，都是奔着这样的目标展开的。每个环节都让学生置身于真实的情境中，联系生活，针对性强。同时，设计旅游方案的练习具有开放性和挑战性，进一步激发了学生的学习欲望。

第三部分　资源建设

基于课程标准的小学数学课程资源

——青岛版《义务教育教科书（五·四学制）数学三年级上册》

开发学科教学课程资源、编拟试题、设计作业，是教研员的基本工作职责之一。从事教研工作以来，始终加强学习与研究，以课标为准绳，以教材为基本依托，积极进行小学数学课程资源的开发建设，既有文本类，也有视频类，尽最大可能为全县教师教学提供资源支持。同时，创新试题编制的内容与形式，精心编制各类试题，发挥试题"指挥棒作用"，引导教师转变教学理念、改革课堂教学方式。针对全县教师作业设计质量不高的现状，聚集智慧，发挥团队力量，开展优化作业设计、建立数学作业资源库、推动优质资源共享、减轻学生过重课业负担。在教研工作中，试图以资源建设助力教师教学，促进学生核心素养发展，全面提高学科教学质量。

因篇幅及呈现方式所限，仅在书稿中以三年级资源开发为例，呈现基于课程标准的部分文本资源。

第三部分 资源建设

一、与本学期相联系的国家课程标准陈述

所属领域	学段目标	内容要求	学业要求	学业质量标准
数与代数（数与运算）	经历分数的形成过程，初步认识分数；能进行较复杂的整数四则运算和简单分数的加减运算，形成数感、运算能力和初步的推理意识	1. 探索并掌握多位数的乘除法，感悟从未知到已知的转化。 2. 结合具体情境，认识分数单位；会同分母分数的加减运算。 3. 在解决简单实际问题的过程中，理解四则运算的意义，能进行整数四则混合运算。 4. 会运用数描述生活情境中事物特征，逐步形成数感、运算能力和初步的推理意识	1. 能计算两位数乘除三位数，能直观描述分数，能比较简单的分数的大小；会进行同分母分数的加减运算，形成数感、符号意识和运算能力。 2. 能描述减法与加法的关系、除法与乘法的关系，能进行整数四则混合运算（以两步为主，不超过三步）	能结合具体情境，初步认识分数。能进行整数四则运算和简单的分数加和减运算，形成数感、运算能力和初步的推理意识
数与代数（数量关系）	尝试从日常生活中发现和提出数学问题，探索分析和解决问题的方法，经历独立思考与他人合作交流、解决问题的过程，会用常见的数量关系和其他学科的知识解决问题，能初步判断结果的合理性，形成初步的模型意识和应用意识	1. 在实际情境中，运用数和数的运算解决问题；在解决实际问题的过程中，能结合具体情境，选择适当的单位进行简单估算，体会估算在生活中的作用。 2. 在具体情境中，认识常见数量关系：总量＝分量＋分量；能利用这些关系解决简单的实际问题。 3. 能解释常见数量关系中的简单问题，并能对结果的实际意义做出解释。 4. 能在真实情境中了解简单的等量关系，经历探索简单规律的过程，形成初步的模型意识和应用意识	1. 能在简单的实际情境中，运用四则混合运算解决问题，能选择合适的单位通过估算解决实际问题，形成初步的模型意识和应用意识。 2. 形成初步的几何直观和应用意识。 3. 能在实际情境中，合理利用等量关系进行推理，形成初步的推理意识	结合现实生活，能尝试运用所学的数学知识和方法描述、表达、分析、解决实际问题，运用常见的数量关系，形成应用的问题，和初步的应用意识，以及分析问题与解决问题的能力

305

续表

所属领域		学段目标	内容要求	学业要求	学业质量标准
图形与几何	图形的认识与测量	经历平面图形的测量过程，探索长方形和面积的计算方法	1. 认识面积单位平方厘米、平方分米、平方米，能进行简单单位的换算；选择单位估测一些物体的长度和面积，进行测量 2. 结合实例认识周长和面积；探索并掌握长方形、正方形的周长和面积的计算公式 3. 在图形认识与测量的过程中，增强空间观念和量感	1. 能通过具体事例描述面积单位平方厘米、平方分米、平方米，能进行面积单位之间的换算 2. 知道什么是图形的周长；会测量长方形和正方形的周长；会计算长方形、正方形的周长和面积 3. 在解决图形周长、面积的实际问题过程中，逐步积累操作的经验，形成量感和初步的几何直观	会测量、计算长方形与正方形面积，形成周长和面积、量感和空间观念的初步几何直观
	图形的位置与运动	了解图形的平移、旋转；形成初步的几何直观	1. 结合实例，感受平移、旋转现象 2. 在感受图形的位置与运动的过程中，形成空间观念和初步的几何直观	能在实际情境中，辨认出生活中的平移、旋转现象，直观感知平移、旋转的特征，能利用平移或旋转解释现实生活中的现象，形成空间观念	了解图形的平移、旋转，形成空间观念的初步的几何直观
统计与概率		经历简单的数据收集过程，了解数据收集、整理和呈现的简单方法；形成初步的数据意识	1. 经历简单的数据收集和整理、描述和分析的过程，了解数据整理呈现的结果 2. 通过对数据的简单分析，感受数据蕴含着信息，体会运用数据进行表达与交流的作用	能收集、整理具体实例中的数据，并用合适的方式描述数据，分析与表达数据中蕴含的信息	能分析与表达数据中蕴含的信息，形成数据的初步意识和应用意识

续表

所属领域	学段目标	内容要求	学业要求	学业质量标准
综合与实践	在主题活动中进一步认识时间单位和方向，尝试应用数学和其他学科知识解决问题，积累活动经验，形成数感、推理意识和应用意识	1. 在三年级上册主要涉及"认识方向"数学和其他学科知识综合运用解决问题 2. 主题活动：寻找"宝藏" 3. 在生活情境中，认识东北、西北、东南、西南四个方向，了解"几点钟方向"，发展空间观念	1. 能够积极参与活动，在活动中能独立思考问题，主动与他人交流，加深对数学知识以及数学与其他学科关联的理解；经历解决简单实际问题的过程，提高应用意识，积累数学活动经验，感悟数学价值 2. 寻找"宝藏"。在认识东、南、西、北的基础上，能在平面图上认识东北、西北、东南、西南四个方向，能描绘图上物体方向，判断不同物体所在方向，以及这些方向之间的关联；能拓展到现实场景中，在简单的实际情境中正确判断方位；进一步理解物体的空间方位及方位间的位置关系，发展空间观念；了解用"几点钟方向"描述方向的方法及主要用途，能在现实场景中尝试以站立点为正中心（圆心），以钟表盘 12 个小时的点位来说明方向。能尝试从他人的藏宝图中发现、提取信息并解决问题，提高推理意识	经历数学学习的过程，通过操作、游戏等丰富多彩的活动，对数学形成一定的求知欲，具有学习数学的兴趣，初步养成独立思考、合作探究等良好的学习习惯

二、与本学期相联系的知识基础

内容领域	本册学习内容	对应教材单元	已有知识基础	后续学习内容
数与代数	1. 两三位数除以一位数的口算及笔算	第一单元 两三位数除以一位数（一）；第六单元 两三位数除以一位数（二）	1. 除法的初步认识 2. 表内除法 3. 有余数除法	1. 除数是两位数的除法 2. 拓展到多位数除法 3. 四则混合运算 4. 解决实际问题
	2. 含有加（减）法和乘（除）法的混合运算及带小括号的混合运算	第三单元 混合运算	1. 四则运算的意义 2. 10以内连加、连减、加减混合 3. 100以内连加、连减、加减混合	1. 整数四则混合运算及解决相应的实际问题 2. 带中括号的混合运算 3. 小数及分数四则混合运算
	3. 时、分、秒的认识，经过时间的简单计算	第四单元 时、分、秒的认识	1. 认识整时、半时、大约几时 2. 认识几时几分 3. 知道1小时=60分	1. 年、月、日 2. 24时计时法 3. 计算经过的时间 4. 认识更大的时间单位
	4. 两位数乘两位数乘法口算及笔算	第七单元 两位数乘两位数	1. 乘法的意义 2. 表内乘法 3. 两三位数乘一位数的口算及笔算，并能解决相关实际问题	1. 三位数乘两位数 2. 推广到多位数乘法 3. 小数乘法

续表

内容领域	本册学习内容	对应教材单元	已有知识基础	后续学习内容
数与代数	5. 用连乘、连除及乘除两步计算解决实际问题	第八单元 解决问题	1. 乘除法的意义，用乘除法解决基本的实际问题 2. 连乘、连除混合运算以及乘加（减）、除加（减）两步运算解决问题 3. 对乘除法的基本数量关系已经熟练掌握，具备一定的分析能力、推理能力和表达能力	1. 常见数量关系，解决较复杂的实际问题，建立解决问题的基本模型 2. 解决有关小数、分数的实际问题
数与代数	6. 认识几分之一和几分之几，简单分数的大小比较及同分母分数加减法	第十单元 分数的初步认识	1. 认识了万以内的整数，整数计数单位的意义，会比较整数的大小，掌握了整数加减法的意义及算理 2. 能用整数加减法解决相关的实际问题	1. 小数的初步认识 2. 分数的意义和性质、分数单位及分数加减法 3. 分数乘除法及分数四则混合运算 4. 与分数有关的解决问题
图形与几何	1. 认识周长的含义，会度量图形的周长 2. 掌握长方形和正方形周长的计算方法 3. 认识面积的含义，掌握常用面积单位 4. 掌握长方形和正方形面积的计算方法	第五单元 图形的周长 第九单元 长方形和正方形的面积	1. 初步认识了长方形、正方形、三角形、平行四边形、圆等平面图形 2. 认识了长方形和正方形的特征，二者的相互关系	1. 认识多边形 2. 学习多边形的面积 3. 进一步认识立体图形

续表

内容领域	本册学习内容	对应教材单元	已有知识基础	后续学习内容
统计与概率	1. 经历数据的收集、整理和分析过程，能用统计表和条形图图表表达和整理数据 2. 经历统计的全过程，感悟数据蕴含的信息，培养数据分析观念	第十一单元 数据的收集与整理	1. 象形统计图 2. 能用文字、图画、表格等方式呈现整理结果 3. 运用"正"字法统计数据 4. 对数据进行简要分析	1. 进一步学习条形统计图、折线统计图 2. 分段统计数据 3. 复式统计表、统计图 4. 认识平均数
综合与实践	1. 观察测量影子的长短，体会影子的长短与时刻的关系 2. 对双休日如何度过进行调查研究与分析 3. 等量代换	1. 综合与实践：变化的影子和点击双休日 2. 智慧广场——等量代换	1. 位置与变换，具有一定的测量经验和统计数据分析经验 2. 统计的相关知识与学习经验 3. 具备一定的动手操作、观察、分析、合作及交流能力	综合运用数学知识设计方案，通过小组合作探究解决问题，积累数学活动经验，提升学科核心素养

310

三、基于课标的创新应用

1. 基于大单元教学理念，整合教材内容，促进学生自主建构

（1）整合数的运算单元教学。为学生在学习数的运算时，更好地经历算理和算法的形成过程，理解算理、掌握算法，体会数的运算本质上的一致性，对本册教材第一单元和第六单元（都是教学两三位数除以一位数）教材内容进行了整合，在"算理"上下功夫，让学生充分运用迁移理解除的顺序以及商的位置，打通原来例题类型之间的联系，整合新授课教学内容，有效化解了两三位数除以一位数的重难点，既节省教学时间，又有利于学生建构计算方法，发展数学推理能力。

（2）整合数量关系内容的教学。把第三单元的混合运算和第八单元的解决问题，以数量关系为统领进行整合教学。整合后，突出学生经历在具体情境中运用数量关系解决问题的过程，感悟加法模型和乘法模型的意义，提高发现和提出问题、分析和解决问题的能力，形成模型意识和初步的应用意识。同时，更有利于学生结合分析数量关系、解决实际问题并理解运算顺序规定的意义。

（3）整合周长与面积教学。图形与几何领域图形的认识与测量教学重点是确定图形的大小，让学生经历统一度量单位的过程，感悟度量方法，逐步形成量感和推理意识。周长是一维空间概念，它必须依附于二维的平面而存在，将第五单元图形的周长与第九单元长方形和正方形的面积两个单元的教学内容有机整合，在有意识的对比教学中帮助学生理解概念，建构知识，凸显周长与面积从一维空间到二维空间的联系和区别，既使学生正确掌握概念，形成技能解决问题，又有利于发展学生的空间观念。

2. 立足核心素养发展，设计开发综合与实践主题活动

2022年版课程标准明确指出，综合与实践是小学数学学习的重要领域。学生将在实际情境和真实问题中，运用数学和其他学科的知识与方法，经历发现问题、提出问题、分析问题和解决问题的过程，感悟数学知识之间、数学与其他学科之间、数学与科学技术和社会生活之间的联系，积累活动经验，感悟思想方法，形成和发展模型意识、创新意识，提高解决实际问题的能力，形成和发展核心素养。

我们在教材原有三个综合与实践的内容主题外，将本册中第二单元和第四单元内容，依据内容特点，把常规课堂教学活动，开发设计成主题活动，让学生在真实的情境与主题式活动中，学会认识方向，描述物体所在的位置，认识时间单位，会计算经过的时间。切实经历数学的学习运用、实践探索活动过程，积累经验，发展空间观念，形成初步的量感和应用意识。

四、学期学业评价

总分100分，结果以等级呈现，评价项目包括过程性评价（占30%）和期末终结性评价（占70%）两部分。其中学业评价成绩≥80分为优秀，70～80分为良好，60～69分为及格，低于60分为不合格。不及格者需要查漏补缺后进行补考。

评价的具体要求如下：过程性评价采取态度、能力"1+4"评价模式。

学期学业评价表

评价项目		评价要素	评价等级描述	评价方式
过程性评价（权重：30%）	课堂表现（权重：20%）	上课专心听讲，积极参与学习活动；遇到问题积极动脑想办法，主动交流自己的发现；以同学为榜样，能接受别人的建议，改进学习 会根据信息提出有价值的数学问题；能找到解决问题的办法；发现错误能及时改正 学习过程中能对不懂的地方提问；敢于对不同的观点质疑 能用简洁准确的数学语言描述数学信息；能条理清晰地表达数学学习过程、思路和方法 能运用知识解决问题，善于向同学学习更好的解题方法。能根据要求，认真规范有一定速度地完成任务	根据课堂表现用学习果呈现等级评价： A.2 个学习果 B.1 个学习果 C.0 个学习果	即时课堂观察，完成自评、互评、师评
	作业评价（权重：10%）	作业态度、作业质量、纠错习惯、应用能力 参与积极性 解决问题能力、应用意识	根据作业完成情况用学习果呈现等级评价： A.2 个学习果 B.1 个学习果 C.0 个学习果	作业批改
		一般作业 数学实践作业		
期末学业终结性评价（权重：70%）	期末学业终结性评价（权重：70%）	数感、符号意识、空间观念、数据分析观念、运算能力、问题解决能力的发展水平	根据纸笔测试情况用学习果呈现等级评价： A.（80~100）5 个学习果 B.（70~79）3 个学习果 C.（60~69）1 个学习果 D.（<60）0 个学习果	纸笔测试（90 分钟、卷面满分 100 分）

五、学生课堂学习评价

1. 学生课堂活动评价内容细化表

维度	对应目标	对应内容	诊断性问题
积极	学习态度	梳理信息 提出问题 合作探究 解决问题	1. 你（他）上课听讲专心吗？ 2. 你（他）对信息观察细致、用心吗？ 3. 你（他）能主动与大家交流自己的想法吗？ 4. 遇到问题你（他）能积极动脑筋想办法解决吗？ 5. 你（他）善欢用学到的知识来解决问题吗？
会问	问题意识 提出问题能力	看信息 提问题 交流疑问	1. 你（他）能根据数学信息，提出有价值的数学问题吗？ 2. 你（他）能大胆提出和别人不同的问题吗？ 3. 你（他）对自己不明白的地方能及时向老师或同学请教吗？
合作	合作意识 交往能力	合作探究 解决疑问	1. 你（他）积极参加小组讨论了吗？ 2. 你（他）发表自己的观点了吗？ 3. 你（他）能听懂别人的观点并发表自己的意见吗？ 4. 你（他）找到学习榜样了吗？ 5. 你（他）能虚心接受别人的建议吗？
会想	数学思考	提出问题 解决问题	1. 你（他）能独立找到解决问题的办法吗？ 2. 你（他）能条理清晰地介绍自己的方法吗？ 3. 你（他）能想到与众不同的解题方法吗？
会用	应用意识 问题解决能力	解决问题	1. 你（他）能运用学到的知识解决问题吗？ 2. 你（他）解决问题时遇到困难能独立克服吗？ 3. 与大家交流时你（他）能找到更好地解决问题的办法吗？

2. 学生课堂活动评价记录表

项目		A. 优秀	B. 合格	C. 需努力	自评	互评	师评
积极		1. 上课听讲认真专心 2. 积极交流自己的发现 3. 遇到问题积极动脑筋想办法 4. 喜欢用学到的知识来解决问题	1. 上课听讲比较认真 2. 愿意说出自己的发现 3. 遇到问题能想办法 4. 愿意运用知识解决问题	1. 上课听讲不专心 2. 找信息提问题时很少有自己的发现 3. 遇到问题有畏难情绪 4. 不愿意运用知识解决问题			
会问		1. 能根据信息提出有价值的问题，问题有创意 2. 遇到困惑及时向人请教	1. 能根据信息提问题 2. 遇到困惑愿意向别人请教	根据信息不会提出问题			
合作		1. 积极参加小组讨论 2. 积极发表自己的观点 3. 能听懂别人的观点并发表自己的意见 4. 能找到学习榜样，并改进自己的学习 5. 能虚心接受别人的建议	1. 愿意参加小组讨论 2. 能发表自己的观点 3. 能听懂别人的观点 4. 能找到学习榜样 5. 能虚心接受别人的建议	1. 不愿意参加小组讨论 2. 讨论不发言 3. 能听懂别人的观点，但不接受别人的建议			
会想		1. 能独立找到解决问题的办法并条理清晰地介绍自己的方法 2. 能想到与众不同的解法	1. 能独立分析题意，有解决问题的能力 2. 解题方法介绍不够条理	不能独立分析题意，思考问题思路混乱			

315

续表

项目	A. 优秀	B. 合格	C. 需努力	自评	互评	师评
会用	1. 能运用知识解决问题 2. 解决问题时遇到困难能独立克服 3. 善于向同学学习更好的解题方法	1. 能运用知识解决简单问题 2. 解决问题遇到困难需要别人帮助	思考能力差，缺乏创造性，不能独立解决问题			

综合评定（　　）

备注：
1. 本评价表针对学生课堂表现情况做评价。
2. 综合评定标准：每个单项中，达到优秀标准的可获得 2 个 "学习果"；达到合格标准的可获得 1 个 "学习果"；与需要努力标准符合的，没有学习果。
3. 课堂上听讲或发言得到教师表扬的，达到优秀标准的，学生个人每次可在 "教师评" 相应内容后累积 1 个 "学习果"。小组合作积极高效得到教师表扬的，每个小组成员可在 "教师评" 对应的 "合作" 栏累积 1 个 "学习果"。此项每人每节课最高累积 3 个 "学习果"。
4. 综合评定为 "B. 合格"，同学评和自评所得 "学习果" 的平均值，获得 8~10 个学习果，综合评定为 "A. 优秀"；获得 5~7 个学习果，综合评定为 "B. 合格"；获得 0~4 个学习果，综合评定为 "C. 需努力"。

六、主要课时教学方案

《两、三位数除以一位数的口算除法》教学方案（第 1 课时）

课时名称	两、三位数除以一位数的口算除法	学科	小学数学	课时类型	国家课程
使用年级	三年级	班额	45	课时	1
课时目标	1. 结合具体情境，进一步理解除法的意义，掌握两、三位数除以一位数的除法口算方法，并能正确口算 2. 经历探索两、三位数除以一位数的除法口算过程，明确算理，掌握算法，体会乘除法之间的关系，提高运算能力 3. 在解决问题的过程中，学会有条理地思考，体会学数学、用数学的乐趣，培养学生解决简单实际问题的能力					
评价设计	**测评题目** 1. 正确口算，选择其中两道讲算理 （时间：3 分钟） 80÷2＝　　800÷2＝ 50÷5＝　　500÷5＝ 90÷3＝　　900÷3＝ 160÷4＝　　300÷5＝ 240÷6＝　　320÷4＝ 2. 解决问题 谁跑得快？（时间：5 分钟） |	6秒跑	7秒跑	每秒跑	8秒跑 | |---|---|---|---|---| | | 120米 | 63米 | 15米 | 240米 |	**评价标准** 优秀：认真专心听讲，积极交流自己的发现，愿意说出自己的算理，正确口算两、三位数除以一位数的除法 良好：听讲比较认真，能有条理地讲清算理，基本能正确口算两、三位数除以一位数的除法 需努力：听讲不专心，找信息提问题时很少有自己的发现，不会根据信息提出问题，计算速度较慢，算理表达不够条理、清晰，有待进一步加强训练

317

续表

评价设计	评价结果
	自评：优秀 🍎🍎🍎（ ） 良好（ ） 需努力（ ） 师评：优秀 🍎🍎🍎（ ） 良好（ ） 需努力（ ）

学与教活动设计	教学环节	教师活动	学生活动	评价要点
	一、复习旧知，唤醒经验	1. 师：今天开始学习两、三位数除以一位数的除法，想一想会用到我们之前会学习的哪些知识呢？学习这些知识会用到哪些知识呢？ 2. 借助课件，师生共同梳理本单元知识的内容，形成知识框架 风筝厂见闻 ─ 表内乘法 两、三位数乘一位数 两、三位数除以一位数 ─ 表内除法 两位数除以一位数的口算 两位数除以一位数的笔算 三位数除以一位数的笔算 有余数的除法	思考教师提出的问题，并说出自己的想法	认真思考 积极交流

续表

教学环节	教师活动	学生活动	评价要点
二、理解算理，探索算法	1. 出示课件，提出问题：平均每天做多少只老鹰风筝？ 问：60÷2= (1) 展示学生作品，交流算法 方法一：分小棒 方法二：想乘算除 方法三：计数法 (2) 师生共同总结方法，巩固算理	1. 观察情境图，发现信息，提出问题 尝试计算：60÷2 出示学习提示： (1) 先想一想，画一画，写一写你的方法，再把你的方法和同桌说一说 (2) 小组学习后汇报交流	鼓励学生用多种方法思考，纵向比较，发现口算除法的本质特征

学与教活动设计

续表

教学环节	教师活动	学生活动	评价要点
二、理解算理，探索算法	2. 出示：600÷2 用不同方法口算 3. 比较： 6÷2 60÷2 600÷2 三个算式在计算时有什么相同点和不同点 （师生共同总结）不同点：被除数不同，分别是6个一、6个十、6个百；相同点：都用同一句口诀口算 4. 学习几百几十数除以一位数 （1）课件出示：240÷6 （2）全班交流，明晰算法	2. 出示 600÷2 用不同方法口算 3. 学生观察思考 4. 学生独立完成，共同交流	
三、沟通优化，促进发展	1. 观察 60÷2 600÷2 240÷6 320÷4 提问：观察这些除法计算有什么共同之处？ 2. 揭示课题：两、三位数除以一位数的除法口算（教师板书）	同桌说一说：都是几个、十几个一百除以一位数的口算除法	通过对比、分析，沟通算法间的联系，提高总结概括能力
四、灵活应用，巩固提升	课件出示： 1. 完成课本自主练习第2题	1. 选择其中的两道题说清算理	能正确口算两、三位数除以一位数并说清算理

学与教活动设计

320

第三部分 资源建设

续表

教学环节	教学活动设计			备注
	教师活动	学生活动	评价要点	
四、灵活应用，巩固提升	2. 口算游戏	2. 分两组口算		
	3. 解决问题：看图提问题，选择一个解决	3. 学生独立提出问题并解决，集体交流		
五、梳理总结，拓展延伸	教师总结延伸：结合学生提出的一组平均每小时做多少只燕子风筝？即 63÷3= 1. 学生能进行口算的给予表扬鼓励 2. 引导学生继续思考选择其他的计算方法	观察思考，启发用竖式计算	从表达能力、学习习惯、合作意识等方面进行学习过程评价，发挥评价的激励作用，树立学习信心	

《两位数除以一位数的笔算除法》教学方案（第 2 课时）

课题名称	两位数除以一位数的笔算除法	学科	小学数学	课时类型	课时
使用年级	三年级	班额	45		国家课程 I 1

课时目标：
1. 在分小棒的过程中发现联系，理解两位数除以一位数的笔算除法中"从被除数的高位开始算""除到哪一位就把商写到哪一位上面"和"十位上有余数要和个位合起来再除"的道理，在理解算理的过程中逐步掌握算法，并能正确进行计算
2. 在探索算理和算法的过程中，经历动手操作→直观表象→符号化抽象的"数学化"的过程。明确笔算算理，增强探索意识，提高语言表达能力及合作交流能力
3. 能利用所学的知识提出并解决简单的实际问题，感受数学与生活的联系，体验学数学、用数学的乐趣

评价设计：

测评题目

1. 列竖式计算，选择其中一道讲算理（时间：3 分钟）
   42÷3＝
   73÷5＝

2. 解决问题（时间：5 分钟）
   小杰用 60 元钱买同样咪道的饼干，分别可以多买少包？

   4 元   5 元   6 元

评价标准

优秀🍎🍎：认真专心听讲，积极交流自己的发现，能有条理地讲清算理，正确计算两位数除以一位数的除法

良好🍎：听讲比较认真，愿意说出自己的发现，基本讲清算理，能正确计算两位数除以一位数的除法

需努力：听讲不专心，找信息提出问题时很少有自己的发现，不会根据信息提出问题，计算速度较慢，算理表达不够条理、清晰，有待进一步加强训练

评价结果

自评：优秀🍎🍎（ ） 良好🍎（ ） 需努力（ ）
师评：优秀🍎🍎（ ） 良好🍎（ ） 需努力（ ）

第三部分 资源建设

续表

教学环节	教师活动	学生活动	评价要点
一、复习旧知，唤醒经验	出示课前小研究 2)8　　6)12	复习表内除法竖式写法	能正确用竖式计算并说清楚计算过程
二、理解算理，探索算法	1. 出示问题一 63÷3= 在学生交流的基础上，规范竖式写法 2. 出示问题二 （图：2小时做了32只老鹰风筝。三组平均每小时做多少只？做一个蝴蝶风筝用6根竹条，现有75根竹条，三组能做多少个？） （1）展示学生作品，交流算法 （2）PPT 演示，数形结合 PPT 动态演示分小棒的过程与竖式的结合	1. 计算并交流 63÷3 的计算方法 预设： ① 口算 ② 分小棒 ③ 展示竖式写法 ④ 自主列式计算 2. 32÷2= 组内交流算法	以小棒等学具为直观模型，数形结合展示竖式的生成过程，理解算理，归纳算法

学与教活动设计

323

续表

教学环节	教师活动	学生活动	评价要点
二、理解算理，探索算法	（3）梳理总结，提炼算法 计算时，十位上有余数时与个位合起来继续除 3.应用解决问题三 75÷6 全班交流：说一说计算过程中又遇到的新情况，注意有余数的除法在横式上的写法	3.学生独立解决 75÷6= 学生独立计算，指名板演	
三、沟通优化，促进发展	1.借助课件展示三组竖式，引导学生比较异同点，揭示课题 $\begin{array}{r}21\\3\overline{)63}\\\underline{6}\\3\\\underline{3}\\0\end{array}$ $\begin{array}{r}16\\2\overline{)32}\\\underline{2}\\12\\\underline{12}\\0\end{array}$ $\begin{array}{r}12\\6\overline{)75}\\\underline{6}\\15\\\underline{12}\\3\end{array}$ 2.师生共同总结：两位数除以一位数，从最高位除起，除到哪一位商就在哪一位（教师板书）	观察发现，小组交流	通过对比、分析、沟通算法间的联系，提高总结概括能力

续表

教学环节	教师活动	学生活动	评价要点
四、灵活应用，巩固提升	PPT 出示：用竖式计算并验算 84÷4　　73÷5	学生独立计算，集体交流	熟练计算，说清算理，养成验算习惯
五、梳理总结，拓展延伸	1. 纵向比较 引导学生思考三年级研究的竖式和二年级的比有什么不同？ 2. 猜一猜，以后学的除法会是什么样？	观察思考，交流发言	从计算能力、学习习惯、合作意识等过程性评价，发挥评价的激励作用，树立学习的信心

备注

《两、三位数除以一位数的笔算除法（一）商是三位数》教学方案（第 3 课时）

<table>
<tr><td>课时名称</td><td>两、三位数除以一位数的笔算除法（一）商是三位数</td><td>学科</td><td>小学数学</td><td>课时</td><td>1</td></tr>
<tr><td>使用年级</td><td>三年级</td><td>班额</td><td>45</td><td>课程类型</td><td>国家课程 I</td></tr>
<tr><td>课时目标</td><td colspan="5">1. 尝试通过两位数除以一位数的笔算方法，进行知识迁移，能自主探究三位数除以一位数的笔算方法，掌握商中间有 0 的除法的算法，理解商的末尾添 0 占位的算理，能进行正确计算
2. 经历提出问题、解决问题的过程，感受数学在解决问题过程中的作用，培养有条理、有逻辑的思维习惯和表达能力
3. 通过对知识的回顾交流，培养学习兴趣，提高自我评价能力，发展应用意识，促进数学素养的全面提升</td></tr>
<tr><td rowspan="2">评价设计</td><td colspan="2">测评题目</td><td colspan="3">评价标准</td></tr>
<tr><td colspan="2">1. 列竖式计算，选择其中一道讲算理
（时间：3 分钟）
610÷3=　　　　507÷5=

2. 解决问题（时间：5 分钟）
有 918 盒牛奶，选哪种箱子能正好装完呢？
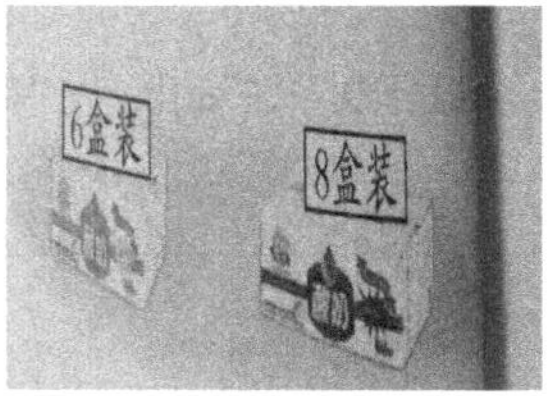
你还能提出什么数学问题？</td><td colspan="3">优秀🍎🍎：上课听讲认真专心，积极交流自己的发现，能有条理地讲清商中间、末尾有 0 的除法的算法与算理，正确计算三位数除以一位数的除法

良好🍎：上课听讲比较认真，愿意说出自己的发现，基本讲清算理，能正确计算三位数除以一位数的除法

需努力：上课听讲不专心，找信息提问题时很少有自己的发现，不会根据信息提出问题，计算速度相对较慢，算理表达不够流畅，有待进一步加强训练</td></tr>
</table>

续表

评价设计	评价结果 自评：优秀😊😊😊（ ）良好（ ）需努力（ ） 师评：优秀😊😊（ ）良好（ ）需努力（ ）		
	教学环节	教师活动	学生活动	评价要点
学与教活动设计	一、复习旧知，唤醒经验	1. 课件出示：69÷3= 51÷5= 2. 梳理两位数除以一位数算法并板书：从最高位算起，除到被除数的哪一位商就写在哪一位上 3. 提出问题：两位数除以一位数的算法能不能解决三位数除以一位数呢	自主计算并交流：两位数除以一位数的笔算	能正确用竖式计算并说清楚计算过程
	二、理解算理，探索算法	1. 出示 246÷2= 438÷3= 问：通过刚才的计算，你有什么发现？ (1) 展示学生作品，交流算法 (2) 借助课件小结：和两位数除以一位数算法相同，都是从最高位开始算起，用被除数除以除数，商就写在哪一位上 旧知迁移，总结算法 246÷2=123　　　438÷3=146 $\begin{array}{r}123\\2\overline{)246}\\\underline{2}\\4\\\underline{4}\\6\\\underline{6}\\0\end{array}$　　$\begin{array}{r}146\\3\overline{)438}\\\underline{3}\\13\\\underline{12}\\18\\\underline{18}\\0\end{array}$	1. 尝试计算 246÷2= 438÷3= 自主计算，全班交流	通过对比、分析、沟通算法间的联系，提高总结概括能力

续表

教学环节	教师活动	学生活动	评价要点
二、理解算理，探索算法	（3）继续交流：在进行这样的计算时，你有什么要提醒大家注意的吗？ 师生总结：如果最高位上除不尽，有余数，就把余数和下一位合起来继续除，每次余数都要比除数小。 2. 应用解决问题三 428÷4=　　420÷3= 有428只燕子风筝，一共能装多少盒？ 有420只老鹰风筝，一共能装多少盒？ 教师提出问题：说一说计算过程中又遇到的新情况，你是怎么解决的？ 结合课件梳理：当除到哪一位不够商1时，就商0占位。	2. 学生独立计算 428÷4= 420÷3= 指名板演，全班交流	

328

续表

教学环节	教师活动	学生活动	评价要点
二、理解算理，探索算法	燕子风筝一共能装多少盒？ 428÷4=107（盒） 简便写法： $\begin{array}{r}107\\4\overline{)428}\\\underline{4}\\028\\\underline{28}\\0\end{array}$　$4\overline{)428}\\\underline{4}\\\underline{28}\\0$ 每盒4只 2个十平均分成4份，每份不够1个十怎么办？ 老鹰风筝一共能装多少盒？ 420÷3=140（盒） 简便写法： $\begin{array}{r}140\\3\overline{)420}\\\underline{3}\\12\\\underline{12}\\0\end{array}$　$3\overline{)420}\\\underline{3}\\\underline{12}\\0$ 有420只老鹰风筝，每盒3只　这里再问：这个0可以不写吗？		
三、沟通优化，促进发展	1. 借助课件展示4组竖式，引导学生交流三位数除以一位数的计算方法 $\begin{array}{r}123\\2\overline{)246}\\\underline{2}\\04\\\underline{4}\\06\\\underline{6}\\0\end{array}$　$\begin{array}{r}146\\3\overline{)438}\\\underline{3}\\13\\\underline{12}\\18\\\underline{18}\\0\end{array}$　$\begin{array}{r}107\\4\overline{)428}\\\underline{4}\\28\\\underline{28}\\0\end{array}$　$\begin{array}{r}140\\3\overline{)420}\\\underline{3}\\12\\\underline{12}\\0\end{array}$ 2. 师生梳理，总结算法 ① 从被除数的最高位除起 ② 除到被除数的哪一位，商就写在哪一位上 ③ 除到被除数的哪一位不够商1，就商0占位 师生共同总结：三位数除以一位数（板书）	观察发现，小组交流	熟练计算，说清算理，养成验算的习惯

学与教活动设计

续表

教学环节	教师活动	学生活动	评价要点
四、灵活应用，巩固提升	1. 笔算 721÷7=　　303÷3= 840÷6= 2. 课本61页自主练习的第5题	学生独立完成，集体交流	能正确口算两三位数除以一位数并说清算理
五、梳理总结，拓展延伸	教师总结延伸： 提出问题： 是不是所有的三位数除以一位数的商都是三位数呢？ 156÷4的商是几位数？该怎样计算？我们下节课再去研究 三位数除以一位数的笔算 246÷2=123　是不是所有的三位数除以一位数 438÷3=146　的商都是三位数呢？ 428÷4=107　例：156÷4= 420÷3=140　商是几位数？该怎样计算？ ……	回顾算法，思考交流	从表达能力、学习习惯、合作意识等方面进行学习过程评价，发挥评价的激励作用，树立学习的信心
备注			

330

《两、三位数除以一位数的笔算除法（二）商是两位数》教学方案（第 4 课时）

课时名称	两、三位数除以一位数的笔算除法（二）商是两位数	学科	小学数学	课时	1
使用年级	三年级	班额	45	课程类型	国家课程 I
课时目标	1. 在解决具体问题的过程中，理解三位数除以一位数商是两位数的笔算算理，掌握计算方法 2. 经历探究比较简单的三位数除以一位数商是两位数的笔算过程，培养学生知识迁移、逻辑推理、归纳总结以及合作学习的能力 3. 在解决问题的过程中，培养学生细心思考、认真扎实的学习习惯，并能用这一知识解决生活中的实际问题					
评价设计	**测评题目** 1. 列竖式计算，选择其中一道讲算理 （时间：3 分钟） 348÷6=　　823÷9= 2. 解决问题（时间 5 分钟） 如果买这套书，小亮几周可以存够钱？ 你还能提出什么数学问题？	**评价标准** 优秀🍎：上课听讲认真专心，积极交流自己的发现，能有条理地讲清两位数除以一位数商是两位数的算理，正确笔算两、三位数除以一位数的除法 良好🍎：上课听讲比较认真，愿意说出自己的发现，能正确笔算两位数除以一位数的除法 需努力：上课听讲不专心，不会根据信息提出问题，计算速度相对较慢，发现、表达不够流畅，有待进一步加强训练				

331

续表

		评价结果		
		自评：优秀😊😊😊（ ）良好（ ）需努力（ ） 师评：优秀😊😊😊（ ）良好（ ）需努力（ ）		

	教学环节	教师活动	学生活动	评价要点
评价设计	一、复习旧知，唤醒经验	课件出示： 369÷3= 519÷3=	计算并交流：三位数除以一位数是怎么笔算的	能正确用竖式计算并说清楚计算过程
学与教活动设计	二、理解算理，探索算法	1. 出示156÷4= 问：百位上的1不够除那你是怎么算的？ （1）展示学生作品，交流算法 （2）在学生交流的基础上，课件动态演示分小棒的过程与竖式的结合，理解竖式的写法 156÷4=　39	1. 尝试计算 156÷4= （1）自主计算 （2）全班交流 展示竖式写法	以小棒等学具为直观模型，数形结合展示竖式的生成过程，理解算理，归纳算法

332

续表

教学环节	教师活动	学生活动	评价要点
二、理解算理，探索算法	（3）提炼算法 （4）揭示课题：三位数除以一位数的笔算中商是两位数 2. 应用解决问题二 288÷9＝ 123÷3＝ 孔雀风筝有288盒，装9小箱。 燕子风筝有123盒，装3大箱。每大箱装几盒？	2. 学生独立计算 288÷9＝ 123÷3＝ 指名板演	
三、沟通优化，促进发展	全班交流：说一说计算过程中又遇到的新情况，注意有余数的除法在横式上的写法 1. 借助课件操作展示三组竖式，引导学生比较异同点，揭示课题 $\begin{array}{r}39\\4\overline{)156}\\12\\\overline{36}\\36\\\overline{0}\end{array}$ $\begin{array}{r}41\\3\overline{)123}\\12\\\overline{3}\\3\\\overline{0}\end{array}$ $\begin{array}{r}31\\9\overline{)288}\\27\\\overline{18}\\18\\\overline{0}\end{array}$ $\begin{array}{r}123\\2\overline{)246}\\2\\\overline{4}\\4\\\overline{6}\\6\\\overline{0}\end{array}$ $\begin{array}{r}107\\4\overline{)428}\\4\\\overline{28}\\28\\\overline{0}\end{array}$	1. 观察发现，小组交流	通过对比、分析，沟通算法间的联系，提高总结概括能力

333

续表

教学环节	教师活动	学生活动	评价要点
三、沟通优化，促进发展	相同：从最高位除起；除到哪一位，商就写到哪一位的上边；不够商1时，用0占位。 不同：被除数百位上的数不够除，商是两位数；被除数百位上的数不够除，需要试除前两位，商是三位数；被除数百位上的数够除，商是三位数。 2. 结合以下竖式，师生梳理，总结算法 $$\begin{array}{r}39\\4\overline{)156}\\12\\\hline 36\\36\\\hline 0\end{array}\quad\begin{array}{r}41\\3\overline{)123}\\12\\\hline 3\\3\\\hline 0\end{array}\quad\begin{array}{r}31\\9\overline{)288}\\27\\\hline 18\\18\\\hline 0\end{array}\quad\begin{array}{r}123\\2\overline{)246}\\2\\\hline 4\\4\\\hline 6\\6\\\hline 0\end{array}\quad\begin{array}{r}107\\4\overline{)428}\\4\\\hline 28\\28\\\hline 0\end{array}$$ 师生共同总结：三位数除以一位数（教师板书）	2. 选择喜欢的方式记忆算法	
四、灵活应用，巩固提升	1. 先判断商是几位数，再判断商接近几十或几百，最后再准确计算 217÷7=　696÷6= 459÷9=　655÷5= 2. 想一想 (1) ☆ ÷ 32 = 5, ☆等于几？ ☆等于几时，商是三位数呢？商是两位数，☆等于几？☆最小是几？☆最大是几？☆等于几时，商是两位数时，☆最小是几？	学生解决问题，集体交流	能正确判断商是几位数，熟练计算，说清算理

学与教活动设计

续表

学与教活动设计	五、梳理总结，拓展延伸	教师总结延伸：借助课件和学生梳理知识脉络 今天学习了三位数除以一位数，我们怎么计算的？之前学过的两位数除以一位数是怎么算的？如果是四位数除以一位数，该从哪一位开始算呢？不管是几位数除以一位数，你觉得在计算时都是怎么算的？猜一猜，以后学习的除法会是什么样？	回顾算法，思考交流	从表达能力、学习习惯、合作意识等方面进行学习过程评价，发挥评价的激励作用，树立学习的信心
备注				

《两、三位数除以一位数的除法综合练习》教学方案（第 5 课时）

课时名称	两、三位数除以一位数的除法综合练习	学科	小学数学	课时	1
使用年级	三年级	班额	45	课程类型	国家课程Ⅰ
课时目标	1. 通过练习使学生进一步掌握两、三位数除以一位数的计算方法，三位数除以一位数的计算方法，提高学生的计算能力；能运用计算知识灵活解决相关实际问题 2. 在解决问题过程中，培养学生的数学思维，发展学生分析问题和解决问题的能力 3. 在练习过程中，感受数学与生活的联系，养成勤俭节约的习惯，体验用数学、学数学的乐趣					

335

续表

测评题目	评价标准
1. 选择合适的方法计算，选择其中一道讲算理。（时间：5分钟） 200÷5=　350÷7=　72÷4= 63÷3=　952÷8=　306÷6= 2. 火眼金睛辨对错（时间：3分钟） 　　3　　　　140　　　　80 　2)61　　6)860　　7)562 　　6　　　　6　　　　　56 　　1　　　　26　　　　　2 　　　　　　24 　　　　　　　2 3. 解决问题（时间：7分钟） （图略） （1）平均每天能卖出多少桶水？ （2）可以批发多少桶水？ （3）你还能提出什么问题？	优秀🍎🍎：认真专心听讲，积极交流自己的发现，能独立找到解决问题的办法并条理清晰地介绍自己的想法，掌握两、三位数除以一位数的计算方法，并能正确计算 良好🍎：听讲比较认真，愿意说出自己的发现，能独立分析题意，基本说清解决问题的想法，能正确计算两、三位数除以一位数的除法 需努力：听讲不专心，找信息提问题时很少有自己的发现，不会根据信息提出问题，算理表达不够条理、清晰，计算速度较慢，有待进一步加强训练

续表

评价设计	评价结果 自评：优秀（ ） 良好（ ） 需努力（ ） 师评：优秀（ ） 良好（ ） 需努力（ ）			
|| 教学环节	教师活动	学生活动	评价要点
学与教活动设计	一、复习旧知，唤醒经验	谈话导入：同学们，前几节课我们一直在学习两、三位数除以一位数的计算，回忆一下我们学习了哪些内容？	思考、交流	认真思考，积极交流
	二、典型练习，沟通联系	1. 出示信息，提出问题 小明同学带了60元钱去买饮料，每瓶饮料6元。 午饭时间到了，8人一桌，B套餐是616元，每桌。A套餐是816元，每桌有三种：C套餐是960元，每桌。 2. 问题依次出示，列出算式，尝试归类 60÷6 96÷8 96÷9 816÷8 616÷8 960÷8 3. 提问：在计算之前，先估一估这些算式的结果大约是多少 4. 任意选择三个问题进行计算，在练习单上独立完成	1. 观察情境图，发现信息，提出问题 2. 给算式归类，并交流分类标准 3. 先估算，再任意选择三道题准确完成计算	鼓励学生思考，纵向比较，发现除数是一位数除法的计算方法，明晰算理

337

续表

教学环节	教师活动	学生活动	评价要点
三、讨论交流，沟通联系	1. 集体订正计算结果 2. 讨论交流，沟通联系 对照板书观察： 96÷8 96÷9 816÷8 616÷8 960÷8 提问：观察这些除法算式，思考在计算方法上有什么相同点与不同点？ 3. 师生梳理总结 (1) 除的顺序：从最高位除起； (2) 商的位置：除到哪一位，商就写在哪一位上； (3) 余数与除数的关系：每次除完，如果有余数，余数都比除数小； (4) 商的位数：最高位不够商1，就除前两位，中间或者末尾不够商1就用0占位； (5) 验算的方法：没有余数，商×除数＝被除数；有余数，商×除数＋余数＝被除数 4. 结合选择套餐问题，适当进行勤俭节约教育	1. 同桌说一说两、三位数除以一位数的笔算除法计算方法 2. 思考、交流	通过对比、分析，沟通两、三位数除以一位数竖式计算间的联系，提高总结概括能力

338

续表

教学环节	教师活动	学生活动	评价要点
四、检测反馈，评价反思	出示课堂练习清单： 第一关：选择合适的方法计算，带★要验算。（计时器计时） 60÷2=　84÷4=　240÷2=　345÷3=　754÷5=★ 第二关：学习完两、三位数除以一位数的计算后，小马虎同学也想练习一下，做得对不对？错在了哪里？ 　　29　　　140　　　80 2)6̄1̄　3)6̄2̄8̄　6)8̄6̄0̄　7)5̄6̄2̄ 　6　　　6　　　　6　　　56 　1　　　28　　　26　　　2 　　　　　　　　　24 　　　　　　　　　2 第三关：我会填 (1) ( )58÷6，如果商是三位数，那么括号中可以填( )，最小填( )；如果商是两位数，则括号中可以填( )，最大可以填( )。 (2) 要使872÷□商中间有0，□内应该填( )。 (3) ★÷7=13……▲，▲最大是( )，这时★是( )。 第四关：解决问题 选择合适的信息，提出问题，列式解答。 | 选择项目	限乘人数	价格（元）
---	---	---
过山车	8人	120
海盗船	6人	124 | (1) 过山车每人多少钱？ (2) 你会选择坐哪个游玩项目？为什么？	1. 第一关：学生独立完成，集体订正。 2. 第二关：集体交流 3. 第三关：开火车填空 4. 第四关：学生独立计算，集体交流	能正确判断商是几位数，熟练计算，说清算理 能选择适当的信息，并提出问题并解决

339

续表

教学环节	教师活动	学生活动	评价要点
五、梳理总结，拓展延伸	1. 回顾我们整节课，我们用前几节课学习的两、三位数除以一位数的计算的有关知识，解决了问题，欣赏了美景，品尝了美食，还共同努力拿到了游乐场的门票，看来学习数学，能解决我们生活中遇到的问题，可以让我们的生活更方便，通过本节课的学习你有新的收获吗 2. 师生总结：通过练习我们发现三位数除以一位数的笔算和两位数除以一位数的笔算方法是相同的，从最高位开始除起，除到哪一位就商哪一位，哪一位不够商1，试除前两位，最高位不够商1，上商0占位。 3. 出示4862÷2，四位数除以一位数你会计算吗	1. 思考交流 2. 师生总结梳理	从表达能力、学习习惯、合作意识等方面进行学习过程评价，发挥评价的激励作用，树立学习的信心

备注

【主要参考文献】

[1] 中华人民共和国教育部. 义务教育数学课程标准(2022年版)[M]. 北京：北京师范大学出版社, 2022.

[2] 马云鹏, 吴正宪.《义务教育数学课程标准(2022年版)》案例式解读·小学[M]. 上海：华东师范大学出版社, 2022.

[3] 孙晓天, 张丹.《义务教育课程标准(2022年版)》课例式解读·小学数学[M]. 北京：教育科学出版社, 2022.

[4] 刘徽. 大概念教学：素养导向的单元整体设计[M]. 北京：教育科学出版社, 2022.

[5] 崔允漷, 周文胜, 周文叶. 基于标准的课程纲要和教案[M]. 上海：华东师范大学出版社, 2013.

[6] 王亚青. 小学数学课堂教学中实施多元评价的研究[D]. 南京：南京师范大学, 2014.

[7] 高锦. 小学数学课堂教学多元化评价研究[J]. 新课程, 2015(34).

[8] 谢东其. 探讨小学数学中多元性评语评价的最佳方式[J]. 文理导航, 2019(5).

[9] 彭克龙. 新课程标准下小学数学多元化评价的策略研究[J]. 好家长, 2019(51).

[10] 白丽婷. 小学数学评价方式多元化与教学的研究[J]. 读天下(综合版), 2020(22).

[11] 方钿. 小学多元评价体系构建的实践研究[J]. 开心素质教育, 2017(10): 16.

[12] 吴淑娟. 基于新课程的小学数学课堂教学即时评价[J]. 教育教学论坛, 2011(22): 217.

[13] 陈景海. 浅议多元化的小学数学课堂教学评价[J]. 读写算：教育教学研究, 2011(29).

[14] 刘平国. 新课程理念下数学课堂教学评价研究[J]. 教育艺术, 2008(3).

[15] 拉尔夫·泰勒. 课程与教学的基本原理[M]. 罗康, 张阅, 译. 北京：中国轻工业出版社, 2014.

[16] 郭元祥. 深度教学：促进学生素养发育的教学变革[M]. 福州：福建教育出版社, 2021.